스포츠 클라이밍의 거의 모든 것

Almost
Everything
of the Sports
Climbing

스포츠 클라이밍의 거의 모든 것

정갑수 지음

열린세상

들어가는 말

스포츠클라이밍을 안전하게 즐기기 위해서는 산악회나 등산학교를 통해 다양한 지식뿐만 아니라 바위와 실내암장에서 많은 경험과 노력이 필요하다. 하지만 새로 스포츠클라이밍을 시작하려는 사람들이나 이미 스포츠클라이밍에 숙달된 사람들이 마땅히 읽을 수 있고 참고할 만한 체계적인 책이 없는 실정이다.

이 책의 내용은 클라이밍의 기초부터 부상의 치료와 예방에 이르기까지 스포츠클라이밍의 거의 모든 것을 다뤘다. 조금 더 구체적으로 말하면 클라이밍에 필요한 기본 장비와 매듭, 안전한 등반을 위한 확보와 하강, 실제 바위나 인공암벽을 오르기 위한 기술과 그에 따른 물리 법칙에 관한 지식들을 설명했다.

또한 클라이밍을 실력을 키우고 싶은 사람들을 위해 정신, 기술, 체력 훈련을 비롯하여 각 개인의 수준에 맞는 훈련 방법을 체계적으로 설명했다. 그리고 휴식, 영양, 회복, 부상의 치료와 예방 등 클라이밍을 처음 시작하는 사람들부터 오랫동안 경험을 쌓은 사람들에게 도움이 될 수 있도록 기초부터 단계별로 모든 사항들을 자세하게 설명했다.

　따라서 초보자에게는 클라이밍 실력을 키우는 방법을 알려 주고 중급자라면 현재 겪고 있는 기술적인 문제를 해결하는 데 도움이 될 것이다. 또한 상급자라면 자신이 가지고 있는 장단점과 현재 실력을 비교하고 확인할 수 있을 것이다.

정갑수

차례

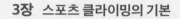

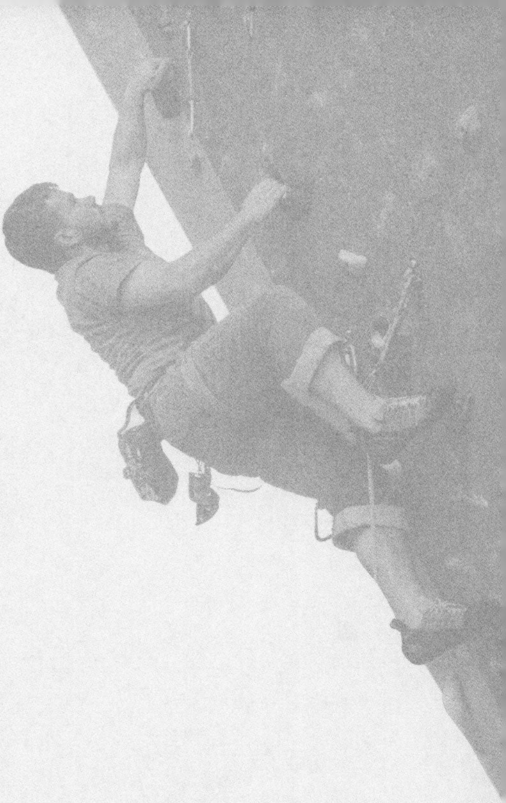

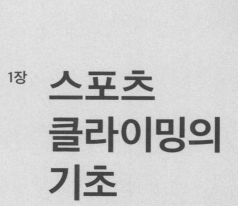

Almost
Everything
of the Sports
Climbing

1장 스포츠
클라이밍의
기초

스포츠 클라이밍이란?

　스포츠 클라이밍은 산에서 경험할 수 있는 자연암벽 등반을 대신해 건물 벽면이나 암벽 모양의 구조물에 인공 홀드를 설치하여 손과 발만을 이용해 벽을 오르는 스포츠다.

　전통적인 암벽 등반은 산과 같은 자연암벽에서 안전을 위해 확보물을 설치한다. 이와 달리 스포츠 클라이밍은 볼트와 같이 고정된 영구 확보물을 이용해서 안전하게 오른다. 따라서 확보물을 설치하는 부담이 적기 때문에 위험을 최소화하고 힘, 지구력, 기술 등에 따라 다양한 동작을 추구할 수 있다. 또한 도시에서 인공암벽이나 실내암장을 즐길 수 있기 때문에 시간, 장소에 관계없이 스포츠 활동을 할 수 있다.

　스포츠 클라이밍은 인공암벽을 오르는 운동이다. 실내 암장에 들어서면 '홀드'라는 다양한 형태와 색깔의 인공 구조물이 벽에 촘촘히 박혀 있다. 날씨와 관계없이 자연암벽 훈련을 위해 시작되었으나 현재는 하나의 독립된 스포츠로 자리 잡았다. 기본 종목은 리드 경기, 스피드 경기, 볼더링 경기의 세 가지로 구분된다. 누가 더 높이 오르는가를 겨루는 리드 경기, 똑같은 코스를 누가 더 빨리 오르는지 경쟁하는 스피드 경기, 그리고 5~7m 정도의 인공암벽을 안전장비 없이 누가 더 많은 코스를 완등하느냐로 순위를 가리는 볼더링 경기가 있다. 일반적으로 스포츠 클라이밍이라 하면 안전벨트에 로프를 걸고 인공암벽을 오르는 리드 클라이밍을 떠올리지만, 초보자들이 간단한 장비로도 쉽게 시작할 수 있는 종목은 볼더링이다. 현재 실내 암장에서 많은 사람들이 즐기는 운동이기도 하다.

스포츠 클라이밍에 필요한 장비로는 홀드 또는 벽과의 마찰력을 높여주는 암벽화와 초크가루, 추락으로부터 등반자를 안전하게 지켜주는 로프, 안전벨트, 확보기, 퀵드로 등이 있다. 일반적으로 등반자와 확보자가 한 팀이 되어 운동을 하지만, 오토 빌레이 시스템이나 자동확보 장치 등을 이용해 혼자서 등반을 할 수도 있다.

스포츠 클라이밍은 1980년대에 암벽등반에 스포츠 규칙을 적용한 등반 스타일로 시작되었다. 5.10급, 5.11급 같은 난이도의 구분과 온사이트(on-sight), 플래시(flash), 레드포인트(red-point) 같은 등반 형태의 구분은 스포츠 클라이밍을 구성하는 대표적인 규칙들이다. 스포츠 클라이밍은 이러한 규칙들에 의해 인간의 한계에 대한 도전과 모험을 통해 육체적 성취감과 정신적 만족감을 극대화하는데 있다. 따라서 스포츠 클라이밍은 인공으로 만든 벽을 올라가거나 자연 암벽을 올라가느냐로 구분되는 등반 문화가 아니다. 스포츠 클라이밍이란 미지의 세계를 동경하는 인간의 본능과 자연이 갖는 위험 사이에서 일련의 규칙을 통해 정신적, 육체적으로 자신을 극복해 나가는 등반 행위다.

도시에 만들어진 인공암벽이나 자연암벽에 만들어진 등반 루트들은 대부분 수직에 가깝거나 90도를 넘는 오버행을 이루고 있다. 스포츠 클라이밍은 볼트와 같은 고정 확보물의 설치뿐만 아니라 톱 로핑 (top roping)과 같은 등반 시스템을 과감하게 적용하면서 안전한 등반을 발전시켜 왔다. 스포츠 클라이밍이 가지고 있는 최대 장점은 극한의 도전과 모험을 편리하면서도 안전하게 즐길 수 있다는 것이다. 스포츠 클라이밍이 가진 안전 위주의 등반 시스템은 극한의 도전을 통해 모험과 자유라는 만족감과 성취감을 채워주는 등반 형태라고 할 수 있다.

스포츠 클라이밍이란 신체의 여러 기관들이 조화를 통해 이루어지는 스포츠다. 신체의 움직임과 동작들을 조절하는 기술과 이런 것들을 통제하는 지각 능력 등은 스포츠 클라이밍을 구성하는 매우 중요한 요건들이다. 그러므로 스포츠 클라이밍이란 주변의 환경들과 클라이머 개개인이 가지고 있는 능력에 의해 이루어지는 종합적인 스포츠다. 다시 말해 인간이 가진 잠재능력을 거의 무한대로 표현할 수 있는 행위 예술, 즉 퍼포먼스(performance) 스포츠라고 할 수 있다.

스포츠 클라이밍의 구성

클라이밍은 어려운 루트를 오르면서 기쁨을 얻는 스포츠로서 클라이머는 인공 암벽에 고정되어 있는 홀드를 잡거나 딛으면서 올라가야 한다. 클라이밍은 체력과 정신력, 기술과 전략을 요구하는 종합 스포츠로서 강한 근력과 다양한 기술을 필요로 하는 동시에 홀드를 읽는 두뇌의 빠른 사고력과 정확한 분석을 필요로 한다.

단순하면서 과감한 동작을 해야 하는가 하면 때로는 섬세하면서 다양한 기술을 사용해야 한다. 또한 공포감을 극복하고 홀드에 집중하면서 오르는 동작에 따라 안정감을 유지할 수 있는 심리 상태가 중요하다. 따라서 힘이 뛰어나면 스포츠 클라이밍을 잘할 수 있다는 식의 논리는 성립되지 않는다. 이는 신체가 가진 다양한 조건들을 제어할 수 있는 뛰어난 협동과 조절을 바탕으로 하는 테크니컬 스포츠이기 때문이다.

체력, 정신력, 기술, 선천적 재능, 전술, 외부 환경 등은 스포츠 클라이밍을 구성하는 여섯 가지 요소다. 이러한 요소들은 서로 중복되면서

스포츠 클라이밍을 구성하는 요소

각각의 능력에 영향을 미치기도 한다. 오르고자 하는 욕망은 육체적 힘을 증가시킨다. 반대로 심리적인 두려움은 기술을 떨어뜨린다. 또한 기술은 개인이 가지고 있는 학습 능력과 재능에 좌우된다.

체력은 근력, 지구력, 유연성, 순발력 등을 말하며 정신력에는 공포감, 집중력, 안정감, 동기부여, 심리상태 등이 포함된다. 기술은 등반 기술의 숙련성, 기술의 조합 능력 등을 말하며 개인적 자질에는 클라이머의 건강 상태, 선천적 학습 능력 등이 있으며 전략에는 등반 경험, 지적 능력 등이 요구된다. 마지막으로 외부 환경에는 바위 형태, 날씨, 확보물 상태 등에 따라 그날의 등반이 좌우된다.

루트의 난이도는 홀드의 형태, 벽의 경사도, 홀드의 배치 등에 따라 달라진다. 홀드를 잡기 쉬운지 어려운지, 벽의 경사가 완만한지 급한지, 홀드 사이의 거리가 가까운지 먼지에 따라 루트의 난이도가 결정된다.

예를 들어 크림프나 슬로퍼 등 익숙하지 않은 홀드를 시도하면 힘을 소비하거나 떨어진다. 경사가 급한 루트에는 몸을 붙이는 힘이나 자

루트의 난이도와 그에 따른 능력

긴 루트	고빗사위	홀드 사이의 간격	런지	오버행
지구력	최대 근력	유연성	순발력	복근·배근

세를 유지시키는 복근이 없으면 홀드를 잡더라도 버틸 수 없다. 고빗사위가 명확한 루트에서는 볼더링 능력이 필요하며, 길이가 긴 루트에는 지구력이 필요하다. 또한 런지가 필요한 곳에는 과감해야 하고, 발 홀드가 멀리 있을 때는 다리를 넓게 벌릴 수 있는 유연성이 필요하다. 따라서 등반할 때 이러한 결점을 없애는 것이 실력을 향상시킨다고 할 수 있다.

홀드를 잡아 몸을 끌어올리고 다음 홀드를 잡기 위해서는 세 가지 능력이 필요하다. 첫째 홀드를 계속 잡고 있는 지구력, 둘째 동작을 취할 수 있는 유연성과 밸런스, 셋째 다음 홀드까지 몸을 끌어올릴 수 있는 근력이 요구된다. 지구력은 밸런스가 좋은 자세나 다리에 체중을 싣는 동작을 취할 때 손에 가해지는 부담을 줄일 수 있다. 밸런스를 유지하면서 타이밍에 맞춰 몸을 움직이거나 발을 올리는 동작에서는 유연성이 필요하다. 근력은 효율적인 동작이나 다리 힘을 이용하는 자세를 취하면 어느 정도 힘을 절약할 수 있다.

이러한 세 가지 능력은 개별적인 것이 아니라 서로 상호작용하면서 클라이밍 능력을 향상시킨다. 클라이밍 역시 다른 스포츠와 마찬가지로 체력과 기술이 필요하다. 많이 올라가면 갈수록 근력이 향상된다. 하지만 기술은 무의식중에 저절로 습득되기도 하지만, 의식적으로 새로운 기술을 배워야 한다.

연도	주요 사건
1968	영국의 리즈 대학에서 최초로 인공암벽을 설립
1971	소련에서 톱 로핑 방식으로 최초의 속도등반대회 개최
1975	소련의 코카서스에서 제1회 국제암벽등반대회 개최
1977	피터 클리브랜드(Pete Cleveland)가 미국 위스콘신에서 프로기스톤(Phlogiston, 5.13a/b)을 초등
1979	토니 야니로(Tony Yaniro)가 미국 슈가로프에서 그랜드 일루전(Grand Illusion, 5.13b/c)을 초등
1985	이탈리아의 아르코에서 제1회 국제등반경기대회 개최
1985	볼프강 귈리히(Wolfgang Gullich)가 호주의 아라파일 산(Mt. Arapile)에서 펑스 인 더 짐(Punks in the Gym, 5.13d)을 초등
1986	안토니 르 메네스트렐(Antoine Le Menestrel)이 프랑스의 뷔욱스(Buoux)에서 최초의 5.14급인 생명의 분노(La Rage de Vivre, 5.14a)를 초등
1987	프랑스의 그레노블(Grenoble)에서 실내암벽등반대회 개최
1988	미국의 피닉스(Phoenix)에서 스노우 버드 난이도경기 개최
1988	볼프강 귈리히가 독일 프랑켄유라(Frankenjura)에서 월스트리트(Wallstreet, 5.14b)를 초등
1989	국제산악연맹(UIAA)은 등반경기위원회를 구성하고 첫 월드컵 시리즈를 개최
1990	린 힐(Lynn Hill)은 프랑스 시마이(Cima)에서 여성 최초로 5.14급인 임계질량(Masse Critique, 5.14)을 초등
1991	볼프강 귈리히가 독일 프랑켄유라에서 액션 다이렉트(Action Directe, 5.14d)를 초등
1992	세계선수권대회, 세계청소년선수권대회 창설
1993	린 힐이 미국의 요세미티 앨캡에서 노우즈(Nose, 5.13b)를 자유등반으로 초등
1996	알렉산더 후버(Alexander Huber)가 독일의 슐라이어바세르 폭포(Schleierwasser fall에서 오픈 에어(Open Air, 5.15a)를 초등
1999	월드컵 대회에 볼더링 부문 포함
2007	국제스포츠클라이밍연맹(International Federation of Sport Climbing, IFSC) 창설
2008	크리스 샤마(Chris Sharma)가 미국의 클락 산(Clark Mountain)에서 점보 러브(Jumbo Love, 5.15b)를 초등
2015	크리스 샤마가 스페인 바르셀로나에서 엘 본 꼼바트(El Bon Combat, 5.15b/c)를 초등
2015	아시마 시라이시(Ashima Shiraishi)가 스페인 산타 리냐(Santa Linya)에서 13살에 여성 최초로 오픈 유어 마인드 다이렉트(Open Your Mind Direct, 5.15a)를 초등
2017	아담 온두라(Adam Ondra)가 노르웨이에서 사일런스 인 플라탕거(Silence in Flatanger, 5.15d)를 초등

스포츠 클라이밍의 규칙

1. 등반 방식

같은 루트를 등반하더라도 오르는 방식에 따라 어려움은 달라진다. 등반 방식에는 온사이트, 플래싱, 레드 포인트, 핑크 포인트, 요요잉, 행도깅, 톱로핑 방식이 있다.

온사이트(on-sight)는 루트에 대한 사전 정보 없이 첫 번째 시도에 성공하는 것으로 가장 가치 있는 등반 방식이다. 플래시(flash)는 온사이트와 마찬가지로 단 한 번의 시도로 성공하는 것을 말한다. 하지만 루트를 등반하기 전에 다른 사람이 오르는 것을 본다든가 크럭스에서 중요한 동작과 같은 정보들을 미리 알고 있어도 된다. 레드 포인트(red point)는 온사이트나 플래시와는 달리 여러 번 등반하거나 사전에 연습을 하되 떨어지지 않고 끝까지 오르는 방식이다. 핑크 포인트(pink point)는 위에서 하강하거나 다른 루트로 올라가서 등반하고자 하는 루트에 확보물이나 퀵드로 같은 장비를 걸어놓은 다음 오르는 방식이다. 요요잉(yoyoing)은 루트를 오르다가 떨어지면 확보물과 로프를 그대로 두고 다시 내려와 오르는 방식이다. 이 말은 원래 고무줄에 추를 달아서 손가락에 묶어 튕기는 장난감의 움직임과 닮았다고 해서 붙여진 이름이다. 행도깅(hang dogging)은 루트를 오르다가 떨어졌을 때 내려가지 않고 조금 쉬었다가 매달려 있던 곳에서 다시 오르는 방식을 말한다. 톱로핑(top roping)은 루트가 끝나는 지점에 고정 확보물을 설치하고 로프를 통과시킨 후 다른 등반자의 확보를 받으면서 오르는 방식이다.

2. 경기 종류

스포츠 클라이밍 경기 종목에는 세 가지 종류의 방식이 있다. 먼저 리드 경기(lead climbing)는 15m의 인공 벽에 주어진 루트를 정해진 시간(6 ~ 8분) 내에 완등하는 경기다. 각 홀드마다 점수가 부여되고 이에 따라 등반한 루트의 거리를 많이 오른 순서로 순위를 결정한다. 이때 동점자가 발생했을 때 순위를 가리기 위해 등반시간을 사용한다.

스피드 경기(speed climbing)는 톱로핑 방식으로 등반하며 아래에서 선수를 확보한다. 단거리 달리기처럼 출발신호에 따라 두 명의 선수가 함께 출발하여 올라간다. 인공 벽에 주어진 루트를 완등 하는데 소요된 시간으로 선수의 순위를 결정한다.

볼더링 경기(bouldering)는 볼더라고 부르는 5~7m의 낮은 암벽을 안전장비 없이 오르는 종목이다. 일반적으로 경기당 볼더의 수는 4~5개이며, 경기 중 특정 홀드를 패스하면 보너스 포인트를 주고 가장 많은 볼더를 완등한 순서로 순위를 결정한다. 예선전과 준결승전에는 별도의 루트 관찰 시간이 없지만, 결승전에서는 경기 시작 전 2분간의 관찰 시간이 주어진다.

리드 경기

스피드 경기

볼더링 경기

3. 등급 체계

난이도(grade)라고 부르는 등급 체계는 등반하는 사람이 자신의 능력에 맞는 루트를 오르거나 도전하고 싶은 루트를 선택하는데 도움을 주기 위해 만들어졌다. 영국에서는 알프스의 등반 루트를 비교하기 위한 체계를 만들었는데, 오늘날 국제산악연맹(UIAA) 등급 체계의 기초가 되었다. 현대적 등급 체계는 1920년대 독일의 빌로 벨젠바흐(Willo Welzenbach)가 로마 숫자를 사용해 I급부터 VI급까지 루트의 등급을 매겼다. 그 후 등급 체계는 등반의 역사와 더불어 발전해왔다. 우리나라는 미국에서 만들어진 요세미티 십진 등급 체계(Yosemite Decimal System, YDS)를 주로 사용하고 있다.

1937년 미국에서 만들어진 시에라 클럽(Sierra club) 등급 체계는 크게 두 부분으로 나누어진다. 첫째 하이킹은 1급부터 3급까지를 말하며, 둘째 암벽은 4급부터 6급까지다. 암벽등반에서 4급은 피톤이 필요 없는 매우 쉬운 등반, 5급은 피톤을 사용하는 자유등반, 6급은 인공등반으로 나누어진다. 하지만 등반기술이 발전하자 어려운 루트를 구분해야 할 필요성이 제기되었다.

1950년대 미국 캘리포니아 타퀴즈 록(Taquitz rock)에서 등반하던 로얄 로빈스(Royal Robbins)는 시에라 클럽 등급 체계를 변형시켜 5급을 0에서부터 10등급으로 구분하였다. 이것이 오늘날의 요세미티 등급 체계로서 자유등반이라는 등반문화를 탄생시키는 산파 역할을 하게 되었다. 1970년대 들어서면서 자유등반 수준이 놀라울 정도로 발전하면서 고난이도 등급에 대한 부분을 보완해야만 했다.

이에 따라 가장 어려운 등급이라고 표현하던 절대 등급을 없애고 등반 수준이 향상되면 등급 체계도 따라서 올라가는 상대적인 등급으

각국의 등급체계				
요세미티 등급체계(미국)	영국		프랑스	국제산악연맹(UIAA)
5.2			1	I
5.3			2	II
5.4			3	III
5.5	4a	VD	4	IV
5.6		S	5a	V+
5.7	4b	HS	5b	VI-
	4c			
5.8		VS	5c	VI
5.9	5a	HVS	6a	VI+
5.10a		E1	6a+	VII-
5.10b	5b		6b	VII
5.10c		E2	6b+	VII+
5.10d	5c		6c	
5.11a		E3	6c+	VIII-
5.11b			6c+	VIII-
5.11c	6a	E4	7a	VIII
5.11d			7a	VIII
5.12a		E5	7a+	VIII+
5.12b	6b		7b	
5.12c		E6	7b+	IX-
5.12d	6c		7c	IX

로 만들었다. 등반장비와 신체적인 기량이 날로 발전함에 따라 등급도 한 단계씩 높아져서 1991년에는 5.14급이 만들어졌고, 현재는 5.15d까지 올라간 상태다. 요세미티 등급 체계는 루트의 한 피치에서 가장 어려운 부분, 즉 크럭스(crux)를 기준으로 나타내는 등급이다. 하지만 자유등반이 발전하면서 고난이도 루트를 크럭스의 어렵기만으로 구분하

는데 한계가 있었다. 따라서 크럭스의 난이도를 책정하는 방식에서 전체 루트를 등반하는데 체력적 요인을 감안한 프랑스 등급 체계를 따라가기 시작하였다.

요세미티 등급 체계가 미국을 대표하는 것이라면 프랑스 등급 체계는 유럽을 대표하고 있다. 프랑스 등급 체계는 루트 전체를 등반하는데 필요한 기술과 시간, 체력적 요소를 종합적으로 고려한다. 따라서 루트의 길이가 길거나 체력 소모가 많은 오버행 같은 경우에 등급을 높게 책정한다. 1990년대 이후 미국도 프랑스 방식을 도입하여 새로운 요세미티 등급 체계를 사용하고 있다.

스포츠 클라이밍의 원리

1. 클라이밍 동작의 분류

클라이밍 동작의 종류는 다양하지만 각각 일정한 연계성을 가지고 있으며 물리 법칙에 따라 좌우된다. 대부분의 동작은 발 홀드의 위치에 따라 결정된다. 그리고 이는 물리적인 요소에 의해 다음과 같이 분류할 수 있다.

밸런스	대표적 동작	카운터 밸런스
	운동학 요소	좌우 무게의 균형을 똑같이 해서 자세를 유지하는 행위
	물리적 원리	힘의 모멘트
끌어올리기	대표적 동작	하이 스텝
	운동학 요소	몸의 중심을 받침점의 바로 위에 두면서 힘을 절약하는 행위
	물리적 원리	힘의 모멘트
동적인 움직임	대표적 동작	런지
	운동학 요소	중력에 저항하여 순간적으로 몸을 이동하는 행위
	물리적 원리	가속도
짝힘	대표적 동작	드롭 니
	운동학 요소	좌우 또는 위아래의 반대 방향으로 힘을 가해서 몸을 안정시키는 행위
	물리적 원리	힘의 작용과 반작용

2. 클라이밍과 물리 법칙

균형 잡힌 동작이나 다리에 체중을 싣는다거나 적절한 움직임 등의 작동원리는 모두 물리 법칙을 따른다. 등반할 때 중요한 물리적 요소는 다음과 같다.

힘의 모멘트	물체를 회전시키는 힘의 작용
관성의 법칙	물체에 힘이 작용하지 않으면 운동 상태는 변하지 않는 법칙
가속도의 법칙	물체의 가속도는 힘에 비례하고 질량에 반비례하는 법칙
작용·반작용의 법칙	모든 작용에는 크기가 같고 방향이 반대인 짝힘이 존재하는 법칙

· 힘의 모멘트 I

동작의 효율성은 무게 중심의 위치에 따라 달라진다. 이때 힘의 모멘트, 즉 몸을 회전시키는 토크에 따라 힘이 달라진다. 예를 들면 작용점이 받침점에서 너무 멀면 힘점에서 지나치게 힘이 많이 든다.

작용점에서 힘의 모멘트(M)는

M = (작용점의 하중) × (받침점과 작용점 사이의 거리)

M = 60kg × 50cm = 3000kg·cm

이를 힘점에서 들어올리기 위한 힘(P)은

P = (힘의 모멘트) ÷ (받침점에서 힘점까지의 거리)

= 3000kg·cm ÷ 100cm = 30kg

따라서 몸의 무게 중심을 왼발에서 50센티미터 정도에 두면 오른손은 30킬로그램의 힘이 필요하다.

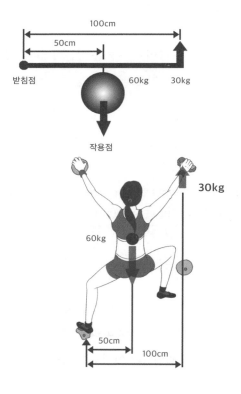

하지만 작용점이 받침점과 가까우면 힘점에서 힘이 덜 든다.

작용점에서 힘의 모멘트(M)를 계산하면

M = 60kg × 20cm = 1200kg·cm

이를 들어올리기 위한 힘(P)은

P = 1200kg·cm ÷ 100cm = 12kg

따라서 몸의 무게 중심을 왼쪽에서 20센티미터 정도에 두면 오른손은 12킬로그램의 힘만 필요하다.

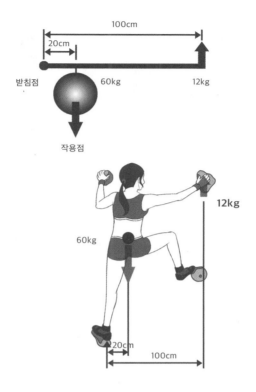

힘의 모멘트를 클라이밍 동작에 적용하면 발 홀드(받침점)에 신체의 무게 중심을 두어야 오른손으로 잡는 힘이 덜 든다. 다시 말해서 몸의 무게 중심이 발 홀드에 가까울수록 손에 힘이 덜 들어간다.

· 힘의 모멘트 II

힘의 모멘트란 물체를 회전시키는 능력을 말하며 힘의 능률(토크)이라고 한다. 대표적인 예는 지렛대로서 세 가지 패턴이 있다.

제1 지렛대(카운터 밸런스)
받침점이 힘점과 작용점 사이에 있다.

제2 지렛대(하이 스텝)
받침점과 힘점 사이에 작용점이 있다.

제3 지렛대(레이백)
받침점과 작용점 사이에 힘점이 있다.

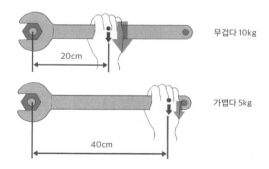

무겁다 10kg

가볍다 5kg

예를 들어 위의 그림과 같이 스패너로 나사를 돌릴 때, 나사와 가까운 위치에서 돌릴 때와 먼 위치에서 돌릴 때 힘의 크기가 달라진다.

이러한 차이는 어디에서 생기는 걸까? 물체를 회전시키는 능력은 힘의 크기(스패너를 돌리는 힘)뿐만 아니라, 회전의 중심과 힘을 가하는 곳까지의 거리(스패너를 잡는 위치)에 비례한다.

스패너로 나사를 돌릴 때 볼트에서 멀리 떨어진 곳을 잡아야 가볍게 돌아간다.

나사에서 20센티미터 떨어진 부분을 잡으면 10킬로그램의 힘을 가할 때 M(모멘트) = 20cm × 10kg = 200kg·cm이다. 반면 스패너를 나사에서 40센티미터 떨어진 부분을 잡으면 M = 200kg·cm ÷ 40cm = 5kg이 되므로 절반의 힘만 들어간다.

클라이밍 동작에서 힘의 모멘트가 동작의 좋고 나쁨을 결정한다. 힘이 들어가는 하체의 유연성에 따라 손에 들어가는 힘, 즉 홀드에서 몸이 나아가는 방향으로 움직이는 하중이 달라진다. 그 이유는 힘점에서 작용점까지의 거리가 길수록 모멘트가 커지기 때문이다.

클라이머는 홀드를 잡은 손의 팔꿈치를 쭉 펴서 상체를 벽에서 떨

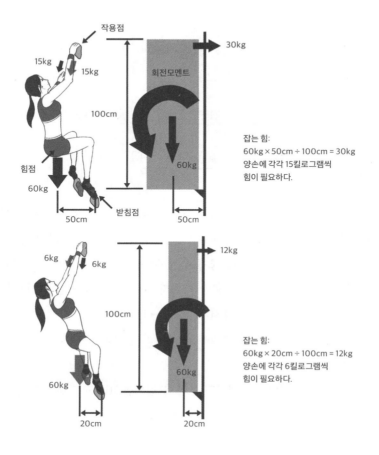

작용점

15kg

15kg

30kg

회전모멘트

100cm

힘점

60kg

잡는 힘:
60kg × 50cm ÷ 100cm = 30kg
양손에 각각 15킬로그램씩
힘이 필요하다.

60kg

받침점

50cm

50cm

6kg

6kg

12kg

100cm

60kg

잡는 힘:
60kg × 20cm ÷ 100cm = 12kg
양손에 각각 6킬로그램씩
힘이 필요하다.

60kg

20cm

20cm

어뜨린 다음, 하체의 골반을 벽에 붙여서 받침점(지지점)과 힘점(무게 중심)을 최대한 가깝게 하면 작은 힘으로 올라갈 수 있다.

또한 3점 지지에서는 회전 모멘트가 발생하여 몸을 제어하기 어렵지만, 손에 발을 가까이 대서 3점 지지를 하게 되면 무게 중심이 손과 발에 일치되므로 몸의 회전력이 제어되어 밸런스가 좋아진다. 다시 말해 손과 발을 가까이 하지 않고 2점 지지를 하게 되면 회전 모멘트가 발생한다. 하지만 3점 지지를 하면 회전 모멘트가 억제된다.

· 관성의 법칙

관성의 법칙은 물체에 힘이 가해지지 않는 한 현재 상태를 유지하는 것을 말한다.

① 힘이 가해지지 않으면 정지해 있는 물체는 움직이지 않는다.
② 힘이 가해지지 않으면 움직이는 물체는 계속 움직인다.

그러나 현실에서는 중력이나 마찰력, 저항력 같은 외력이 작용하므로 마치 관성이 없는 것처럼 보일 뿐이다. 관성의 법칙에 의하면 외부에서 힘을 가하지 않는 한 멈춰있는 것은 계속 멈춰있고, 움직이는 것은 계속 움직인다.

가속도란 단위 시간당 속도의 변화량을 말한다. 이는 속도를 시간으로 나눈 것으로 단위는 $[m/s^2]$ 이다. 예를 들어 속도 3m/s는 1초에 3미터를 진행한다는 의미다. 그리고 가속도 $3m/s^2$는 1초에 3m/s씩 빠르기가 증가한다는 의미다. 따라서 같은 크기의 힘을 계속해서 가하면 물체의 움직임이 점점 빨라진다.

다리 힘으로 추진력을 얻으면서 손힘으로 동작을 마무리한다. 등반할 때 이상적인 움직임은 처음 움직일 때 발로 밀면서 시작한 후에 손으로 당기는 것이다. 이는 힘이 세고 쉽게 지치지 않는 다리의 힘을 최대한 이용하는 것이 힘이 덜 들기 때문이다.

정지 상태에서 움직이는 것이 가장 많은 힘이 필요하다. 따라서 처음에는 가속도를 붙이기 위해서 다리 힘을 사용한다. 중력에 저항하여 몸을 위로 올리려면 손으로만 당기는 것보다 발끝부터 다리 힘, 양손, 한손의 순서로 연속적으로 가속도가 실린 동작을 하는 것이 효과적이

한손을 뻗어 잡는다.

양손으로 당긴다.

다리 힘으로 일어선다.

발로 딛는다.

다. 움직이면서 연속적으로 힘을 주면 가속도로 인해 점점 빨리 움직일 수 있다.

계단을 천천히 올라가는 것보다 순식간에 뛰어 올라가는 것이 더 편하게 느껴지는 것은 관성의 법칙이 작용하기 때문이다. 클라이밍에서도 연속 동작처럼 처음 홀드를 잡은 후 그대로 멈추지 말고 자세를 유지한 채 다음 홀드를 잡는다. 볼더링에서 2단 런지나 시간차 런지 등

데드 포인트

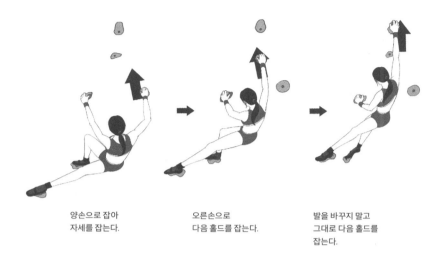

양손으로 잡아
자세를 잡는다.

오른손으로
다음 홀드를 잡는다.

발을 바꾸지 말고
그대로 다음 홀드를
잡는다.

도 관성의 법칙을 이용하여 움직이는 대표적인 동적 움직임이다.

예를 들어 양손으로 홀드를 잡은 자세에서 오른손을 내밀어 다음 홀드를 잡는 순간에 몸 전체가 위쪽 방향으로 움직인다. 이때 움직임을 멈추면 다시 움직임까지 정지된 상태에서 동작을 해야 하므로 힘이 많이 든다. 오른손으로 홀드를 잡은 순간에 연속해서 다시 오른손을 올리면 관성이 작용하여 불필요한 힘을 들이지 않고서도 위에 있는 홀드를 잡을 수 있다. 이러한 동작을 스포츠 클라이밍에서 '데드 포인트(dead point)'라고 한다.

관성의 법칙을 이용하는 또 다른 움직임으로 맨틀링이 있다. 맨틀링은 단숨에 몸을 끌어 올릴 수 있는지가 성공의 열쇠다. 맨틀링은 들어 올리는 것부터 밀어 올리는 것까지 서로 다른 근육을 움직여야 한다.

맨틀링

한 번 더 속도를
떨어뜨리지 않은 채
위로 올라간다.

속도를 떨어뜨리지 않고
양손을 밀어 올리는
위치로 가져간다.

발은 스미어링을
유지하면서 양손으로
몸을 들어 올린다.

· 운동 방정식

물체에 힘을 계속해서 가하면 힘의 크기나 물체의 무게에 비례해서 가속도가 발생한다. 이러한 운동의 특성은 "같은 힘을 가한 경우 무거울수록 가속도가 작아지며, 같은 가속도를 얻기 위해서는 무거운 것일수록 큰 힘을 가해야 한다"는 것을 뜻한다. 뉴턴의 운동 방정식을 수식으로 표현하면 F = ma (힘 = 무게 × 가속도)로 나타낼 수 있다. 가속도는 가해진 힘이 크거나 움직이는 물체의 질량이 작을수록 커진다.

우리가 차를 움직일 때 처음에는 많은 힘을 주어야 한다. 하지만 일단 움직이기 시작하면 같은 힘으로 밀기만 해도 점점 속도가 빨라진

운동 방정식 F = m × a

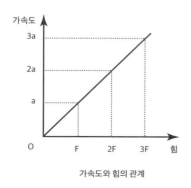

가속도와 힘의 관계

가속도는 힘에 비례하므로 물체에
가해지는 힘이 클수록 가속도는 빨라진다.

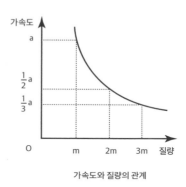

가속도와 질량의 관계

가속도는 질량과 반비례하므로
물체가 무거울수록 가속도는 느려진다.

다. 이것이 가속도다. 등반할 때 처음에는 다리 힘으로 시작했다가 몸을 위쪽으로 움직이기 시작한 후 팔 힘으로 밀게 되면 다리 힘을 아낄 수 있다. 또한 지금까지 팔 힘만으로는 잡지 못했던 홀드도 하체에서부터 움직이면 쉽게 홀드를 잡을 수 있다.

· 짝힘

우리는 무거운 미닫이문을 열 때 손으로 당기면서 발은 반대 방향으로 밀면서 힘을 준다. 등반할 때도 이러한 반대 방향의 짝힘을 줌으로써 자세를 유지하거나 위쪽으로 움직이는 동작을 많이 하는데 백스텝, 레이백, 스테밍 등이 대표적인 예다.

짝힘을 이용하는 대표적인 움직임은 백스텝과 레이백이 있다. 백스텝은 양쪽 발로 각각의 발 홀드를 앞뒤로 민다. 이렇게 서로 반대 방향으로 밀게 되면 위로 올라가는 힘을 얻을 수 있다. 또한 레이백은 양손

추진력

뒤로 민다

앞으로 민다

을 앞쪽으로 당기고 반대로 양발은 민다. 이렇게 서로 상반된 힘을 통해 몸이 안정된 상태를 유지한다.

· 작용·반작용의 법칙

힘은 밀고 당기는 식으로 항상 쌍으로 작용한다. 이것을 작용·반작용의 법칙이라고 한다. 이렇게 한 쌍을 이루는 두 가지 힘은 크기가 같고 방향이 반대다. 이러한 작용·반작용은 클라이밍 동작의 움직임에도 큰 영향을 미친다. 공을 벽에 던지면 공에 가해진 힘이 벽에 작용하면서 동시에 벽에서 공쪽으로 가해지는 반작용의 힘이 생기므로 공은 튕겨 나온다.

좌우에서 얻어지는 작용·반작용의 움직임으로 스테밍이 있다. 작용·반작용의 법칙에서 강하게 밀면 밀수록 정반대의 힘도 강해진다. 클라이밍 동작에서 스테밍을 하는 경우 지탱하는 힘이 약하면 몸이 떨어지는데, 이때 강하게 밀수록 자세는 안정된다. 이는 강하게 밀수록 반발력이 커지기 때문이다. 스테밍으로 올라갈 경우 발을 밀기만 하면 움

잡는 손(작용)

무게 중심

움직이는 발(반작용)

발을 미는 만큼 홀드를
잡으러 가는 손의 거리가
늘어난다.

직일 수 없다. 따라서 한쪽 발을 풀고 그만큼의 힘을 같은 쪽 손으로 당겨야 하는데, 서로 대각선 방향으로 손과 발을 밀고 당긴다.

위아래에서 얻어지는 작용·반작용의 움직임으로는 플래깅이 있다. 작용·반작용은 수평 방향에서뿐만 아니라 위아래로 작용하는 경우도 있다. 야구에서 슬라이딩을 할 때 발을 앞으로 내밀기 위해 양손을 재빨리 들어 올린다. 이것은 몸 전체를 낮추는 것보다 상체를 위로 올리는 반작용을 함으로써 발을 빨리 뻗기 위한 동작이다. 등반할 때 카운터 밸런스의 일부로 손을 위로 들어 올리면서 발을 아래로 뻗어 반발력을 얻는 동작이 있다. 또한 등반할 때 홀드를 중심으로 몸 전체를 다음 홀드 쪽으로 향하는 것보다 작용·반작용을 이용하여 반대쪽으로 재빨리 카운터 밸런스로 움직이면 자연스럽게 다음 홀드에 손이 닿는다.

회전에서 얻어지는 작용·반작용으로는 백스텝과 트위스트 동작이 있다. 골프나 야구의 스윙에서 '테이크 백(take back)'이라는 자세를 취하는 경우가 있다. 골프채를 휘두를 때 상체와 하체를 모두 뒤쪽으로 회전시켰다가 공을 칠 때 하체에서 트위스트를 시작하여 전신으로 스윙한다. 이때 하체는 지면으로부터 반발력을 얻기 위해 지면에 확실하게 고정시킨다. 클라이밍에서 백스텝은 일단 손을 뻗는 방향의 반대 방향으로 하체를 둔 다음, 홀드를 잡을 때 몸을 비틀면서 손을 뻗는다. 그러면 발 홀드에서 강한 반발력이 생긴다. 이처럼 백스텝은 많은 관절이 회전하는 독특한 동작으로 고정된 홀드에서 반발력을 얻어 움직인다.

· 지렛대의 원리

우리 몸은 모두 근육으로 움직인다. 근육은 수축하는 능력이 있을 뿐이지만, 근육과 뼈, 관절의 위치 관계는 모두 세 종류의 지렛대 형태를 취하고 있다. 이러한 지렛대 시스템은 신체의 모든 관절에 작용해서 앞부분이 살짝 수축하는 것만으로도 끝부분은 많이 움직인다.

클라이밍 동작 역시 지렛대 원리가 작용한다. 즉 등반할 때 신체 안팎이 모두 지렛대 시스템으로 움직이므로 모멘트에 대해 유리한 동작을 취하는 것이 가장 좋다.

제1 지렛대

루프에 있는 홀드를 민다
받침점이 힘점과 작용점 사이에 있다

제2 지렛대

발 홀드를 밟는다
작용점이 받침점과 힘점 사이에 있다

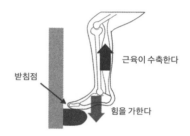

제3 지렛대

언더 클링으로 잡는다
받침점과 작용점의 사이에 힘점이 있다

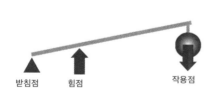

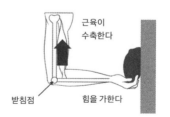

2장 스포츠
클라이밍의
장비

로프

로프(영 : rope, 독 : seil)는 스포츠 클라이밍 장비 중에서 가장 중요하다. 로프는 추락으로부터 클라이머의 안전을 지켜주고 등반하거나 하강할 때 꼭 필요한 장비다.

클라이밍을 처음 시작할 무렵에는 마닐라 삼이나 사이잘 삼 같은 천연 섬유로 만든 로프를 썼지만 강한 충격을 잡아주기에는 약했다. 2차 세계대전 중에 개발한 나일론 로프는 등반에 근본적인 변화를 가져왔다. 하지만 나일론 로프는 천연섬유 로프에 비해 우수하지만, 마찰열에 약한 단점을 가지고 있었다. 또한 너무 잘 늘어나서 직접 로프에 매달리는 인공등반에는 아주 불편했다. 그래서 1950년대 유럽에서 나일론 섬유로 속심에다 외피를 감싼 형태로 만들면서 꼰 로프의 단점을 보완하기도 했다.

로프가 젖으면 다루기 불편하고 무겁고 기온이 떨어지면 얼 수도 있다. 또한 젖은 로프는 마른 로프보다 강도가 30퍼센트나 떨어진다. 이런 단점을 보완하기 위해 실리콘이나 종합불소로 코팅 처리를 한 방수 로프(dry rope)를 사용하기도 한다.

1. 동적 로프

등반용으로 만든 나일론 로프를 동적(dynamic) 로프라고 하는데, 추락할 때 발생하는 힘에 의해 로프가 늘어나면서 충격을 줄여준다. 로프 설명서에서 가장 중요하게 살펴야 할 것은 충격력으로 일반적으로 낮을수록 좋다. 충격력 수치가 낮은 로프는 추락할 때 등반자와 확보자, 확보장치에 더 작은 힘이 전달된다는 것을 의미한다. 그러나 충격력이 낮은 로프는 신장력이 커서 추락 거리가 많이 늘어난다.

등반의 형태에 따라 다이나믹 로프에는 싱글 로프와 하프 로프(트윈 포함)로 나누어 사용한다. 싱글 로프는 보통 9mm~11mm의 두께로 되어 있고 하프 로프는 7.5mm~8.5mm를 많이 사용한다. 직경 8~9mm 동적 로프는 반드시 두 줄 로프로 사용해야 하며, 직경 10mm 이상의 로프는 외줄로 사용해도 좋다.

2. 정적 로프

정적(static) 로프는 동적 로프와는 달리 충격을 받아도 많이 늘어나지 않는 로프다. 웨빙 테이프나 코드슬링은 신장력이 없어 늘어나지 않으므로 단 몇 미터의 추락에도 충격을 그대로 전달해주기 때문에 클라이머에게 심각한 부상을 입히거나 확보장치를 파손시킬 수 있다. 따라서 정적 로프는 동굴 탐험이나 구조 작업 또는 원정등반에서 고정 로프로 사용하거나 인공등반에서 짐을 끌어올리는 등 등반 이외의 목적으로 사용한다.

나일론 로프의 구조

| 꼬아서 만든
나일론 로프 | 속심과 껍질을
짜서 만든 것 | 속심은 여러 다발로
만들고 껍질만 짠 것 | 속심 모두를 한 다발로
만들고 껍질만 짠 것 |

3. 로프 관리

　로프는 클라이머의 생명을 보호하는 중요한 장비이므로 관리에도 철저하게 신경을 써야 한다. 로프를 밟으면 흙과 먼지 같은 입자들이 들어가 속에서 마찰을 일으킨다. 시간이 흐를수록 입자들은 아주 작은 칼처럼 작용하여 나일론 섬유가닥을 자르는 역할을 한다. 이렇게 조금씩 상한 로프가 날카로운 모서리에서 발에 밟히면 피해는 더욱 커진다. 특히 크램폰(아이젠)을 신고 있을 때는 로프 관리에 더 신경을 써야 한다. 날카로운 쇠붙이로 인해 로프에 상처가 나면 껍질에는 눈에 띄지 않지만 속심에 큰 상처를 줄 수 있다.

　로프의 가장 큰 단점은 열에 약하다는 것이다. 나일론은 약한 열에도 녹아버리는 특성을 갖기 때문이다. 또한 로프에 무게가 실리면 열에 더 약해진다. 나일론 로프는 충격을 줄여주는 장점도 있지만, 강한 충격을 받을 때는 다시 원상태로 회복되지 않는 단점도 있다. 햇빛에 포함된 자외선에 약한 것도 큰 단점이다. 자외선은 나일론을 삭게 해서 강도를 떨어뜨린다. 어둡고 서늘한 곳에 보관한 새 로프는 8년이 지나도 상하지 않는다는 실험결과가 있다. 하지만 장비점의 진열장에서 오랫동안 햇빛을 받은 로프는 아주 약해져 있으므로 구입할 때 주의해야 한다.

로프에서 가장 많이 상하는 곳은 로프의 매듭 부분으로 충격의 30퍼센트가 전달된다. 따라서 클라이머는 충격을 가장 적게 받을 수 있는 매듭(8자 매듭)을 써서 로프가 상하는 것을 줄여야 한다. 한편 클라이머가 긴 거리를 떨어졌다면 로프가 원래의 길이로 돌아갈 수 있는 여유 시간을 주어야 하는데, 적어도 10분 정도는 등반을 하지 말고 쉬어야 한다. 만일 이런 여유 없이 다시 로프에 충격을 준다면 그만큼 끊어질 가능성이 높아진다.

로프가 눈에 거슬리는 흠이 없으면 언제 폐기할지 결정하기 어렵다. 얼마나 자주 사용했는지, 어떻게 관리했는지, 몇 번의 추락을 견뎌냈는지, 몇 년을 사용했는지에 따라 폐기 여부를 결정해야 한다. 다음은 클라이머가 언제 로프를 폐기할지 결정하는 데 도움을 주는 일반지침이다.

· 날마다 쓴 로프는 1년 안에 폐기한다.
· 주말마다 쓴 로프는 2년 정도 쓸 수 있다.
· 가끔 쓴 로프는 4년이 지나면 사용을 중지한다.
· 아주 큰 충격을 받은 로프는 폐기하는 것이 현명하다.

로프는 미지근한 물에 연성세제를 풀어 담갔다가 손빨래를 하거나 세탁기로 빤다. 그 다음 깨끗한 물에 몇 번 행군 다음 그늘진 곳에서 말려야 하고 보관하기 전에 완전히 말랐는지 확인해야 한다. 매듭을 모두 풀고 느슨하게 사려서 햇빛을 받지 않는 시원하고 건조한 곳에 둔다.

4. 로프 사리기

클라이밍을 위해 가지고 다니거나 보관하기 위해 로프를 사려야 하는데, 가장 많이 쓰는 방법으로 둥글게 사리기(mountaineer's coil)와 나비모양 사리기(butterfly coil)가 있다. 먼저 둥글게 사리기는 배낭에 넣어 가지고 다니기 편한 방법이다. 로프를 감다 보면 동그랗게 되지 않고 8자 모양으로 감기기 쉬운데, 모양이 좋게 동그랗게 감으려고 로프를 돌리면서 사리면 로프를 풀 때 꼬인다. 따라서 자연스럽게 사리면 로프는 저절로 8자 모양으로 감기고 이렇게 해야 풀 때도 꼬임이 없다.

둥글게 사리기

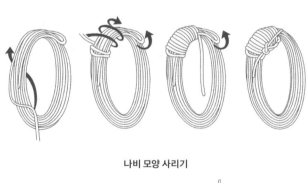

나비 모양 사리기

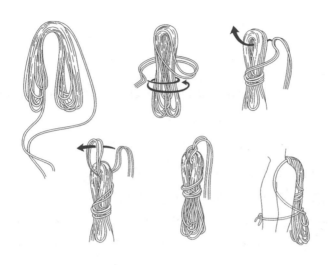

　나비모양 사리기는 속도가 빠르고, 사릴 때 손에 쥐는 뭉치가 작아 손에 부담이 적다. 또한 로프를 풀 때 둥글게 사리기보다 꼬이거나 엉키지 않고, 배낭이 없을 때 몸에 직접 매달 수도 있다. 어떤 방법을 사용하든 로프는 잘 사려져 있어야 한다. 로프를 풀 때는 매듭을 풀고 감긴 순서대로 한 가닥씩 차곡차곡 풀어야 한다. 로프가 엉키면 다시 사리는 것보다 몇 배의 시간이 걸린다.

슬링

러너(runner)이라고 부르는 슬링(sling)은 웨빙이나 코드로 만든 긴 끈으로 등반장비 중에서 가장 많이 쓰는 것 중의 하나다. 슬링은 확보물과 카라비너를 잇고, 나무나 바위에 둘러 확보지점을 만들며 때로는 위급하고 중요한 연결 등 여러 가지 용도로 쓰인다.

슬링은 보통 테이프라고 부르는 튜블러 웨빙(tubular webbing : 원통 모양으로 짠 것)과 플랫 웨빙(flat webbing : 통째로 짠 것), 그리고 로프와 같은 구조와 모양을 하고 있는 코드슬링(code sling)이 있다. 웨빙은 폭 1.5~2.5센티미터를 많이 쓰며, 코드는 굵기가 3~9밀리미터로 만드는데, 큰 충격을 받는 곳에서 지름이 8밀리미터가 안 되는 코드는 사용하지 말아야 한다.

러너를 만들 때는 매듭할 부분까지 생각해서 여유 있게 잘라야 하고, 웨빙 러너는 테이프 매듭, 코드 러너는 이중 피셔맨 매듭으로 묶는다. 매듭 끝의 여분은 4~5센티미터를 남겨서 매듭이 저절로 풀리지 않도록 하고 슬링 끝부분을 불로 지져서 올이 풀리는 것을 막아 준다. 또

웨빙의 종류

플랫 웨빙

튜블러 웨빙

여러 가지 러너

웨빙 슬링을 박음질해서
만든 웨빙 러너

테이프 매듭을 해서
만든 웨빙 러너

이중 피셔맨 매듭을 해서
만든 코드 러너

한 웨빙에 묶은 테이프 매듭은 쉽게 헐거워져서 매듭을 자주 조여야 한다. 러너 역시 나일론이기 때문에 로프처럼 잘 보관하고 관리해야 한다. 이따금 기존의 바윗길 확보물에 걸려있는 러너를 그대로 쓰는 사람이 있는데, 새 것일지라도 강한 충격을 받았을 수도 있고 자외선을 오랫동안 받아서 약해져 있기 때문에 아주 위험하다.

장비점에서 파는 박음질한 러너는 매듭을 해서 만든 러너보다 가볍고 산뜻하며 풀릴 위험이 없고 사용하기에도 편리하다. 하지만 매듭을 해서 만든 러너는 박음질한 러너보다 좋은 점도 있다. 값이 싸고 매듭을 풀어서 바위나 나무에 묶어 쓸 수도 있고 몇 개를 서로 연결하면 더 긴 러너로 만들 수 있다.

카라비너

카라비너(carabiner)는 등반할 때 없어서는 안 될 중요한 장비다. 클라이머, 확보물, 로프, 러너, 매듭, 장비 등을 서로 안전하고 빠르게 연결할 수 있다. 알프스 등반 초기에는 여닫는 곳이 없는 쇠고리 같은 것으로 쓰다가 1910년경 독일의 오토 헤르조그(Otto Herzog)가 오늘날과 같은 모양의 카라비너를 만들었다.

처음에는 강철로 만들었는데 너무 무거워서 1950년대부터 알루미늄 합금으로 만든 가벼운 카라비너를 사용하고 있다. 카라비너에 대한 UIAA(국제산악연맹)의 규격은 긴 쪽으로 2,000킬로그램, 짧은 쪽으로 400킬로그램 이상의 힘을 견뎌야 한다. 또한 여닫는 곳이 열린 상태에서 긴 쪽으로 600킬로그램 이상의 강도를 견뎌야 한다.

카라비너는 크기와 모양이 여러 가지다. O형 카라비너는 가장 처음에 나온 것으로 왼쪽과 오른쪽이 같은 모양이어서 여러 가지로 쓸 수 있다. 또한 D형 카라비너는 여닫는 곳을 피해 긴 쪽으로 충격이 가도록 되어 있어 O형 카라비너보다 강도가 높다. 모양을 달리한 D형 카

카라비너의 강도 표시

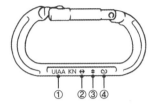

1뉴턴(1N)은 1킬로그램의 물체를 1초에 1미터의 가속도를 갖는 데 필요한 힘을 말한다. 1킬로뉴턴(1KN)은 1000N이며, 약 102킬로그램에 해당한다.

① 카라비너 강도
② 길이로 견딜 수 있는 강도
③ 옆으로 견딜 수 있는 강도
④ 여닫는 곳이 열려있을 때 견딜 수 있는 강도

라비너는 보통 D형 카라비너의 강한 장점을 가지고 있고 여닫는 곳이 더 넓게 만들어져 로프를 걸거나 빼낼 때 편리하다. 여닫는 곳이 곡선으로 휘어져 있는 벤트게이트(bent gate) 카라비너는 어려운 바윗길에서 카라비너를 쉽게 쓸 수 있도록 특별하게 만든 것이다. 이런 카라비너는 여닫는 곳이 우연히 열릴 가능성이 높아서 보통 퀵드로와 같이 쓴다. 여닫는 곳 한쪽 끝에 잠금 장치가 달린 잠금 카라비너(locking carabiner)는 하강할 때나 확보를 볼 때 또는 로프를 묶을 때처럼 더 안전해야 하는 곳에 쓴다.

다음은 카라비너를 사용하고 관리하는 데 알아두어야 할 지침이다.

· 항상 긴 쪽이 힘을 받도록 한다.
· 특히 여닫는 곳이 힘을 받아서는 안 된다.
· 여닫는 곳이 열린 상태에서는 긴 쪽으로 힘을 받더라도 강도가 크게 약해진다.
· 여닫는 곳이 우연히 열릴 수 있다는 점을 잊지 말아야 한다.
· 로프의 매듭 고리가 크면 여닫는 곳이 우연히 열릴 확률이 높다.

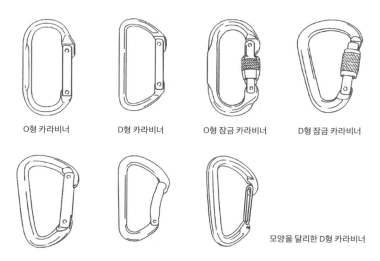

여러 가지 카라비너

O형 카라비너   D형 카라비너   O형 잠금 카라비너   D형 잠금 카라비너

모양을 달리한 D형 카라비너

· 여닫는 곳은 항상 부드럽게 움직여야 한다.
· 높은 곳에서 떨어진 카라비너는 사용하지 말아야 한다.

최근 널리 보급되고 있는 와이어게이트 카라비너는 개폐구를 스테인리스 스틸 와이어로 만들어 무게를 줄인 제품이다. 개폐구를 열 때 자체적으로 스프링 기능을 하기 때문에 별도의 부품이 필요 없고 무게가 가볍다. 와이어게이트 카라비너는 일반 카라비너보다 약해 보이지만 일반 개폐구의 인장 강도와 차이가 없을 뿐만 아니라 오히려 더 강한 것도 있으며, 개폐구 자체의 무게가 가벼워 추락 시에도 개폐구가 열릴 확률은 오히려 낮다.

카라비너를 확보물에 걸 때 개폐구가 바깥쪽과 아래쪽으로 향해야 한다. 바깥쪽으로 향하게 끼워야 카라비너의 개폐구가 바위의 돌출부

확보물에 카라비너 걸기

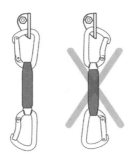

먼저 여닫는 곳을 위쪽으로 잡고 건다.
여닫는 곳을 위쪽으로 두면 로프를
걸거나 뺄 때 불편하다.
카라비너를 확보물에 건 다음 180도
돌려 여닫는 곳이 아래쪽, 그리고 바깥
쪽으로 향하도록 걸어 놓아야 로프를
걸거나 빼기가 쉽다.

퀵드로에 로프 걸기

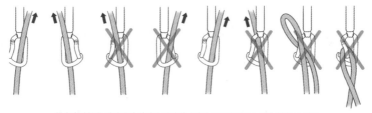

올라갈 방향을 생각해서 걸어야 카라비너에서 로프가 빠지는 것을 막을 수 있다.

에 닿아도 열리지 않고 로프를 쉽게 끼우거나 빼낼 수 있다. 개폐구가
열린 상태에서 충격력이 작용하면 카라비너의 강도가 3배 정도 약해
져 절단되거나 개폐구가 파손될 수 있다. 잠금 카라비너를 사용하거나
카라비너 두 개를 개폐구가 서로 반대 방향이 되도록 걸면 보다 안전
하게 사용할 수 있다. 또한 바위턱에 설치된 볼트나 하켄에 카라비너를
걸 때는 반드시 슬링으로 연결해 걸어야 한다. 바위턱에 걸친 카라비너
는 충격을 받으면 카라비너의 옆면으로 충격이 전해져 부러지기 쉽기
때문이다. 또한 나무나 암각 등에 슬링을 둘러서 걸 때 카라비너를 횡
방향으로 연결하면 개폐구에 충격이 전해질 경우 파손될 우려가 있다.

퀵드로

퀵드로(quick draw)는 웨빙을 박음질해서 양쪽에 카라비너를 걸 수 있도록 고리로 만든 일종의 러너다. 즉 카라비너+퀵드로+카라비너 모양으로 이어서 쓰는 러너다. 용도는 러너와 비슷하지만 한정된 용도로 사용하며, 슬링으로 만든 러너에 비해 편리하다.

확보물에 카라비너를 걸고 로프를 통과시킬 때는 로프가 잘 움직이고 카라비너가 열리거나 빠지는 것을 막기 위해 확보물과 카라비너 사이에 러너로 이어야 한다. 이때 퀵드로를 쓰면 확보물에 카라비너를 빠르고 쉽게 걸 수 있고 러너가 끊어질 위험도 적다.

퀵드로의 한쪽 끝은 개폐구가 일자형인 변형 D형 카라비너를 사용하는 반면, 반대쪽은 개폐구가 곡선형인 벤트 게이트 카라비너를 사용한다. 이때 변형 D형 카라비너는 확보물에 거는 쪽이고 벤트 게이트 카라비너는 로프를 통과시키는 쪽이다.

로프를 클립하는 벤트 게이트 카라비너는 움직이지 않도록 고정시켜야 한다. 일반적으로 카라비너를 고정시키는 고무 장치가 달려 있거

확보물과 로프를 퀵드로에 연결하기

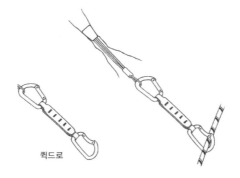

퀵드로

나 카라비너가 움직이지 않게 디자인된 제품이 판매되고 있다.

퀵드로는 보통 5센티미터, 10센티미터, 15센티미터, 20센티미터 길이로 만들어 판다. 퀵드로에 카라비너를 걸 때는 보통 카라비너의 여닫는 곳이 서로 반대 방향이 되도록 한다. 이는 로프를 통과시킬 때 편리하지만 사용하는 사람의 버릇에 따라 같은 방향으로 할 수도 있다.

퀵드로는 반드시 벤트 게이트 카라비너의 개폐구가 등반선 아래쪽을 향하도록 걸고 로프가 퀵드로 안쪽에서 들어와 바깥쪽으로 나가도록 통과시켜야 한다. 만약 반대로 클립하면 추락할 때 로프가 카라비너 개폐구 안으로 밀려들어가면서 아래로 빠져버릴 수 있다. 특히 루트의 방향이 사선으로 되어 있을 때 위험성은 더욱 커진다.

안전벨트

안전벨트(harness)는 로프와 등반자를 안전하게 연결해주는 장비로 떨어질 때 생기는 충격을 몸의 여러 부분에 분산시켜서 등반자를 안전하게 보호해 준다. 또한 등반할 때 확보장비를 매달 수 있는 장비걸이가 달려 있다.

등반용 안전벨트는 등반자의 안전, 생명과 관계되는 장비이기 때문에 신중히 선택해야 한다. 안전벨트는 전신용(body harness)과 하단용(seat harness)이 있다. 상단과 하단을 함께 쓰는 전신용 안전벨트는 추락할 때 충격을 몸 전체에 고르게 분산시켜 주기 때문에 척추나 허리의 부상을 막아준다. 무거운 배낭을 메고 있을 때 거꾸로 떨어지는 것을 막아주기도 한다. 그러나 옷을 입고 벗기에 불편하며 착용한 상태로 용변을 보기도 어렵다. 이런 단점 때문에 대부분 하단용 안전벨트만 사용하고 있다. 그러나 무거운 배낭을 메고 추락할 경우 거꾸로 추락하게 되므로 척추 부상을 입을 수 있다. 따라서 안전을 위해 필요할 때는 테이프 슬링으로 간단하게 상단벨트를 만들어 하단벨트와 연결해 쓰

로프에 보울라인 매듭을 해서 허리에 묶는 방법

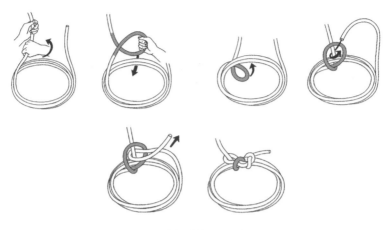

로프 끝에서 등반자를 묶는 방법

※ 주의 :
이 방법은 안전벨트가
없는 위급한 상황에서
비상용으로만 써야 한다.

로프 가운데서 등반자를 묶는 방법

면 좋다. 안전벨트는 일반용, 동계용, 스포츠 클라이밍용이 있다. 일반용은 장시간 매달려도 강도가 유지되도록 견고해야 하며, 스펀지 패드가 내장된 것이 편리하다. 동계용은 눈이나 물이 흡수되어 얼어붙는 것을 막을 수 있도록 스펀지 패드가 내장되지 않은 것이 좋다. 또한 안전벨트를 착용한 채 용변을 보거나 등산화나 크램폰을 신은 채로 착용할수 있도록 설계된 것이 좋다. 스포츠 클라이밍용은 가볍고 부피가 작아 착용감은 좋으나 암벽에서 장시간 사용할 때 강도와 내구성이 떨어지는 단점이 있다.

안전벨트에 로프를 묶을 때는 허리 벨트와 다리 고리를 함께 묶어야 한다. 로프로 직접 두 곳을 걸어 매듭을 할 수도 있고, 잠금 카라비너로 로프 매듭을 안전벨트에 연결하는 방법이 있다. 그러나 안전벨트에 직접 묶는 방법이 더 안전하다. 허리 벨트와 다리 고리를 연결한 웨빙 고리에만 로프를 묶는 것은 올바른 방법이 아니다. 웨빙 고리는 충격이 전해지지 않는 용도, 즉 하강을 할 때나 자기 확보줄을 걸어두는 용도로만 써야 한다. 허리 벨트에 달려있는 장비 걸이는 강도가 10킬로그램을 넘지 않기 때문에 절대로 이곳에다가 로프를 묶거나 체중을 실으면 안 된다.

하단 벨트의 종류

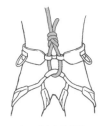  

따로 나눠진 하단 벨트   고리로 이어진 하단 벨트   겨울용으로 알맞은 하단 벨트

버클 바르게 끼우는 방법

암벽화

등반기술 발전에서 장비의 발달이 차지하는 역할은 매우 크다. 등산 초기의 신발은 특별히 암벽화 또는 등산화라고 부를 수 있는 것이 아니었다. 일상생활에서 신는 신발을 바로 등산과 클라이밍에 사용했기 때문이다. 우리나라에서 1970년대까지 썼던 클레터 슈즈(kletter schuh ; 독)는 얇은 비브람 창과 부드러운 가죽을 대서 그런 대로 마찰력이 있었다.

오늘날의 암벽화를 생각해 낸 선구자는 피에르 알렝(Pierre Allain)과 에밀 보데나우(Emil Bordenau)인데 1930년대 파리 근처 루트에서 처음으로 선을 보였다. 'EB 슈즈'라고 부른 클라이밍 전용 신발은 고무 바닥창이 편평해서 바위와 닿는 면이 많고 마찰력이 뛰어났다. 그 후 부틸 고무창을 이용하여 부드럽고 마찰력이 뛰어난 암벽화가 나타나 자유자재로 발을 사용하게 되었다. 1980년대에는 스페인의 보레알사에서 만든 피레(fire)라는 암벽화가 보급되어 전 세계를 주도했다. 최초의 EB 암벽화는 딱딱한 카본 고무창을 사용했으나 피레 암벽화는 부틸

여러 가지 암벽화

일반용(일반적으로 쓰이는 암벽화)　　　　　리지 등반용

스포츠 클라이밍용(끈 없는 암벽화)

고무창을 써서 부드러움과 마찰력을 높였다. 부틸 고무창은 부드러우면서도 질긴 특성이 있어 신발에 체중을 실었을 때 암벽의 미세한 요철이 고무창을 파고들어 마찰력을 높여준다.

암벽화는 용도에 따라 아주 작은 홀드를 딛고 올라서는 엣지(edge) 등반용과, 슬랩 등반을 할 때 강한 마찰력을 얻기 위한 프릭션(friction) 등반용, 그리고 오버행이나 크랙(crack)을 오를 때 발 앞부분을 쓸 수 있는 크랙 등반용, 자유등반이나 스포츠 클라이밍에 알맞은 자유 등반용으로 나눌 수 있다. 바닥 창이 뻣뻣한 것은 마찰력이 떨어지지만 발끝으로 서는 엣지에 좋고, 반대로 부드럽고 잘 늘어나는 신발은 강한 마찰력을 얻는 프릭션이나 스미어링(smearing)에 좋다.

암벽화는 대체로 바닥 창 전체보다 발가락이 있는 앞부분을 주로 사용한다. 이는 용도에 따라 둥근 것과 각진 것, 뾰족한 것이 있으며 바닥 창 모양도 예전의 편평한 모양에서 차츰 휘어진 모양으로 바뀌고 있다. 이것은 바위를 향해 곧게 서는 페이스 등반에서 발끝에 힘을 모으기 위한 것이다.

클라이밍을 처음 시작하는 사람들은 보통 여러 가지 용도로 쓰는 암벽화를 신는 것이 좋고, 우리나라는 슬랩이 많은 화강암이 대부분이어서 바닥 창이 부드럽고 마찰력이 뛰어난 암벽화를 신는 것이 좋다.

양말을 신으면 이따금 발바닥이 암벽화 안에서 미끄러운 느낌을 받을 수 있으므로 양말을 신지 않고 꼭 맞게 신는 것이 좋으나, 발가락이 꺾일 정도로 작은 사이즈는 좋지 않다. 오래 신고 있어도 발이 편안한 크기를 선택해야 한다. 흙, 먼지, 기름, 나무의 수액 같은 것은 암벽화의 기능을 떨어뜨릴 수 있으므로 항상 깨끗하게 관리해야 한다. 대개 암벽화 창은 고무가 아닌 석유화학 물질인 TDR(Thermo Dynamic Rubber)이므로 시간이 흐르면 약해지고 딱딱해져 기능이 떨어진다.

확보기구

확보기구는 로프의 마찰을 크게 해서 로프를 알맞은 각도로 꺾어 줌으로써 추락하는 등반자를 손쉽고 안전하게 멈출 수 있도록 해준다. 확보기구들은 대부분 하강기로도 쓰이는데, 사실 하강용으로 만든 기구를 확보용으로 쓴다는 것이 정확한 말일 것이다. 로프가 기구를 감싸 돌면서 마찰을 크게 하는 것이 하강과 확보에 같은 기구를 쓸 수 있기 때문이다.

하강과 확보를 겸할 수 있는 기구는 여러 모델이 있다. 모양에 따라 8자 하강기, 튜브형, 플레이트형, 터널형으로 구분할 수 있으며, 이 밖에도 특수한 모양을 한 제품이 있다. 일반적으로 가장 많이 쓰이는 모델은 8자 하강기이며 모양과 크기가 제품마다 다르지만 그 기능은 대체로 같다. 8자 하강기는 하강시 로프의 유통이 원활하지만 겨울철에 언 로프를 사용해 하강할 때는 반드시 작은 구멍을 사용해야 안전하다. 큰 구멍을 사용하여 등반자를 확보할 때는 즉시 제동하기 곤란할 때도 있다. 최근에 개발된 튜브형은 8자 하강기에 비해 가벼우며 큰 마찰을

여러 가지 확보기구

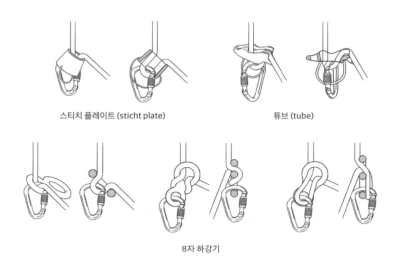

스티치 플레이트 (sticht plate)　　　　　튜브 (tube)

8자 하강기

얻을 수 있어 외줄 하강과 오버행 하강, 언 로프 하강할 때도 좋다. 그러나 낡은 로프나 언 로프를 끼워 넣기가 어려울 뿐만 아니라 두 줄 로프로 하강할 때는 너무 뻑뻑하여 하강기에 높은 열이 발생하는 단점도 있다. 플레이트형도 다양한 모양과 크기가 있으며, 특성은 가볍고 부피가 작아 휴대하기 편하다. 하강과 확보시 로프의 마찰력과 제동력이 뛰어나지만 등반자의 추락을 정지시킬 때 매우 효과적이다. 그러나 로프의 굵기가 10밀리미터 이상을 사용할 경우 구멍에 끼워 넣기가 매우 불편하며, 언 로프를 끼워 넣기도 매우 어렵다. 터널형으로는 리버소와 독특한 모양을 한 요요, 로직, 블랙 다이아몬드사의 에이티시(ATC) 등이 있다. 이런 장비들은 무게가 가볍고 부피가 작으며 하강시 로프의 유통도 원활하고 등반자 확보시 마찰력이 뛰어나 제동 효과도 좋다. 또한 로프를 끼워 넣을 때도 편리하다. 8자 하강기는 여러 가지 모양으로 로프를

그리그리(gri-gri)

로프 거는 방법　　　　선등자 확보 방법

등반자 ↑

멈춤손

↓　후등자 확보 방법
안전벨트

걸어 쓸 수 있다. 첫번째 그림은 여러 방법 중 가장 뛰어난 마찰력을 일으켜 잘 멈춘다. 그러나 이 방법으로 후등자를 확보하면 선등자를 확보할 때와는 달리 로프가 잘 빠지지 않아 불편하기도 하다. 후등자를 확보할 때는 가운데 그림처럼 쓰면 로프가 부드럽게 빠져 나온다.

8자 하강기는 겨울철에 로프가 얼었을 때 멈추기 힘들다는 점을 고려해야 한다. 언 로프는 하강기에 마찰력을 주지 못하므로 로프가 쉽게 빠질 수 있다. 이런 문제를 막기 위해서 멈춤 손으로 로프를 단단히 잡아야 하는데, 장갑과 로프가 모두 얼어 있으면 이것도 쉽지 않다. 그래서 멈춤 손에 로프를 한 바퀴 감아서 확보를 보기도 한다.

1992년에 프랑스의 페츨(Petzl)사에서 선보인 그리그리(gri-gri)는 떨어지는 사람을 저절로 멈추게 하는 확보기구다. 로프가 천천히 빠져나갈 때는 마찰력이 생기지 않지만 로프가 갑자기 당겨지거나 충격이 전해지면 저절로 로프를 꽉 잡아준다. 따라서 멈춤 손으로 로프를 잡지 않아도 떨어지는 사람을 안전하게 멎게 할 수 있다. 그러나 이 기구는 로프 방향이나 로프가 빠져나가는 속도에 아주 민감하게 움직이기 때문에 바르게 쓰는 방법을 이해한 다음, 여러 번 연습을 하고 나서 쓰는 것이 안전하다.

알루미늄 합금으로 만든 확보기구들은 아주 높은 곳에서 떨어졌을
때 겉보기에는 문제가 없는 것처럼 보이지만, 실제 강도는 많이 약해지기
때문에 큰 충격이 전해지면 깨질 위험이 있어 아예 쓰지 말아야 한다.

헬멧

등반용 헬멧

등반용 헬멧(helmet)은 추락할 때 바위에 부딪치거나 떨어지는 돌에 맞아 머리를 다치는 사고를 줄여준다. 등반을 하다가 갑자기 추락하면 몸이 이리저리 튕길 수도 있고 무사히 떨어졌다고 해도 시계추 작용으로 인해 바위와 부딪칠 수 있다. 떨어지는 돌에 맞을 위험은 등반 중에만 생기는 것은 아니다. 등반 준비를 할 때나 등반을 끝낸 다음 돌이 떨어지는 경우도 생길 수 있으므로 항상 조심해야 한다. UIAA에서는 헬멧의 모양과 튼튼한 정도, 탄력성을 평가해 안전한 헬멧에 대한 표준을 정하고 있으므로 UIAA의 승인 표시가 있는 헬멧을 사야 한다. 살 때는 직접 써 보고 머리 크기에 맞게 끈을 조절할 수 있는지 살펴봐야 한다.

헬멧의 소재로는 보통 ABS(Acrylonitrile Butadiene Styrol) 플라스틱과 파이버 글래스(fiber glass)가 많이 쓰인다. 탄소섬유를 사용한 헬멧도 있으나 비싼 것이 단점이다. 실험 결과에 따르면, ABS 플라스틱 제품은 저온일 때 약하다. 파이버 글래스는 충격 흡수를 위해 튼튼한 발포 플라스틱이 안에 덧씌워져 있다.

초크

탄산마그네슘으로 만든 초크(chalk)는 손의 마찰력을 높여 주는 효과가 있다. 초크는 보통 초크통에 담아 안전벨트 뒤쪽이나 허리 주위에 가는 끈으로 매달아서 필요할 때마다 손에 묻힐 수 있도록 한다. 초크가루는 사람 몸에 해로운 것은 아니지만 호흡기에 좋지 않고 바위를 더럽힐 수 있어, 흘리거나 필요 이상 많이 나오지 않도록 틈이 가늘고 얇은 천(스타킹)에 담아 쓰는 것이 좋다. 초크를 공 같은 덩어리로 만든 초크볼도 쓰기에 편리하다. 또한 많은 사람이 함께 운동하는 실내 암장에서는 될 수 있는 대로 액상 초크를 사용하는 것이 좋다.

초크는 바위의 성질에 따라 효과가 달라질 수 있다. 표면이 거친 바위에서는 초크를 가볍게 손에 문질러 바르는 것이 더 효과적이다. 초크의 중요한 역할은 손을 항상 건조하게 해서 마찰계수를 증대시키는 것이므로 무조건 많이 바른다고 좋은 것은 아니다. 맨손을 사용했을 때와 초크를 사용했을 때의 마찰 강도는 다음과 같다.

맨손으로 사용할 때와 초크를 사용할 때의 마찰 강도

마찰 강도 사용 유무	0.2	0.4	0.6	0.8	1.0	1.2
맨손 사용	거친 바위 ⬛⬛⬛					
	매끄러운 바위 ⬛⬛					
초크 사용	거친 바위 ⬛⬛⬛⬛⬛					
	매끄러운 바위 ⬛⬛⬛⬛					

초크통

등반용 테이프

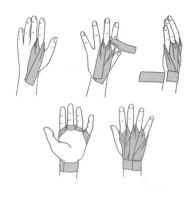

테이프 감는 방법

등반용 테이프(climbing tape)는 크랙 등반이나 어려운 등반을 할 때 손에 상처가 나지 않도록 보호해주는 역할을 한다. 등반용 테이프를 감는 방법은 여러 가지가 있는데, 크랙에 알맞게 손가락 마디, 손등, 팔목 같은 곳을 감아 준다. 너무 단단히 감으면 피가 잘 돌지 않아 손을 자유롭게 쓸 수 없다. 또한 손바닥에는 테이프를 감지 않아야 바위 감촉을 잘 느낄 수 있다.

Almost
Everything
of the Sports
Climbing

3장 스포츠
클라이밍의
기본

손 쓰기

클라이밍은 다른 운동과 달리 전신 운동으로 고정되어 있는 홀드를 손과 발을 이용하여 위로 올라가는 운동이다. 그러므로 등반할 때 손 쓰기와 발 쓰기가 매우 중요하다. 등반할 때 손으로 잡고 발을 홀드에 디뎌야 하는데, 발에 비해 손은 홀드의 모양과 형태에 따라 잡는 방법이 다양하다. 홀드를 효율적으로 잡는 방법은 다음과 같다.

· 홀드의 모양에 맞게 잡는다.
· 손가락 힘과 손바닥의 마찰을 충분히 활용한다.
· 가능한 손과 팔의 힘을 절약한다.
· 무게 중심의 위치나 움직임에 따라 손과 팔을 바꾸어준다.

1. 홀드

홀드란 손으로 잡거나 발로 디딜 수 있는 울퉁불퉁한 구조물을 말하는 것으로 모양과 크기에 따라 다르다. 홀드를 손으로 잡으면 손 홀드(hand hold), 발로 디디면 발 홀드(foot hold)라고 한다. 등반할 때 모든 움직임은 손 홀드와 발 홀드를 얼마나 효율적이고 조화롭게 쓰느냐에 달려 있다.

사람의 손가락 중에서 가장 힘이 센 손가락은 엄지손가락이다. 가운뎃손가락(중지), 둘째손가락(검지), 넷째손가락(약지), 새끼손가락(소지)의 순서로 힘이 약해진다. 홀드를 잡을 때 가장 많이 이용하는 손가락은 검지와 중지, 그리고 약지이지만 엄지와 새끼손가락을 잘 이용하면 더 효과적으로 홀드를 잡을 수 있다. 즉 검지, 중지, 약지의 세 손가락으로만 잡는 것에 비해 엄지를 검지에 붙이거나 검지 위로 감싸 쥐면 훨씬 더 큰 힘을 발휘할 수 있다.

손끝만 걸릴 정도의 작은 홀드는 손가락을 구부려서 잡아야 하므로 엄지를 쓰지 않는 것이 좋다. 엄지를 쓰면 손등이 굽어져서 오히려 버티는 힘이 떨어진다. 하지만 일반적으로 엄지를 사용하면 큰 힘을 낼 수 있다. 또한 아주 작은 홀드를 잡을 때 손톱을 쓰면 손톱이 상하거나 뒤집어져 다칠 수도 있으므로 등반할 때 손톱을 짧게 깎는 것이 좋다.

홀드는 재질에 따라 나무, 폴리에스테르, 폴리우레탄, 섬유 유리 등으로 만들어졌으며, 모양이나 형태에 따라 저그, 슬로퍼, 포켓, 핀치, 크림프, 엣지, 볼륨 등이 있다. 홀드를 잡는 방법에 따라 클링, 오픈 핸드, 풀 크림프, 하프 크림프, 버티컬 그립, 파밍, 핀치, 랩, 포켓, 언더 클링, 사이드 풀, 푸시, 개스톤, 텍스트북, 피아노, 스태킹 등이 있다.

2. 홀드의 종류

· 저그(jug)

손가락을 벌려서 잡을 수 있는 편하고 큰 홀드를 말한다. 미니 저그 (mini Jug) 또는 인컷(incut)은 작은 사이즈의 저그로 한 홀드에 두 손을 다 모으지 못하는 크기의 홀드를 말한다. 손가락이나 팔에 부담이 적고 손을 바꿔가며 쉴 수 있는 편한 홀드다.

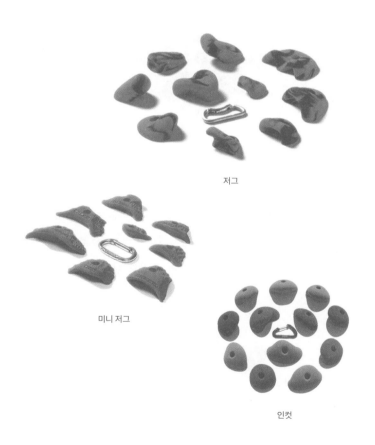

저그

미니 저그

인컷

· 포켓(pocket)

포켓 홀드는 석회암이나 화산암에서 자주 볼 수 있는 크고 작은 구멍이 나있는 형태의 홀드다. 보통 모든 손가락을 다 집어넣기 어려운 경우 가장 힘이 센 가운뎃손가락부터 검지, 약지의 순서로 집어넣는다. 버티는 힘을 크게 만들기 위해 다른 손가락을 구멍에 집어넣은 손가락에 겹쳐 누르기도 한다. 손가락을 옆 방향으로 당길 때는 관절을 다칠 수도 있으므로 항상 손가락이 구부러지는 방향으로 당겨야 한다.

포켓

· 핀치(pinch)

책꽂이에서 책을 뽑듯이 엄지손가락과 나머지 손가락으로 홀드를 쥔다. 버티는 힘이 약하고 평소에 잘 쓰지 않는 근육을 사용한다. 한 손으로 쥐기에 두꺼운 홀드는 두 손으로 쥐기도 하고 아주 조그만 홀드는 엄지손가락과 둘째손가락으로 꼬집어 쥐기도 한다.

핀치

· 크림프(crimp)

아주 작은 홀드로 손마디로만 잡을 수 있는 사이즈의 홀드를 말한다. 손가락을 일렬로 만들어서 몸을 지탱하는데, 오픈 핸드(open-hand), 풀 크림프(full crimp), 하프 크림프(half crimp)의 세 가지 방법으로 홀드를 잡는다. 될 수 있는 대로 오픈 핸드를 사용하고 불가피한 상황에서만 풀 클림프를 사용하는 게 좋다. 엄지손가락을 사용하면 다른 손가락에 가해지는 부담을 줄일 수 있다. 크림프 홀드는 클라이머들의 고질병인 손가락과 힘줄 손상의 가장 큰 원인이므로 항상 조심해서 잡아야 하며, 초보자에게는 많은 연습이 필요한 홀드다.

크림프

· 엣지(edge)

엣지는 뚜렷한 가장자리와 상단이 평평한 면으로 이루어진 홀드를 말한다.

엣지

· 슬로퍼(sloper)

반구체와 같은 모양으로 둥글고 커서 모나거나 구멍 또는 튀어나온 곳이 없는 홀드다. 손바닥을 펴서 최대한 접촉면을 넓혀서 잡도록 한다. 손가락으로 잡는 것이 아니라 손바닥을 이용해 잡는다는 느낌으로 잡는다.

슬로퍼

· 볼륨(volume)

부피가 큰 홀드를 말하며 대부분 접촉면이 평편하거나 흘러서 잡을 곳이 없다. 생각을 많이 해서 문제를 풀어야 할 정도로 동작이 까다로운 홀드다.

볼륨

3. 홀드를 잡는 방법

홀드를 잡는 방법에 따라 오픈 핸드, 풀 크림프, 하프 크림프, 버티컬 그립, 파밍, 핀치, 랩, 포켓, 언더 클링, 사이드 풀, 푸시, 개스톤, 텍스트북, 피아노, 스태킹 등이 있다.

· 오픈 핸드(open hand)

큰 홀드나 둥근 홀드를 잡는 방법으로 홀드의 자연스런 굴곡을 손가락으로 감싸서 잡아당긴다. 이때 중요한 점은 손을 올려놓은 다음 바로 잡아당기는 것이 아니라 손가락으로 더듬어 홀드의 가장 잡기 좋은 부분을 찾아 홀드를 감싸 잡는다. 큰 홀드를 잡을 때는 별로 차이가 없지만, 홀드가 작거나 둥근 경우 손가락을 조금만 옆으로 옮겨도 버티는 힘에 큰 차이가 있다.

오픈 핸드로 홀드를 잡을 때는 손을 갈고리처럼 구부리고 손가락이 펴지지 않도록 팔뚝 근육으로 잡아야 하지만, 실제 버티는 힘은 손의 피부와 홀드 사이의 마찰력이므로 손과 홀드가 닿는 부분을 가장 넓게 해서 잡는다. 홀드가 너무 작아서 손가락을 모두 쓸 수 없을 때는 가장 힘이 센 손가락으로 홀드를 먼저 잡는다. 오픈 핸드는 손가락 관절이나 근육에 가장 무리가 적은 방법으로 될 수 있으면 자주 사용하는 것이 좋다.

손끝을 나란히 붙여서 홀드를 잡을 때는 손가락 안쪽으로 걸듯이 잡으면 닿는 면의 마찰력을 최대한 유지할 수 있다. 일반적으로 처음 클라이밍을 시작할 때 크림프로 잡는 경우가 많은데, 오픈 핸드로 잡으면 미끄러질 것 같아서 불안하기 때문이다. 그런데 클라이밍에 익숙해지면 반대로 오픈 핸드를 더 많이 사용한다. 그 이유는 크림프 홀드

오픈 핸드로 잡을 때는 손끝으로 내리 누르듯이 잡는다.

에서 손가락의 세 번째 관절이 벽에서 멀리 떨어져 있으므로 모멘트가 커져서 지굴근에 가해지는 부담이 커지기 때문이다. 오픈 핸드에서는 손바닥이 홀드에 붙을 정도로 가까우므로 손끝과 세 번째 관절의 거리가 가까워 모멘트가 작아진다.

· 풀 크림프(full crimp)

작은 엣지(홀드 가장자리)를 잡을 때 이용한다. 손가락 끝이 조금 걸리는 아주 작은 홀드나 홀드 끝이 모난 경우 이용하는 방법으로 손가락의 둘째 마디를 뾰족하게 세워 홀드를 당기듯 매달린다. 검지부터 약지까지 네 개의 손가락을 세워서 위에서 아래로 걸듯이 잡는다. 홀드가 너무 작은 경우 위에서부터 홀드의 안쪽을 향해서 손가락 끝을 찌르듯이 잡는다. 이때 엄지손가락은 둘째손가락을 덮어 누르거나 옆에 붙여서 밀어주면 버티는 힘이 커진다.

풀 크림프는 마치 홀드 모서리를 발로 엣지(edge)하는 것처럼 일단 체중을 실으면 손끝이 홀드 위에 단단히 얹힌다. 손가락의 둘째 마디가

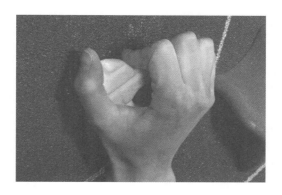

꺾여있어 좁은 홀드에서 잘 매달릴 수 있지만, 두 번째 관절에 많은 힘이 실려 관절과 힘줄에 부상을 줄 수도 있다.

검지부터 약지까지 네 개의 손가락을 구부리는 것은 전완에 있는 지굴근인데, 등반할 때는 대부분 지굴근이 피로해지거나 쥐는 힘이 부족하여 떨어진다. 하지만 엄지를 구부리는 근육은 지굴근이 아니라 손바닥 안에 있다. 엄지를 사용함으로써 쥐는 힘을 증가시키고 전완의 근육이 펌핑되는 것을 방지할 수 있다.

· 하프 크림프(half crimp)

평편한 홀드에서 잡는 방법으로 홀드의 두께가 1센티미터를 넘으면 손가락을 홀드와 직각으로 잡는다. 즉 손가락이 홀드의 바닥과 평행을 이루는 각도가 될 정도로 잡는다. 이때 엄지를 검지 위에 겹치거나 검지 옆에 붙여 잡는 힘을 보완한다.

등반할 때 홀드를 잡는 힘이 떨어지면 팔꿈치가 올라가게 되는데, 팔꿈치를 올려 홀드를 움켜잡아서 쥐는 힘을 보완한다. 등반할 때는 보

풀 크림프

6cm

180kg·cm

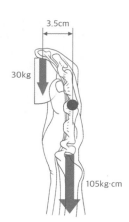

오픈핸드

3.5cm

30kg

105kg·cm

통 지굴근이 큰 힘을 쓰지만 가장 쉽게 피로해진다. 따라서 어깨를 중심으로 광배근을 사용하여 위에서부터 홀드를 누르듯이 잡아서 지굴근의 힘을 보완할 수 있다.

예를 들어 홀드를 유지하는 손끝 부분에서 손끝을 누르기 위한 회전축인 세 번째 관절까지의 거리를 풀 크림프에서 6센티미터, 오픈 핸드에서 3.5센티미터라고 가정하자. 이때 아래쪽으로 가해지는 하중을 30킬로그램이라고 하면 세 번째 관절을 중심으로 한 모멘트는 다음과 같다.

크림프의 모멘트

$30kg \times 6cm = 180kg \cdot cm$

오픈 핸드의 모멘트

$30kg \times 3.5cm = 105kg \cdot cm$

손가락에 가해지는 하중은 지굴근이 담당하는데, 위의 계산식에서

손가락 안쪽을 맞대고 옆으로 밀면 피부 조직이 부드러워서 약간 밀린다.

보는 것처럼 오픈 핸드에 비해 풀 크림프의 경우 1.7배나 큰 힘이 필요하다. 실제로 풀 크림프에서 엄지가 도움을 주므로 필요한 힘이 그보다 작긴 하지만, 일반적으로 오픈 핸드에서 힘을 덜 소모하므로 근력의 피로를 줄일 수 있다.

피부와 힘줄, 뼈 사이에는 피부 조직이 있다. 따라서 작은 엣지를 잡으려 해도 피부 때문에 살짝 밀려난다. 예를 들어 엄지 안쪽과 검지 안쪽을 맞붙여 좌우로 밀면 피부가 몇 밀리미터 정도 밀려난다. 이러한 현상은 작은 엣지를 잡을 때 생기므로 계속 홀드를 잡고 있기 힘들어진다. 따라서 작은 엣지를 잡을 때는 홀드 위쪽부터 손가락으로 밀면서 엣지 위에 손가락을 멈추면 홀드를 잡는 힘을 향상시킬 수 있다. 척추지압요법(카이로 프래틱)에서 피부를 확장시켜 원하는 곳을 마사지 하거나 뼈를 교정시켜 주는데, 이런 방법을 '티슈 풀(tissue full)'이라고 한다.

· 버티컬 그립(vertical grip)
손가락의 첫째 마디와 둘째 마디를 구부려 홀드를 아래 방향으로 당기는 기술로 발끝 딛기와 비슷하다. 이 방법은 아주 작은 홀드를 잡을 때 사용하는데, 홀드가 날카로운 경우 몹시 고통스럽다.

· 파밍(palming)

우리나라 말로 '뻥 홀드' 또는 '흐르는 홀드'라고 하는 슬로퍼 홀드는 어디를 잡아야 할지 애매한데, 보통 손을 크게 벌려 손바닥 전체로 잡는다. 영어로 손바닥을 'palm(팜)'이라고 하므로 이러한 그립을 '파밍'이라고 한다. 또한 손바닥 전체의 마찰을 사용하므로 '프릭션 그립(friction grip)'이라고도 한다. 파밍에서 손 모양이 틀어지면 마찰력을 잃게 되므로 손가락과 손바닥으로 확실하게 움켜쥐어서 틀어지지 않도록 해야 한다.

슬로퍼 홀드는 무게 중심의 위치가 홀드의 바로 아래에 오도록 하고, 손바닥에 체중을 실으면서 잡는다. 손가락으로 잡는 것이 아니라 손목을 굽혀 손가락이나 손바닥 전체의 마찰력으로 잡는다. 홀드의 위치가 몸에서 멀리 떨어져 있을 때는 어깨로 누르는 자세(실제로는 겨드랑이 밑의 광배근을 사용)를 유지한다. 몸을 끌어 올릴 때도 손바닥에 체중을 싣는다는 느낌으로 팔꿈치부터 손목의 각도를 최대한 똑같이 유지하는 자세로 몸을 끌어올린다. 즉 몸의 중심이 홀드 밑에 있어야 하고 손바닥에 체중을 실어 마찰력을 준다.

작은 엣지를 잡을 때 홀드 위에서 손가락을 미끄러지듯 내려와 멈추듯이 잡으면 더 높은 지지력을 얻을 수 있다. 둥근 홀드를 잡을 때 홀드를 크게 쥐어 손바닥을 홀드의 바깥 부분에 오도록 하면 피부가 밀리지 않는다.

몸의 중심이 홀드 안에 들어가면 몸이 원을 그리듯이 밖으로 흔들

작은 엣지를 잡을 때

손가락을 위에서부터 미끄러뜨린다.

이 부분에서 멈춘다.

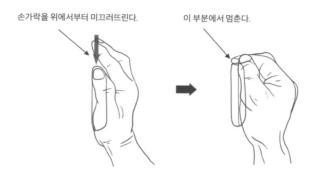

둥근 홀드를 잡을 때

위아래에서 미끄러뜨린다.

이 부분에서 멈춘다.

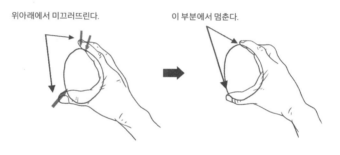

리는데, 이때 몸의 중심이 밖으로 나오면서 홀드에서 미끄러지기 쉽다. 오버행에서 파밍으로 잡을 때는 복근을 이용하여 몸의 중심이 뒤로 처지지 않게 한다. 그러기 위해서는 힐 훅과 토우 훅을 사용하여 몸을 최대한 벽에 가깝게 붙여야 한다. 보통 홀드는 손가락의 위치가 중요하지만, 슬로퍼 홀드는 몸 전체로 균형을 맞춰 가장 좋은 자세를 취하는 것이 중요한다.

　슬로퍼 홀드는 자신감을 갖고 과감하게 움직여야 한다. 손가락표면

손의 바로 아래에
몸의 무게 중심이
오도록 한다.

전체를 홀드와 접촉하도록 잡으며, 큰 홀드의 경우 손바닥 윗부분의 살집과 엄지의 살점 부분을 이용한다. 파밍은 손바닥의 마찰력이 가장 중요하므로 마찰력을 크게 만들기 위해 슬로퍼 홀드 바로 밑에서 수직으로 매달린다. 발은 힐 훅이나 토우 훅을 사용하여 홀드와 무게 중심을 일치시킨다. 몸을 끌어 올릴 때 하체부터 움직이는데, 손을 고정시킨 상태에서 발과 다리, 엉덩이 순으로 움직인다.

몸을 올릴 때는 손의 각도를 바꾸지 않는 것이 중요하다. 파밍은 일단 홀드를 잡는 위치를 유지하고 위로 체중을 옮길 때 손의 위치나 각도를 바꾸지 않아야 한다. 위치가 어긋나면 손의 마찰력이 약해져서 미끄러지기 쉽다. 몸을 올릴 때 자연스럽게 손의 각도가 올라가게 되는데, 이때 손이 미끄러지기 쉬우므로 각도를 고정시킨 상태에서 몸을 끌어 올려야 한다. 만약 손의 각도를 유지한 채 천천히 올리기 어렵다면 속도를 빨리 해서 단숨에 몸을 끌어 올리는 것이 좋다.

반구 모양의 홀드는 윗부분을 감싸듯이 쥐거나 반구 전체에 손가

손의 각도를 고정시킨 상태에서
단숨에 몸을 끌어 올린다.

락을 펼쳐서 잡는 것이 좋다. 이렇게 하면 손바닥이 쉽게 흔들리지 않고 팔꿈치 앞부분이 안정되므로 몸 전체의 밸런스가 좋아진다.

슬로퍼 홀드는 기본적으로 손가락을 크게 벌려 잡는다. 하지만 홀드 중 어떤 곳에 요철이 있다면 손가락을 모으거나 홀드 안에 파인 부분이나 작은 주름을 크림프로 잡는 것이 더 나을 때도 있다.

· 언더 클링(under cling)

손바닥을 위쪽으로 해서 플레이크(flake)나 홀드의 아래 부분을 당기는 기술로 홀드를 밑에서 잡는 자세를 취한다. 이때 밑에서 잡을 수 있는 홀드를 '언더컷(under cut)'이라고 한다. 이 기술은 사이드 풀과 마찬가지로 카운터 밸런스를 이용하여 손으로 당기는 방향과 발로 미는 방향이 서로 반대가 되도록 한다.

엄지를 제외한 네 개의 손가락을 아래쪽으로 향하고 엄지로 앞으로 움켜잡는 방법과 다섯 개의 손가락 전부를 아래로 돌려 잡는 방법이

언더 클링은 어깨보다 높은 위치
에서는 별 효과가 없다.

빨리 다리를 들어 올려 손에 힘이
덜 가게 하는 것이 중요하다.

팔을 위로 쭉 뻗으면 먼 거리를
움직일 수 있다.

있다. 이때 사용되는 근육은 지굴근과 상완이두근(상완 안쪽의 알통 부분)
이다. 따라서 지굴근만 사용하는 다른 그립보다 펌핑이 덜 온다.

　　언더 클링을 할 때 팔을 곧게 뻗어야만 근육의 피로를 줄이고 뼈로
매달릴 수 있다. 팔 힘을 덜기 위해 되도록 발 홀드를 잘 찾아 딛고 손
가락 끝으로 당기기보다 손을 크랙 안으로 깊이 집어넣고 당기는 것이
좋다.

　　높은 위치에 있는 언더 홀드를 잡을 경우 다리를 빨리 들어 올려야
한다. 언더 그립에서 가장 효율적으로 잡을 수 있는 높이는 가슴에서
무릎까지다. 그보다 높으면 잡는 힘이 약해져서 다리에 체중을 싣기 어
렵다. 따라서 아래로 향해 있는 홀드를 높은 위치에서 잡을 경우에는
되도록 빨리 다리를 들어 올려 가슴 아래를 안정적으로 만든다. 또한

팔꿈치를 딱 붙이고
허리를 비틀어서 몸을 당긴다.

무릎 아래에 있는 홀드를 잡을 때는 허리가 굽어서 엉덩이가 벽에서 멀어지는데 손에 부담이 많아지므로 무릎 위에 손이 오도록 조절한다.

언더 클링으로 홀드를 잡을 때 팔꿈치를 뒤로 빼고 몸을 홀드에 가깝게 하는 것이 중요하다. 무게 중심이 홀드에서 가까울수록 다리에 체중이 실려 손에 가해지는 부담이 작아진다. 단순히 팔꿈치를 빼는 것이 아니라 몸의 옆쪽에 팔꿈치를 딱 붙이고 허리를 비틀어 몸을 벽에 가깝게 하면 손에 큰 힘이 들어가지 않는다.

아래를 향해 있는 홀드를 잡을 경우 평범하게 밑에서 잡는 것 외에 손바닥으로 휘감듯이 잡을 수도 있다. 위에서 잡는 오버핸드 그립을 방향만 바꿔 밑에서 잡으면 손바닥을 이용할 수 있으므로 손가락의 피로가 덜 온다.

언더 클링은 홀드의 아래쪽을 잡는 방법인데, 아래를 향해 있는 홀드 외에도 매달리는 형태로 뒤에서 손을 앞으로 돌려 홀드를 누르듯이 잡을 수도 있다. 이 그립은 루프의 끝부분이나 튀어나온 부분의 아래쪽에서 홀드를 누를 때 사용하는데, 손가락보다 몸 전체를 움직여야 하는 경우가 많다.

· 사이드 풀(side pull)

옆에 있는 홀드나 모서리를 몸 쪽 방향으로 잡아당기는 기술이다. 이때 발은 반대 방향으로 밀어서 몸의 균형을 잡는데, 이를 '카운터 밸런스(opposition, counter balance)'라고 한다.

길쭉한 홀드나 칸테 등에서 홀드를 옆으로 당기듯이 잡는 방법이다. 엄지를 검지 옆에 붙이는 경우와 엄지와 네 개의 손가락 사이로 홀드를 잡는 방법이 있다. 잡는 힘을 크게 만들기 위해서는 손가락과 손목 사이의 손바닥으로 잡는 것이 좋다. 경사가 90도 이상인 홀드에서 세로 방향으로 홀드를 잡으면 몸이 회전하므로 카운터 밸런스나 또는 반대쪽 손을 세로 방향으로 잡고 반대쪽 발로 훅을 취하는 자세를 만들어야 한다.

· 푸시(push)

푸시는 손가락이나 손바닥, 또는 손끝으로 미는 방법을 말하는데, 이런 홀드는 밀기도 하지만 아래쪽에서 그립 홀드나 클링 홀드, 또는 레이백나 스테밍의 홀드로 쓴다. 큰 홀드는 손바닥으로 누르고 좁고 날카로운 홀드는 손가락으로 미는데, 이와 같은 기술을 '다운 프레셔(down pressure)'라고 한다. 팔을 곧게 편 채 팔꿈치를 고정시킨 다음 한 손으로 홀드를 누르면서 균형을 잡고 다른 손을 다음 홀드로 옮긴다.

사이드 풀

사이드 풀은 손가락과 손바닥 사이에 끼우듯이 잡는다.

· 핀치(pinch)

책꽂이에서 책을 뽑듯이 엄지손가락과 나머지 손가락으로 바위를 잡는 기술로 버티는 힘이 약하고 평소에 잘 쓰지 않는 근육을 사용한다. 한 손으로 쥐기에 두꺼운 홀드는 두 손으로 쥐기도 하고 아주 조그만 바위 돌기는 엄지손가락과 둘째손가락으로 꼬집어 쥐기도 한다. 길쭉한 홀드를 양옆으로 잡을 때 검지에서 약지까지 네 개의 손가락과 엄지가 서로 마주보게 하여 잡는다. 살짝 위쪽을 잡아 손목을 아래쪽으로 내리듯 꺾어 아랫부분이 걸리듯 잡으면 손가락과 홀드 사이가 밀착되어 피부가 밀리지 않으면서 마찰력이 증가한다. 이는 피부가 밀려나지 않게 잡는 방법(티슈 풀)이기도 한다.

홀드의 표면과 엄지와 검지 사이의 움푹 파인 부분에 마찰력이 생기도록 잡으면 강한 지지력을 얻을 수 있다. 또한 처음부터 약간 위쪽에서 주무르듯 잡으면 티슈 풀 효과 때문에 피부가 밀려나지 않으므로 잡는 힘이 강해진다.

핀치

포켓 잡는 법

엄지와 다른
네 손가락의
악력에만
의지한다.

· 포켓(pocket)

포켓 홀드는 석회암이나 화산암에서 볼 수 있는 크고 작은 구멍을
말하며, 이때 쓰는 기술을 포켓 그립이라고 한다. 손가락을 옆 방향으
로 당길 때는 관절을 다칠 수도 있으므로 항상 손가락이 구부러지는
방향으로 당겨야 한다. 구멍이 깊은 포켓 홀드는 구멍 주변에 손가락
안쪽의 힘이 가장 강해지도록 잡아야 하며, 구멍이 얕은 홀드는 크림
프나 오픈 핸드로 잡는다.

손가락 하나로 잡는 힘의 세기는 중지, 검지, 약지, 소지(새끼손가락)
로 갈수록 약해진다. 손가락 두 개를 이용할 때는 가장 힘이 센 검지와
중지를 사용한다. 하지만 중지와 약지의 관절은 같은 위치에서 구부러
지므로 포켓 홀드를 잡는 느낌이 더 좋다.

손가락 세 개를 옆으로 넓게 잡을 수 있다면 상황이 좋은 편이다. 하
지만 구멍이 좁은 곳에는 중지만으로 잡을 수도 있다.

손가락이 하나밖에 안 들어가는 홀드라면 손가락에 엄청난 부담이
가해지므로 힘줄이 부상을 입기 쉽다. 손가락을 하나만 사용하면 몸이
옆으로 흔들리기 쉬우므로 균형을 유지하기 위해 힘이 더 들어간다.

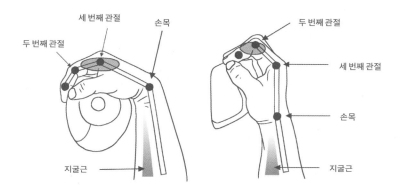

세 번째 관절　손목

두 번째 관절

랩

지굴근

두 번째 관절

세 번째 관절

손목

크림프

지굴근

· 랩(lap)

펌핑이 오지 않도록 손바닥으로 감싸 잡는 방법으로 둥그런 홀드를 잡을 때 사용한다. 홀드를 잡을 때 손가락을 구부리는 근육(지굴근)을 사용하는데, 근육이 피로해지면 홀드를 계속 잡을 수 없다. 크림프는 두 번째 관절을 이용하여 잡는 반면, 랩 그립은 세 번째 관절을 중심으로 잡는다. 지굴근에 가까운 관절을 사용하므로 모멘트가 작아져서 근육이 피로하지 않다.

손바닥 방향에 따라 잡아당기는 거리의 차이가 생긴다. 인체의 관절은 다양한 각도로 구부러지며 적용 범위도 다양하다. 예를 들어 손을 앞으로 뻗은 다음 옆구리 쪽으로 당길 경우 손바닥을 아래로 향하는 것보다 손바닥을 옆으로 향하면 뒤쪽으로 더 많이 움직인다. 이것은 손바닥의 각도에 따라 근육과 힘줄(근육과 뼈를 이어주는 부분)의 움직임이 달라지기 때문이다. 또한 머리 위에서 옆구리 쪽으로 당길 때 손바닥을 앞으로 하느냐 뒤로 하느냐에 따라 당겨지는 거리가 달라지는데, 손바닥을 뒤로 했을 때 더 많이 당길 수 있다.

손바닥을 아래로 향할 때(크림프)   손바닥을 세로로 세웠을 때(랩)

근육의 중간 부분에서 최대 근력인 100퍼센트의 근력을 낼 수 있지만, 밀거나 구부리는 상태에는 최대 근력의 50퍼센트 정도밖에 낼 수 없다. 따라서 홀드를 잡을 때 몸을 쭉 뻗은 상태보다 약간 구부릴 때 당기는 힘이 더 커진다.

근육의 가동력이 크다는 것은 힘을 뻗칠 수 있는 범위가 넓다는 뜻이다. 철봉에서 턱걸이를 할 때 사용하는 근육은 광배근(겨드랑이 아래)과 대원근(등)이다. 손등이 앞으로 가도록 철봉을 잡으면 턱걸이를 쉽게 할 수 있는 이유는 가동력이 더 크고 근육이 힘을 쓸 수 있는 범위가 커지기 때문이다. 이때는 근육의 파워가 커지고 지굴근을 덜 사용하므로 근육이 덜 피로해진다.

크림프는 손바닥을 앞으로 하는데 반해, 랩 그립에는 손등이 앞으로 향하면서 가동력이 큰 방향으로 당기므로 힘을 잘 이용할 수 있다. 손바닥을 앞으로 했을 때보다 손등을 앞으로 했을 때 쉽게 당겨지는 것은 손목의 방향에 따라 가동력이 달라지기 때문이다.

관절의 각도에 따른 근력의 범위

| 팔을 편 상태 50% | 약 90도로 구부렸을 때 100% | 90도 이상 구부렸을 때 70% |

관절의 각도에 따른 근력의 범위

· 오버핸드(overhand)

엄지와 검지가 홀드 쪽으로 향하는 그립을 말한다. 홀드의 모양에 따라 엄지와 다른 네 개의 손가락으로 홀드를 잡기도 하지만, 네 개의 손가락 옆에 엄지를 붙여서 잡는 방법도 있다. 홀드의 위쪽으로 튀어나온 부분을 잡을 때 사용한다.

기본적인 오버핸드

오버핸드 핀치 그립

· 개스톤(gaston)

엄지를 아래로 해서 백핸드와 비슷한 방식으로 잡는 방법을 개스톤이라고 한다. 처음 이 기술을 사용한 프랑스의 유명한 클라이머 이름에서 따온 것으로 체중을 싣는 방법이 중요하다. 잡은 상태를 유지할 수 있는 범위는 어깨 폭 정도밖에 되지 않으며, 오버행에서 몸을 붙이기 어려우므로 제대로 잡으려면 손가락 힘뿐만 아니라 온몸의 균형을 맞추어야 한다.

개스톤 자세에서 그립 홀드를 당기는 것보다 잡으러 가는 손 쪽의 가슴을 벽에 붙이듯이 몸을 비틀면서 체중을 이동한다. 그러면 자연스럽게 당기는 손 쪽으로 몸이 틀어지면서 힘이 커진다.

가슴을 펴면 반작용으로
당기는 손의 힘이 커진다.

4. 손 끼우기

크랙(crack)이란 바위의 갈라진 틈을 말하는 것으로 크랙 크기에 따라 손가락, 손, 주먹, 어깨 크기로 나눌 수 있다. 그리고 끼우기(jam)란 바위의 갈라진 크랙 속에 손이나 발, 다리 또는 몸을 집어넣고 비틀면서 버티는 것을 말한다. 재밍 기술(jamming technique)에는 손 끼우기(hand jam)와 발 끼우기(foot jam), 몸 끼우기(body jam)가 있다.

손발을 교대로 끼우면서 올라갈 때 네 개의 손발 중 한 개 이상에 체중을 지탱하되, 기본적으로 발에 체중을 실어야 한다. 또한 페이스 등반을 할 때보다 손발의 연속적인 동작이 중요하다. 크랙 등반은 반드시 캠이나 너트로 확보를 해야 하며, 기본적인 재밍 방법은 다음과 같다.

· 핑거 크랙(finger crack)

핑거 크랙이란 손가락 끝이 들어가는 좁은 크랙으로 손가락을 끼우는 방법에 따라 손가락 끼우기, 반지 끼우기, 엄지 끼우기, 엄지 끼우기,

크랙 사이즈와 재밍 기술

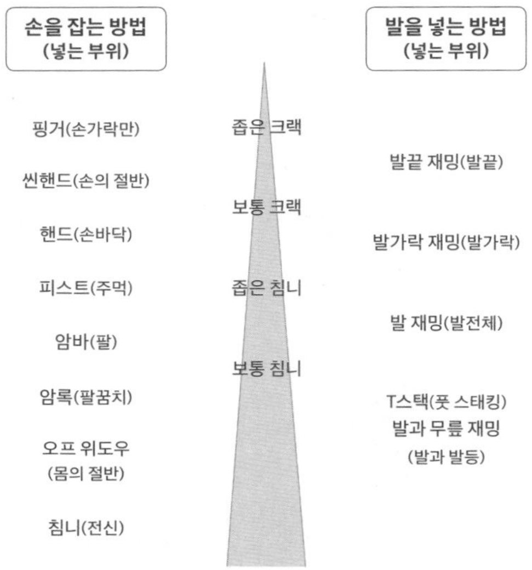
손을 잡는 방법
(넣는 부위)
발을 넣는 방법
(넣는 부위)
핑거(손가락만)
씬핸드(손의 절반)
핸드(손바닥)
피스트(주먹)
암바(팔)
암록(팔꿈치)
오프 위도우
(몸의 절반)
침니(전신)
좁은 크랙
보통 크랙
좁은 침니
보통 침니
발끝 재밍(발끝)
발가락 재밍(발가락)
발 재밍(발전체)
T스택(풋 스태킹)
발과 무릎 재밍
(발과 발등)

손날 끼우기, 손가락 벌리기 등이 있다.

1) 손가락 끼우기(finger jam)

엄지손가락을 아래쪽에 두고 손가락들을 크랙에 집어넣은 다음, 손을 비틀어 손가락을 크랙에 꽉 끼게 한다.

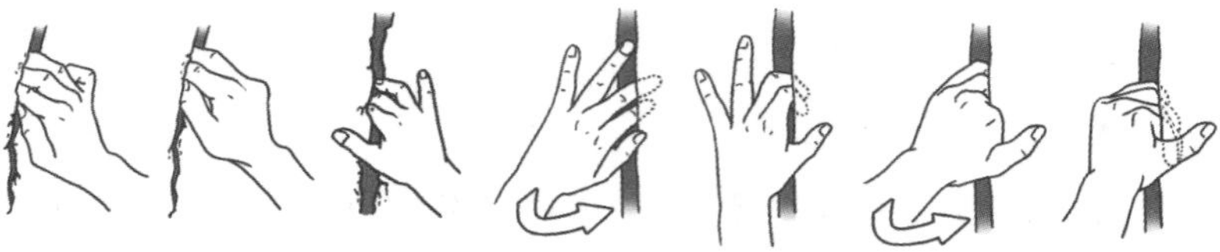

2) 반지 끼우기(ring jam)

좁은 크랙 안에서 엄지와 검지를 반지처럼 원을 만든 다음, 손가락들을 검지 위에 차곡차곡 쌓아 버티는 힘을 만든다.

3) 엄지 끼우기(thumb lock)

조금 넓은 크랙 안에 엄지를 위로 향하게 옆으로 집어넣은 다음, 검지의 끝을 크랙 안에 집어넣어 엄지의 첫째 마디 위를 강하게 누른다.

4) 반마디 끼우기(pinkie jam)

작은 손가락을 크랙에 집어넣고 손톱을 위로 향하게 비튼 다음, 나머지 손가락들을 그 위에 차곡차곡 쌓는다.

5) 손날 끼우기(jamming heel of hand)

조금 더 넓지만 손이 완전히 들어가지 않는 크랙에 손목 바로 위까지 작은 손가락들을 집어넣고 손목에 연결된 뼈로 매달린다.

6) 손가락 벌리기(counter pressure with thumb)

엄지손가락을 아래로 해서 크랙의 한쪽 면에 댄 다음, 다른 손가락들로 반대쪽 면을 미는 짝힘 등반기술이다.

· 핸드 크랙(hand crack)

핸드 크랙이란 손이 들어갈 수 있는 크기의 크랙으로 손 크기와 크랙의 모양에 따라 손을 끼우는 방법이 다르다. 핸드 크랙에는 엄지 위로 끼우기, 엄지 넣어 끼우기, 엄지 아래로 끼우기, 엄지 마주보고 끼우기가 있다.

1) 엄지 위로 끼우기(thumb up jam)

크랙 안에 손을 끼워 넣은 다음 손에 힘을 주어 손바닥과 손등이 크랙 안에서 바위와 강한 마찰을 일으켜 버티는 기술이다.

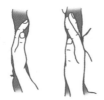

엄지 위로 끼우는 방법

2) 엄지 넣어 끼우기(thumb tucked across palm)

조금 넓은 크랙에는 손등과 손바닥의 두께를 두툼하게 해서 버티는 힘을 크게 한다. 크랙 안에서 엄지손가락을 손바닥 쪽으로 밀어 넣고 힘을 주면 더 확실하게 끼울 수 있다. 손목을 단순히 일직선으로 만들기 보다는 크랙 안에서 좌우로 비틀면 더 큰 효과를 볼 수 있다.

3) 엄지 아래로 끼우기(thumb down jam)

손을 끼울 때 손바닥의 방향을 엄지 위로 끼우기
와 반대 방향으로 한다. 세로 크랙에는 대개 엄지손
가락을 위쪽으로 하는 것이 쉽고 편안한 자세인데,
손 높이가 머리보다 아래에 있을 때 많이 쓴다. 엄지
손가락을 아래로 끼우는 기술은 머리 위에 있는 크
랙에서 끼울 때 더 안전한데, 그 이유는 손을 좀 더
비틀 수 있고 끼우는 방향으로 몸을 기울일 수 있기
때문이다.

4) 엄지 마주보고 끼우기(thumbs down and up jam)

비스듬한 크랙에는 두 손의 엄지손가락을 가운
데 모이도록 같이 잡을 수 있다. 위쪽 손의 엄지를 아
래로 하고 아래쪽 손의 엄지를 위로 향하도록 한다.
이때 체중을 싣고 매달릴 때 팔꿈치와 몸자세가 매
우 중요하다는 것을 기억해야 한다. 몸이 위로 올라
가면서 손을 충분히 비틀 수 있도록 어깨나 몸통을
돌리는 동시에 손이 빠지지 않도록 아래쪽으로 힘
을 주어야 한다.

· 주먹 크랙(fist crack)

주먹 크랙이란 손과 손목이 들어가는 크기의 크랙을 말한다. 주먹
끼우기는 크랙 안에 손을 넣고 주먹을 힘껏 쥐면서 근육을 뭉쳐서 크랙
의 두 면을 눌러주는 기술이다. 크랙에 따라 엄지를 안쪽이나 바깥쪽

으로 할 수 있고 손바닥 면을 크랙의 앞쪽이나 뒤쪽 또는 양옆으로 한다. 이때 중요한 점은 손가락을 모두 굽힌 다음 주먹을 힘껏 쥐고 근육들을 뭉치게 해서 크랙의 크기에 맞게 부풀려야 한다.

 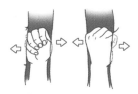

주먹 끼우기 하는 방법

· 어깨 크랙(off width crack)

어깨 크랙이란 주먹으로 끼우기에는 너무 큰 크랙으로 팔이나 어깨, 엉덩이, 무릎을 이용하는 기술이다. 스태킹과 팔 펴서 끼우기, 팔 굽혀 끼우기가 있다. 이보다 더 넓은 크랙에는 손과 발을 양쪽 벽면에 넓게 벌려서 몸을 버티며 오르는 스테밍(stemming)과 침니(chimney) 등반기술이 필요하다.

1) 스태킹(stacking)

주먹 크랙보다 넓고 어깨가 들어가지 않는 크랙에서 가끔 손을 겹쳐 끼운다. 대개 한 손은 주먹을 쥐고 다른 손은 손바닥을 펴서 손등을 바위에 붙이거나 주먹과 겹치게 해서 크랙 안에서 버티는 힘을 얻는다.

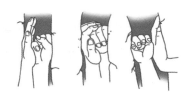

2) 팔 펴서 끼우기(arm bar)

팔 전체와 어깨가 들어갈 정도로 넓고 깊은 크랙에서 이용하는 기술이다. 크랙 안에 집어넣은 손은 손바닥과 팔꿈치로 두 바위 면을 반대로 밀고, 바깥쪽에 있는 손은 팔을 구부려 가슴 앞에서 바위를 밀거나 아래로 뻗어 손바닥으로 누른다. 손을 옮겨 끼우기 위해서는 발 끼우기나 무릎 끼우기 기술을 같이 써야 한다.

팔 펴서 끼우기를 하는 방법

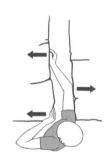

위에서 내려다본 자세

옆에서 본 자세

3) 팔 굽혀 끼우기(arm lock)

팔 펴서 끼우기를 하는 크랙보다 더 넓은 크랙에서 이용하는 기술이다. 한쪽 팔을 굽혀 크랙 안에 끼워 넣고 손바닥으로 가슴 앞에 있는 바위를 밀면서 팔 뒤나 어깨로 뒤에 있는 바위를 받쳐준다. 다른 쪽 팔은 암바를 할 때와 마찬가지로 팔을 굽혀 바위를 밀거나 손을 아래로 뻗어 손바닥으로 민다. 이때 팔꿈치를 아래로 향하게 하거나 위로 쳐들어 끼우기도 하는데, 팔꿈치를 어깨와 나란히 끼웠을 때 버티는 힘이 가장 크다.

팔 굽혀 끼우기

옆에서 본 자세

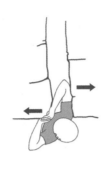

위에서 내려다본 자세

위로 올라갈 때는 바깥에
있는 발을 올려 발 끼우기를
한 다음 무릎을 펴고 일어서
면서 다시 팔을 굽혀 끼운다.

발 쓰기

클라이밍에서 발을 쓸 때 중요한 것은 '발을 올리는 방법'과 '발에 힘을 주는 방법'이다. 클라이밍 실력은 손이 아니라 발에 얼마나 체중을 싣는가에 따라 결정된다. 따라서 다리 힘을 이용할 수 있는 발 쓰기는 매우 중요하다.

손 홀드는 촉감으로, 발 홀드는 눈으로 본다. 손 홀드는 직접 손으로 잡으므로 촉감이 예민하게 반응한다. 반면 발 홀드는 신발 때문에 감각이 둔해지므로 홀드에 발을 올리기 전에 확실하게 보고 디뎌야 하며, 가장 효율적인 곳에 정확하게 올려야 한다. 발 홀드가 아무리 크더라도 1밀리미터 정도 되는 곳만 발 홀드이며 나머지는 모두 장식이라고 생각해야 한다.

발 기술의 가장 중요한 요소는 발을 긁듯이 올리는 것이다. 발을 그냥 올리는 것이 아니라 안쪽에서 회전하듯이 올려야 한다. 그러면 조금이라도 몸의 무게 중심이 벽 쪽으로 옮겨가며, 발을 긁듯이 올리면 홀드에 밀착되어 발이 미끄러지지 않는다.

1. 발 홀드의 종류

· 프릭션(friction)

마찰 등반은 홀드 면의 울퉁불퉁한 곳, 거친 곳, 오목한 곳을 찾아서 발을 디뎌 마찰을 크게 하면서 오르는 방법이다. 마찰을 이용하는 발 쓰기는 간단하다. 먼저 가장 딛기 좋은 곳을 골라 발을 올려놓은 다음 그 위에서 균형을 잡는다. 이때 신발 바닥이 홀드와 많이 접촉할수록 마찰력도 그만큼 커진다.

아무리 빤빤한 홀드일지라도 조금씩 굴곡을 이루고 있다. 발 홀드가 작을 때 뒤꿈치를 들어 올리면 신발의 앞부분에 더 많은 힘을 줄 수 있다. 경사가 일정할 때는 뒤꿈치를 내려서 홀드와 신발 사이의 닿는 면을 크게 한다. 또한 깊게 패인 홀드를 딛고 설 때 발을 너무 깊게 집어넣으면 홀드의 튀어나온 곳이 발목이나 정강이에 닿아 균형을 잡기 어려우므로 발 앞부분만 딛고 무릎을 곧추 세워야 한다.

마찰 등반을 할 때는 등반 형태가 어떻든 간에 체중을 균형 있게 발에 싣는 것이 가장 중요하다. 마찰 감각을 익히는 좋은 방법은 슬랩에서 곧게 서 있다가 몸을 천천히 홀드에 붙여본다. 이때 몸이 홀드에 붙을수록 마찰력이 떨어진다는 것을 알 수 있다. 또한 홀드 성분에 따라 마찰력이 달라지는데 매끄러운 석회암에는 약 45도 경사만 되어도 미끄럽다. 하지만 규암에는 70도 경사에서도 잘 미끄러지지 않아 작은 홀드만 있으면 페이스에서도 마찰 등반을 할 수 있다.

마찰력은 물체가 다른 물체에 맞닿은 채 미끄러져 움직일 때 이를 방해하는 힘이다. 물체를 움직이는 힘과 반대 방향이며, 물체가 움직이는 평면과 평행한 방향으로 작용한다. 물체가 움직이지 않을 때 받는

마찰 딛기

뒤꿈치를 들어 올리면
암벽화 창의 앞부분에
더 많은 힘을 줄 수 있다.

마찰력을 '정지 마찰력'이라고 한다. 평면 위에 놓여 있던 물체가 외부에서 힘을 받을 때 움직이지 않는다면, 외부의 힘과 크기가 같고 방향이 반대인 정지 마찰력이 작용한다. 이러한 정지 마찰력의 최댓값을 '최대 정지 마찰력'이라고 한다. 또한 외부의 힘이 최대 정지 마찰력보다 커지면, 물체는 움직이기 시작하고 그 이후엔 '운동 마찰력'을 받는다.

운동 마찰력은 최대 정지 마찰력보다 작고 일정한 값을 가지는데, 체중에 따라 달라진다. 마찰력은 미끄러지는 데 대한 반발력이므로 홀드에 닿는 체중이 무거울수록 마찰력도 높아진다. 평지처럼 각도(θ)가 0일 때 체중(W)이 있더라도 미끄러지는 요소가 없으므로 그 반발력에 해당하는 마찰력도 0이다. 하지만 경사면의 각도가 심해지면 미끄러지는 힘($W\sin\theta$) 때문에 그 반발력으로 마찰력도 증가한다.

최대 정지 마찰력(F)은 수직 항력($N=W\cos\theta$)에 비례하며, 이때 비례 상수를 '정지 마찰 계수(μ)'라고 한다. 여기서 정지 마찰 계수는 접촉면의 재질과 상태에 따라 결정되는 값이다. 물체가 움직일 때 운동 마찰력이 작용하고, 이때 비례 상수를 '운동 마찰 계수'라고 한다.

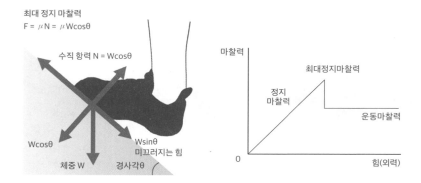

힘과 마찰력의 관계

최대 정지 마찰력
$F = \mu N = \mu Wcos\theta$

수직 항력 $N = Wcos\theta$

$Wcos\theta$

$Wsin\theta$
미끄러지는 힘

체중 W   경사각θ

마찰력

최대정지마찰력

정지
마찰력

운동마찰력

0   힘(외력)

· 스미어링(smearing)

　신발로 둥근 홀드의 바닥을 문지르면서 신발창과 홀드의 마찰력을 크게 만드는 방법이다. 홀드에 발을 그대로 문지르기보다는 약간 위쪽을 문지르면 체중 때문에 발이 조금 아래로 밀리면서 홀드에 잘 달라붙는다.

　신발의 마찰력을 최대한 이용한다. 신발의 마찰력은 홀드나 홀드의 표면 상태에 따라 다른데, 코팅이 된 클라이밍 홀드와 신발의 최대 마찰 계수(μ)는 1.4 정도다. 이것은 손을 사용하지 않고 경사가 55~60도 정도까지 미끄러지지 않는 수준이다.

　적극적으로 밀어 붙일수록 마찰력은 강해진다. 홀드에 신발을 밀어 붙이는 힘이 강할수록 마찰력은 강해진다. 최대한 발에 체중을 실어야 쉽게 미끄러지지 않는다.

　일단 미끄러지기 시작하면 멈추지 않는다. 물체가 정지해 있을 때의 마찰력을 정지 마찰력이라고 하며, 움직이기 시작한 후의 마찰력을 운

스미어링

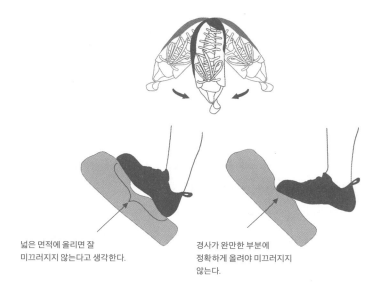

넓은 면적에 올리면 잘
미끄러지지 않는다고 생각한다.

경사가 완만한 부분에
정확하게 올려야 미끄러지지
않는다.

동 마찰력이라고 한다. 클라이머가 일단 미끄러지기 시작하면 운동 마
찰력이 정지 마찰력보다 작으므로 멈추지 않는다.

또한 경사가 완만한 부분을 정확하게 찾아내는 것이 중요하다. 같은
물체의 경우 마찰력은 접촉하는 면적이 크든 작든 달라지지 않는다. 따
라서 홀드가 울퉁불퉁할 때 신발의 넓은 면적을 대는 것보다 최대한 경
사가 완만한 곳을 찾아내어 딛는 것이 쉽게 미끄러지지 않는다. 이는 마
찰 계수가 같으면 접촉하는 면적이 달라져도 마찰력은 같기 때문이다.

이것은 물체를 세로로 두면 마찰 면적이 작지만 면적당 힘이 커지는
반면, 옆으로 두면 마찰 면적이 커져서 면적당 힘이 줄어드는 것과 같
은 이치다. 즉 신발을 딱 붙이든 발끝만 올리든 체중이 변하지 않는 한
전체적인 마찰력은 같다. 신발이 홀드에 접하는 면을 크게 하는 것보다

접촉면이 좁아도 경사가 약한 곳에 딛는 것이 더 좋다는 의미다. 그래서 홀드의 틈이나 살짝 파인 곳, 경사가 달라지는 곳에 발을 올리는 것이 좋다.

· 엣지(edge)

신발 모서리를 홀드의 각진 부분에 올려놓고 체중을 싣는 발 쓰기 방법이다. 엣지(edge)란 신발이나 발 홀드의 모서리 부분을 말하는데, 신발의 모서리를 작은 홀드에 똑바로 올려놓고 체중을 실어 신발창이 홀드에 딱 달라붙도록 발끝에 힘을 준다.

홀드 모양에 따라 신발의 안쪽이나 바깥쪽을 이용하여 엣지를 한다. 발 모양이나 신발 모양으로 볼 때 신발의 안쪽, 다시 말하면 엄지발가락 쪽 모서리를 써서 엣지를 하는 인사이드 엣지(inside edge)가 많이 쓰인다. 발 안쪽의 튀어나온 곳에서부터 엄지발가락까지 이어지는 부분으로 딛는다. 또한 발뒤꿈치를 앞쪽보다 높이면 발끝에 체중이 실려 정확도를 높여주지만 작은 홀드에는 발이 미끄러질 수도 있다. 하지만 뒤꿈치를 낮추면 장딴지에 힘이 덜 들어가므로 편안한 자세를 잡을 수 있다.

작은 모서리에서 엣지를 할 때 신발의 어느 부분을 쓰는 것이 좋은지 알기 위해서는 많은 연습이 필요하다. 대부분 엄지발가락 쪽에 힘이 많이 들어간다. 하지만 항상 엄지발가락 부분으로 엣지를 하는 것은 아니며 작은 구멍에서 토우 엣지(toe in edge)를 할 때는 발가락 힘이 있어야 하고, 한쪽 다리를 다른 쪽 다리의 안쪽으로 옮겨서 옆으로 갈 때는 신발의 바깥쪽 모서리를 써야 한다. 아웃사이드 엣지(outside edge)는 대부분 새끼발가락의 아래 부분으로 딛는다. 발 모양을 볼 때 다른

토우 엣지

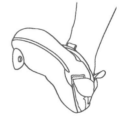

인사이드 엣지

부분은 주로 근육이지만 이 부분은 뼈로 되어 있어 가장 단단하다.

엣지는 각진 홀드 모서리 위에 올라서는 기술이므로 정확하게 디뎌야 한다. 대부분의 홀드 모서리들은 너무 작으므로 찾기 어렵지만 발을 정확하게 디딘 다음에는 발을 움직이지 말아야 한다. 일반적으로 각이 진 신발로 작은 홀드 모서리 위에 서있는 것은 쉽지 않은데, 그 이유는 체중을 실을 때 신발의 고무창이 조금 늘어나면서 둥글게 휘어져서 버티는 힘을 잃어버리기 때문이다.

홀드는 각도에 따라 달라지므로 발 홀드를 위한 완벽한 모서리는 거의 찾기 힘들다. 따라서 홀드의 경사에 따른 엣지를 잘 하기 위해서는 발목이 부드러워야 한다. 또한 체중을 실은 다음에는 발목의 각도를 일정하게 해야 한다. 홀드 모서리가 너무 작을 때는 오래 서 있으면 발가락의 힘이 빠지거나 신발이 홀드 모서리에서 벗어날 가능성이 높다.

· 스멧지

신발 밑창의 딱딱한 정도를 결정하는 것은 어려운 문제다. 너무 딱딱하면 스미어링이 안 좋고, 너무 부드러우면 엣지의 성능이 떨어진다. 따라서 신발을 만드는 회사는 밑창의 경도에 많은 주의를 기울이고 있다.

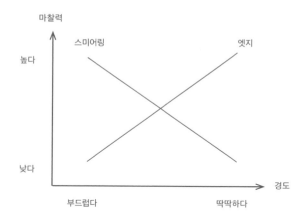

스멧징은 스미어링과 엣지의 두 가지 요소를 이용한 발 쓰기 방법
으로 홀드의 튀어나온 부분을 문지르듯이 놓는다. 좁은 홀드에 발을
올릴 때 엣지를 하듯 올리면 밑창이 부드러워서 미끄러질 위험이 있다.
이때 벽 쪽에서 미끄러지듯 발을 올리면 홀드의 끝에서 집중력이 작용
하여 지탱하는 마찰력이 더 증가한다. '마찰은 면적에 상관없이 강하
게 밀어붙여야 잘 미끄러지지 않는다'는 특징과 '티슈 풀'의 두 가지 사
항이 함께 작용하기 때문이다.

신발에 비해 너무 작은 발 홀드의 경우 엣지로 발을 올리면 고무가
변형되어 미끄러질 가능성이 높아진다. 이때 스멧징으로 신발의 각도
를 낮추고 벽에 문지르고 회전시키면서 밟는다. 벽에 접해 있는 부분은
아래를 향해 비껴나려 하지만, 회전력이 더해져서 홀드의 튀어나온 부
분에 강한 마찰력이 작용하므로 더욱 안정적이다. 마찰력은 면적과 상
관없이 강하게 밀수록 커지기 때문이다.

경사가 심한 홀드에서 신발을 옆 방향으로 스미어링을 할 때 마찰력
을 이기지 못해 미끄러질 수도 있다.

엣지에 스미어링이 작용하면
한 곳에 대한 집중력이 높아져
고무가 살짝 눌리면서
마찰력이 증가한다.

신발을 회전시킨다.

스멧징이 효과적이다

엣지를 하면 고무가 무게를
이기지 못하고 미끄러진다.

벽면에 밀착시켜 문지르고
회전하면서 홀드에 발을 올린다.

발 쓰기의 예(스미어링)

이 부분에 밀린 힘이 가해지므로
마찰력이 증가한다.

신발을 벽면에 밀착시켜
문지르면서 홀드에 발을
올린다. 신발을 벽에 문지르고
회전시키면서 미끄러지듯이
대면 벽 쪽의 밑창은 약간
떠 있는 것 같이 되지만, 반대쪽
아랫부분은 약간 밀려나면서
마찰력이 증가하여 안정적이다.

스멧징이 효과적이다

2. 발을 딛는 방법

등반의 성공과 실패는 발을 딛는 방법에 달려 있다. 하지만 다양한
홀드에 비해 발을 딛는 방법은 그만큼 적으므로 발을 올리는 위치가
중요하다. 또한 발에 체중을 얼마나 실을 수 있는지에 따라 올라가느냐
떨어지느냐가 결정된다.

· 프론트 엣지(front edge)

루트가 어려워짐에 따라 발 홀드는 작아진다. 이런 경우 가장 많이 사용하는 방법은 프론트 엣지이다. 프론트 엣지에는 앞발의 안쪽을 이용하는 인 프론트(in front)와 바깥쪽을 사용하는 아웃 프론트(out front)가 있다. 신발의 앞부분으로 디딜 경우 좁은 면적을 디뎌야 하므로 동작을 할 때 정확한 위치에 발을 올리기 쉽지 않고 다리에 힘이 들어가지 않는다. 따라서 홀드를 디딜 때 신발의 앞부분을 들지 말고 앞쪽에 가까운 측면을 사용하여 발을 딛는 것이 좋다.

신발의 엣지에 의식을 집중한다. 프론트 엣지의 경우 홀드에 올린 발가락 전체를 의식하는 것보다 엣지 부분에 의식을 집중한다. 프론트 엣지는 이용하는 홀드가 작으므로 벽과 가까운 부분에서 밟아야 한다.

발가락을 오므려서 모은다. 프론트 엣지를 사용할 때 발가락을 오므려서 가장 힘이 들어가는 부분을 작은 홀드에 집중하며 발을 올린

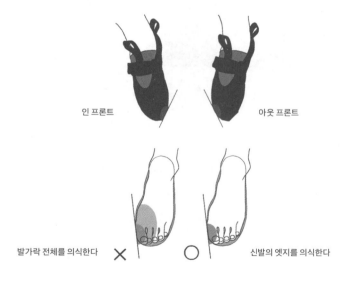

인 프론트   아웃 프론트

발가락 전체를 의식한다   ✕   ○   신발의 엣지를 의식한다

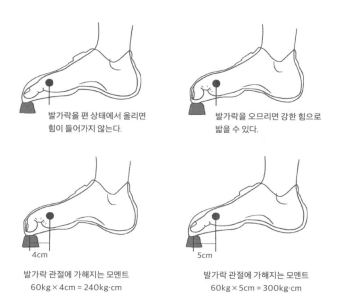

발가락을 편 상태에서 올리면
힘이 들어가지 않는다.

발가락을 오므리면 강한 힘으로
밟을 수 있다.

4cm

발가락 관절에 가해지는 모멘트
60kg × 4cm = 240kg·cm

5cm

발가락 관절에 가해지는 모멘트
60kg × 5cm = 300kg·cm

다. 이때 발가락을 편 채로 올리면 엄지발가락만 사용하게 되지만, 발
가락을 오므리면 발가락끼리 서로 마찰이 되어 힘이 커진다. 또한 발가
락을 펴는 것보다 오므리는 것이 관절과의 거리가 가까워서 강한 지지
력을 얻을 수 있다. 예를 들어 발가락을 오므리면 25퍼센트의 힘이 절
약된다.

· 인사이드 엣지(inside edge)

신발의 앞쪽으로 홀드에 발을 올릴 경우 가장 힘이 많이 들어간다.
일반적으로 안쪽 발볼을 홀드의 넓은 부분에 놓는다.

먼저 발꿈치를 들어 올린다. 발 홀드에 체중을 싣기 위해서는 발꿈
치를 들기 쉬운 위치에 발을 올려야 한다. 또한 올라간다는 의식보다
발꿈치를 올려 무릎을 내린다는 느낌을 주면 잘 디딜 수 있다.

무릎을 수직으로 세우면
홀드에 체중을 전달해
힘있게 올라설 수 있다.

허리를 움직여
무게 중심을
이동하면 쉽게
움직일 수 있다.

무릎을 내린다.

발꿈치를 올린다.

또한 엄지발가락 두덩을 이용하는 것이 가장 중요하다. 발에서 가장 체중을 싣기 좋은 부분은 엄지발가락이 붙어 있는 부분(엄지발가락 두덩)과 새끼발가락이 붙어 있는 부분(새끼발가락 두덩)이다. 자전거 페달을 밟을 때도 이 두 지점을 연결한 부분으로 밟으면 힘이 덜 든다.

엄지발가락 두덩을 이용하지 않았을 경우 엄지발가락 두덩보다 앞부분에 홀드를 올리면 엄지발가락 두덩 부분이 아래로 내려가서 발꿈치가 올라가지 않는다. 그리고 무릎을 앞쪽으로 구부릴 수가 없어 체중이 발에 실리지 않는다.

엄지발가락 두덩을 이용하여 올랐을 경우 엄지발가락 두덩이 있는 곳까지 확실하게 올리면 발꿈치가 올라가 무릎이 앞으로 구부러지기 쉬워서 홀드에 체중을 쉽게 실을 수 있다. 하지만 홀드에 발을 너무 깊숙하게 올리면 예민한 발동작을 할 수 없다.

· 아웃사이드 엣지(outside edge)
엄지발가락 두덩의 정반대쪽에 있는 새끼발가락 두덩으로 오르는

카운터 밸런스에서
아웃사이드 엣지

크림프 홀드에서
아웃사이드 엣지

것이 아웃사이드 엣지다. 홀드가 작을 때나 발에 힘을 주고 싶을 때 새끼발가락 쪽으로 물건을 잡는 느낌으로 발가락을 조이듯이 밟을 때 강한 지지력을 얻을 수 있다.

인사이드 엣지를 할 때 고관절이 유연하지 않으면 허리를 벽에 붙이고 발에 체중을 싣는 동작이 어렵다. 아웃사이드 엣지에서는 허리를 벽에 붙이기 쉬우므로 발에 체중을 잘 전달할 수 있다.

· 백 스텝(back step)

백스텝은 작용·반작용 법칙에 의해 항상 양쪽 발을 한 쌍으로 움직여야 한다. 동작을 하는 도중 발을 볼 수 없으므로 발을 올리기 전에 위치를 확인하는 것이 중요한다.

· 포켓(pocket)

발끝을 이용하여 홀드를 딛는 경우는 거의 없지만, 포켓 홀드에서는 가끔 발끝을 넣을 때가 있다. 발끝이 포켓에 들어가 있을 경우 몸을 올릴 때 발의 각도가 바뀌어서 미끄러질 수 있으므로 주의해야 한다. 포켓이 큰 경우 그냥 발을 넣는 것이 아니라 재밍과 같이 신발을 비틀어서 마찰력을 높여준다. 작은 홀드의 경우 발을 포켓에 넣는 것보다 위에 올리는 것이 더 효과적이다.

· 토잉(toeing)

토잉은 가파른 페이스의 아주 작은 홀드에서 발끝으로 서는 기술로 오래 서 있으면 종아리 근육에 심한 무리가 온다. 긴장 때문에 쌓인 피로는 다리 근육을 떨게 해서 몸의 균형을 잃기 쉽다. 이런 문제를 해결하는 가장 좋은 방법은 마음을 가라앉히고 딛고 있는 다리를 다른 쪽 다리로 바꾸거나 발뒤꿈치를 낮추든지 해서 근육의 피로를 덜어준다.

· 후킹(hooking)

홀드에 발을 걸어서 당기는 동작을 하게 되면 체중의 일부를 지탱하므로 손에 부담이 줄어든다. 후킹은 위에서 아래로 당기는 동작이므로 제3의 손이라고 할 수 있다.

후킹은 가장 강력한 동작이다. 클라이밍 동작에서는 몸이 회전하지 않도록 하는 것이 매우 중요하다. 그런데 후킹을 할 때 손과 발 홀드의 두 지점에서 카운터 밸런스가 만들어지므로 회전이 일어나지 않는다. 또한 발은 지치지 않으므로 물리적, 운동생리학적으로 후킹은 최강의 동작이라 할 수 있다.

1) 힐 후킹(heel hooking)

후킹 중에서도 다리의 힘을 최대한 이용할 수 있는 동작이 힐 후킹

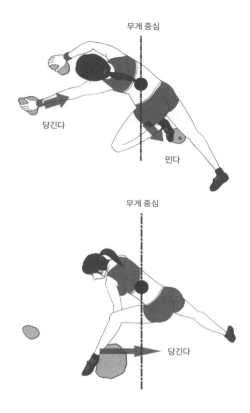

무게 중심

당긴다

민다

무게 중심

당긴다

이다. 일반적으로 다리는 허리보다 아래에서 움직이며 몸을 올려준다. 하지만 경사가 있는 벽에서 발로 미는 동작만으로는 몸이 벽에 붙지 않으므로 손으로 홀드를 잡는 것이 중요해진다.

일반적으로 무게 중심보다 위에 있는 손은 당기고 무게 중심보다 아래에 있는 발은 미는 역할을 한다. 따라서 발로 체중을 밀어 올릴 수 있지만 무게 중심보다 위에 있는 손에 힘이 없으면 몸이 안정되지 않는다.

힐 후킹은 제3의 손이라고 할 수 있다. 오버행에서 무게 중심보다 위에 당기는 손이 없으면 몸이 안정되지 않는다. 힐 후킹은 신체의 무게

허리를 들어 올리면 다리에 체중이 실린다.

하체 쪽으로 올라갈 때
바깥쪽을 걸어서
허리부터 올라간다.

상체 쪽으로 올라갈 때 안쪽을
걸어서 허리를 비틀어 올라간다.

중심보다 위로 다리를 들어 올리는 동작이므로 손과 마찬가지로 몸을
올릴 수 있다.

힐 후킹은 허리에서 들어 올린다. 힐 후킹은 발꿈치를 홀드에 걸고
몸을 끌어 올리는 동작이다. 이때 다리 힘을 최대한 이용하는 방법은
다음과 같다. 먼저 힐을 걸은 다리 쪽에 무게 중심을 싣는다. 다음에 허
리를 확실하게 들어 올린 후 홀드를 잡는다. 손을 먼저 내밀면 허리가

벽에서 떨어지므로 손에 힘이 많이 들어간다. 손으로 당기지 말고 어깨부터 들어 올리면 반작용으로 몸에 회전이 발생하여 당기는 손에 힘이 생긴다.

힐 후킹을 할 때 진행 방향에 따라 발꿈치를 거는 위치를 조절한다. 상체 쪽으로 올라갈 때는 신발의 안쪽 아래 부분을 걸고 몸을 굽혀 허리를 비틀어 올라간다. 하체 쪽으로 올라갈 때는 신발의 바깥쪽을 걸면 무릎에 신경 쓰지 않고 확실하게 올라갈 수 있다.

발의 바깥쪽과 안쪽에서 손을 잡는 방법은 상황에 따라 적절하게 사용한다. 힐 후킹을 할 때 손과 발을 한 홀드에 잡고 딛을 경우가 있다. 이때 손의 바깥쪽에서 발을 거는 경우와 안쪽에서 거는 경우가 있다. 발을 손의 안쪽으로 걸면 무게 중심이 더욱 안쪽으로 이동하여 안정적인데, 이 동작을 하려면 몸이 유연해야 한다.

2) 토우 후킹(toe hooking)

발끝보다 발등 부분으로 홀드나 벽에 건다. 발끝을 올리는 근육(정강이 앞 근육)은 강한 근육이 아니므로 발전체로 발등을 들어 올리는 느낌으로 당긴다. 이때 발이 돌아가면 당기기 어려우므로 다리를 쭉 펴서 상체를 그대로 내려뜨리는 느낌으로 당기면 후킹이 더 잘된다.

3) 사이드 후킹(side hooking)

인사이드 후킹(inside hooking)은 신발의 안쪽을 걸어 당기는 방법으로 모서리나 길쭉한 홀드에서 사용한다. 적극적으로 당기기보다 몸의 균형을 잡을 때 사용하는 경우가 많다. 이때 반대쪽 발은 후킹을 한 발과 가까워야 몸의 균형을 유지하기 쉽다.

아웃사이드 후킹(outside hooking)은 아웃사이드 후킹은 경사가 급한 벽에서 선반 형태의 홀드를 잡을 때 효과적이다. 다리의 구조로 볼 때 힐 후킹은 허리가 떨어지기 쉬운 자세인데, 아웃사이드 후킹은 몸의 측면을 이용해 비틀면서 균형을 유지하므로 경사가 심할 때 유용한 방법이다.

4) 어퍼지션 후킹(opposition hooking)

급경사나 루프의 홀드는 일반적으로 부피가 크므로 발로 끼우거나 반대 방향으로 미는 발동작을 이용하는 경우가 있다.

발끝으로 잡는 경우 양발의 끝으로 잡는다. 같은 홀드를 잡을 수도 있고 서로 다른 홀드를 잡을 수도 있는데, 발이 가까울수록 안정적이다.

어퍼지션 & 힐에서 한쪽 발은 발꿈치를, 다른 쪽 발은 발등 부분을 이용하여 홀드를 잡는 방법이다. 이 발동작은 비교적 큰 홀드가 아니면 사용할 수 없다.

어퍼지션 & 밑창의 경우 한쪽 발은 발등, 다른 쪽 발은 발바닥을 이용하여 작용·반작용의 원리를 이용하여 몸의 균형을 유지한다. 이 발동작은 위치가 다른 홀드에만 사용할 수 있다.

힐 & 토우에서 두 개의 홀드 사이에 있는 틈에 발을 넣어 지지력을 얻는 방법으로 매우 강한 지지력을 얻을 수 있다. 발을 펴지 않은 채로 떨어지게 되면 상체부터 떨어지므로 위험하다.

· 스위칭(switching)

등반 중에는 가끔 발을 바꾸기도 하는데, 발 디딜 곳이 한정된 공간이기 때문이다. 발을 바꿔 올릴 때 이미 올려져있는 발을 옆으로 밀면서 다른 발을 미끄러지듯 놓는 방법과 현재 밟고 있는 발을 빼면서 위에서부터 다른 발을 내리는 방법이 있다. 발을 겹쳐서 아래 발을 빼는 것이 일반적인 방법이다. 이때 동작이 크면 반동으로 발이 미끄러지거나 작은 발 홀드에 제대로 디딜 수 없으므로 위쪽 발을 최대한 가까이 두고 재빨리 아래쪽 발을 빼야 한다.

발을 바꿀 때 양발은 당연히 같은 장소에 있다. 만일 양손이 같은 위치에 있거나 가까운 곳에 있다면 몸이 회전하기 쉽고 균형이 무너지기 쉽다. 따라서 발을 바꿀 때 양쪽 손은 가능한 서로 멀리 두어야 한다.

또한 발을 바꿀 때 양쪽 발이 붙게 되는데, 이때 손의 홀드가 좋지 않다면 최대한 무게 중심을 중앙으로 가져와 다리에 체중을 실으면서 바꿔야 한다.

3. 발 끼우기

크랙 속에 발을 끼워 넣은 다음 다리를 크랙 쪽으로 비틀어주면 버티는 힘을 크게 할 수 있다. 발 끼우기에서 중요한 것은 엣지나 토잉과는 반대로 뒤꿈치를 내려주는 것이 좋다. 뒤꿈치를 올리면 발가락이 많이 아프고 몸의 자세도 좋지 않다. 발 끼우기는 손 끼우기와 마찬가지로 크랙의 크기와 모양에 따라 여러 가지 방법이 있다. 토우 잼, 풋 잼, 토우&풋 잼, 토우&힐 잼, 풋&니 잼, 풋 스태킹 같은 동작 등이 있다.

· 토우 잼(toe jam)

토우 잼은 발이 들어가지 않는 좁은 크랙에서 발 앞부분을 옆으로 세워 크랙 안에 집어넣고 비튼 다음, 발끝을 밀어 넣어 신발과 크랙의 마찰력으로 발 홀드를 만드는 기술이다.

· 풋 잼(foot jam)

크랙이 클 때는 발전체가 크랙 안으로 들어갈
수 있어 토우 잼과 같이 발을 옆으로 세워 발의 볼
부분을 크랙에 집어넣은 다음 비틀어 끼운다. 발
을 너무 비틀어 크랙에 꼭 끼면 발이 빠지지 않아
균형을 잃을 수도 있다.

· 토우 & 풋 잼(toe and foot jam)

크랙의 폭이 발의 볼 크기보다 조금 클 때는 크랙 안으로 발을 집어
넣은 다음 발을 옆으로 돌려서 앞꿈치와 신발의 옆 부분으로 버티는
힘을 얻는다.

· 토우 & 힐 잼(toe and heel jam)

크랙이 발만큼 넓을 때는 앞꿈치와 뒤꿈치를
크랙에 끼워 넣어 버티는 힘을 얻는다. 이 방법은
발 길이보다 크랙이 좁아야 발을 확실하게 끼울
수 있다. 또한 발이 길이 방향으로 끼게 되어 몸
전체를 옆으로 조금 돌려야 한다.

· 풋 & 니 잼(foot and knee jam)

크랙의 폭이 발보다 넓을 때는 등반이 더 어려워진다. 손 끼우기도
쉽지 않고 알맞은 확보물을 설치하기도 어렵다. 넓은 크랙에서 풋 잼

기술밖에 쓸 수 없다면 어쩔 수 없이 발과 무릎을 크랙에 끼워 넣고 서로 반대쪽 홀드를 밀면서 버틴다. 하지만 신발을 비틀어 끼워서 얻는 힘보다 작아 최대한 빨리 오르는 것이 좋다.

· 풋 스태킹(foot stacking)

아주 넓은 크랙에는 두 발을 겹쳐 끼운다. 크랙 안에 두 발을 같이 끼운 다음 한쪽 발은 크랙 벽면과 나란히 놓고 다른 발은 반대쪽 벽면과 발 사이에 끼워 넣어 버티는 힘을 얻는다. 물론 두 발을 크랙 안에 나란히 겹쳐 끼우는 방법도 있지만 그 정도 넓이의 크랙에는 발을 길이 방향으로 토우 & 힐 잼 방법이 더 안전하다. 풋 스태킹의 단점은 두 발이 크랙에 같이 끼워져 있으므로 한쪽 발만 빼서 옮길 수 없기 때문에 두 손이 확실할 때만 움직일 수 있다.

발 겹치기

몸 쓰기

손과 발을 쓰는 방법 말고도 또 하나 중요한 기술로 몸의 움직임을 들 수 있다. 바로 균형 감각과 짝힘인데 정확한 몸동작은 손과 발의 능력을 더욱 크게 해준다. 몸 쓰는 기술은 특별한 기술을 배워서 사용하는 것이 아니라 등반을 하면서 스스로 깨달아 자연스럽게 몸에 배도록 한다.

1. 균형과 밸런스

클라이밍은 힘과 기술에 따라 승부를 결정짓는 스포츠다. 암벽에서 홀드의 높이나 모양은 다양하게 생겼기 때문에 안정된 자세를 잡지 않으면 필요 이상으로 손힘이 많이 든다. 따라서 홀드 모양에 따라 몸을 왼쪽이나 오른쪽으로 치우치거나 몸의 한 부분을 홀드와 반대로 뻗어 균형을 잡는 카운터 밸런스 기술도 쓴다. 또한 앞꿈치나 뒤꿈치를 홀드에 걸어 균형을 잡는 방법을 쓰기도 한다. 페이스나 오버행에서는 몸을 벽 쪽에 가깝게 붙을수록 자세가 안정된다.

· 엄지의 활용

클라이밍 홀드는 대부분 앞으로 튀어나와 있다. 따라서 홀드의 옆에 엄지를 대고 살짝 핀치그립과 같은 느낌으로 잡으면 힘을 보완할 수 있다.

· 미는 힘을 이용

등반할 때 펌핑이 오면 팔꿈치가 자연스럽게 올라간다. 이는 손가락의 힘이 빠져 홀드를 계속 잡지 못해 미는 힘을 이용하기 때문이다. 팔꿈치를 올리면 광배근에 의해 홀드를 미는 힘이 생겨 악력을 보완할 수 있다.

· 무릎의 활용

그립 홀드가 좋지 않아 힘이 잘 들어가지 않을 때 발 홀드의 위치에 따라 무릎에 손을 얹어서 힘을 절약할 수 있다. 허리까지 다리를 높이 들어 올리고 무릎의 안쪽으로 손등을 밀어준다.

· 피겨 4(figure 4)

피겨 4는 가장 특이한 동작으로 홀드는 괜찮지만 홀드 사이가 멀어서 발 홀드가 좋지 않은 반면, 다음 홀드가 런지 등의 다이내믹한 동작을 할 때 사용한다. 이 동작은 홀드를 잡은 손에 무릎을 걸쳐 놓으면서 팔이 발 홀드를 대신하고 손이 아래를 향해 누르는 힘이 생기므로 잡는 힘이 더 강해진다. 또한 몸을 허리 높이까지 당길 수 있으므로 멀리 움직일 수 있는 동작이다. 하지만 한 번 시도하면 발을 풀기 어려우므로 큰마음을 먹고 시도해야 한다.

허리를 내리지 말고 살짝
등 근육을 늘리는 느낌으로
잡은 손의 어깨를 올린다.
팔꿈치에 반대쪽 무릎을 걸어
잡은 손을 누르는 자세로 만든다.
다른 쪽 발은 홀드를 밟지 않고
플래깅하여 몸의 균형을 잡는다.

피겨 4를 하는 방법은 먼저 양손으로 홀드를 잡은 자세에서 다음 홀드를 잡으러 가는 쪽 다리의 무릎을 홀드를 잡은 손의 팔꿈치 부분에 올려두는 자세를 취한다. 이때 허리가 내려가면 멀리 움직일 수 없으므로 주의한다. 반대쪽 발은 플래깅하여 밸런스를 유지한다. 다른 손으로 홀드를 잡은 후에 다리를 빼는 과정이 있으므로 위쪽 홀드가 비교적 양호해야 한다.

· 플래깅(flagging)

몸이 균형을 잃고 한쪽으로 빙그르르 도는 현상을 막기 위해 손과 발을 뻗어 버티는 기술을 말한다. 낡은 창고 문의 무게가 한쪽으로 쏠릴 때 빙그르르 돌면서 열리는 것처럼 몸이 균형을 잃고 추락하는 것과 같아서 '창고 문(barn door) 현상'이라 부른다. 이 기술은 특정한 동작이 아니라 모든 등반에 적용되는 기본 기술로서 신체가 균형을 유지할 수 있도록 몸의 하중을 적절하게 배분하는 동작이다. 즉 우리 몸이 균형을 유지할 수 있도록 적당한 홀드를 선택하는 것을 말한다. 적당한 홀드가 없을 때 손과 발을 이용하여 몸의 균형을 유지해주는 동작을 말하기도 한다. 일반적으로 플래깅은 멀리 있는 홀드를 잡기 위해 손을 더 멀리 뻗을 수 있게 하는 기술이다.

2. 짝힘과 응용기술

짝힘(opposition)이란 어떤 특별한 몸짓을 뜻하는 것이 아니라 몸의 균형을 잡기 위해 서로 반대 방향으로 힘을 주는 것을 말한다. 짝힘 원리를 이용한 기술에는 아웃워드 프레셔(outward pressure), 인워드 프레셔(inward pressure), 언더 클링(under cling), 레이백(layback), 스테밍(stemming) 같은 것들이 있다. 예를 들면 세로 크랙에서 두 손을 써서 홀드 안쪽에서 바깥쪽으로 홀드를 벌려 반대 방향으로 작용하는 힘을 만드는 아웃워드 프레셔나, 넓은 홀드를 두 손으로 당기는 인워드 프레셔 방법을 들 수 있다.

· 맨틀링(manteling)

맨틀(mantel)이란 선반과 같은 모양의 홀드를 가리키는 말이다. 위쪽에 확실한 홀드가 없을 때 팔을 아래쪽으로 내리 누르면서 홀드에 발을 올려놓는 기술이다. 맨틀링이란 일반적으로 선반과 같은 홀드를 오를 때 쓰는 기술이지만, 홀드의 폭이 한 뼘도 되지 않는 좁은 홀드에서도 할 수 있는데 크게 네 가지 움직임으로 나눈다.

첫째, 두 손을 홀드에 올려놓고 몸을 끌어올릴 수 있는 크고 평평한 곳을 찾는다. 이때 생각해야 할 점은 홀드를 잡을 때 발을 올려놓을 공간을 남겨 놓아야 한다. 홀드가 좁을 때는 손끝이나 손가락으로 누르기도 하고 홀드가 머리보다 위에 있으면 당겨 잡기로 홀드를 잡아 위쪽으로 몸을 충분히 끌어올린 다음 아래쪽으로 눌러야 한다.

둘째, 당겨 잡기로 홀드에 한 쪽 팔꿈치를 곧게 펴서 몸을 세울 수 있을 정도로 윗몸을 끌어올린다. 풋 홀드를 잘 쓰면서 몸을 끌어올리고 홀드 면이 가파를 때는 팔꿈치를 세우기 전에 윗몸을 될 수 있는 대로 높이 끌어올리는 것이 중요하다. 팔꿈치를 곧게 펴지 못하면 몸무게를 버티기 위해 삼두근에 힘이 많이 들어간다.

셋째, 팔꿈치를 곧게 편 손바닥으로 홀드를 누르면서 다른 손으로는 홀드를 잡아당긴다. 일단 몸을 끌어올린 다음에는 다른 손으로 홀드를 찾는다. 손바닥으로 홀드를 누를 때는 손목뼈를 쓰는 것이 가장 좋다.

마지막으로, 손으로 누르고 있는 홀드 위에 발을 올리고 발로 홀드를 누르면서 몸을 세운다. 이때 균형을 잡기 위해 손 근처 홀드에 발을 올려놓는 것이 좋다. 급하게 오르려고 하면 발이 빠질 수도 있으므로 팔꿈치를 곧게 편 손에서 치켜 올린 발쪽으로 몸무게를 천천히 옮기면서 부드럽게 몸을 세워야 한다. 발을 올릴 때 발꿈치로 홀드를 디디면 몸을 세우는 움직임이 매우 어려우며, 홀드에 무릎을 대면 다시 떼어서 발을 올리기 힘들다.

맨틀링의 기본자세는 홀드를 잡고 몸을 끌어올릴 때 윗몸을 충분히 끌어올리는 것과 한쪽 팔로 홀드를 누르면서 팔꿈치를 곧게 펴서 몸무게를 이동해야 한다. 그리고 손으로 누르고 있던 홀드에 발을 올리면서 한쪽 팔과 발로 몸을 끌어올린다. 이때 다른 손은 주위의 홀드를 잡아당기면서 다른 발로 벽을 툭툭 차면서 오르면 움직임이 더 쉬워진다.

맨틀링에는 양손으로 밀어 올리기와 한손으로 밀어 올리는 방법이 있다. 먼저 양손으로 밀어 올리기는 얼마나 빨리 양손을 위로 올리는

지가 중요하다. 따라서 움직이기 시작할 때 빠른 속도를 이용하여 단숨에 몸을 밀어 올려야 한다.

　한손에 가해지는 하중의 경우 체중이 50kg인 클라이머의 손의 각도가 30°라면 손에 50kg의 부담이 가해지며, 각도가 60°가 되면 29kg이다.

　각도 A = 30°

　양손의 간격 120cm

　하중 = (체중 ÷ 2) / sin30° = 50kg

　각도 A = 60°

　양손의 간격 70cm

　하중 = (체중 ÷ 2) / sin60° = 29kg

양손으로 밀어 올리기와 한손으로 밀어 올리기

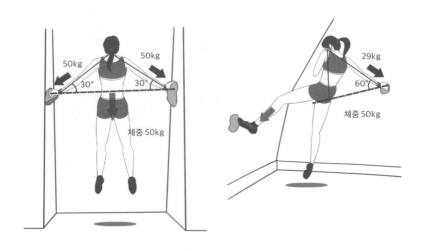

맨틀링의 동작 중에서 턱걸이처럼 당긴 후 밀어 올리기까지 먼 거리를 움직이는 경우가 있다. 처음에는 당겨 올리기 위한 근육(광배근·대원근)을 사용한다. 이 근육의 사용 범위는 주로 양손을 위로 뻗을 때부터 어깨까지다. 그 후 상체를 밀어 올릴 때 상완의 뒤쪽에 있는 상완이두근을 사용한다. 근육은 수축하는 범위의 중앙 부근에서 100퍼센트의 힘을 발휘하는데, 시작할 때와 끝나는 부분에서 약 50퍼센트 정도밖에 발휘하지 못한다. 따라서 턱걸이를 할 때처럼 발구르기를 이용하면서 광배근과 대원근의 힘으로 올라가고 관성력으로 몸을 들어 올린다. 이때 밀어 올리는 근육으로 전환되는데, 관성력이 사라지고 밀어 올리는 근육의 힘도 50퍼센트 밖에 되지 않기 때문에 제일 힘든 부분이다. 마지막으로 제일 높이 올라가면 팔꿈치를 똑바로 할 수 있기 때문에 자세를 쉽게 유지할 수 있다.

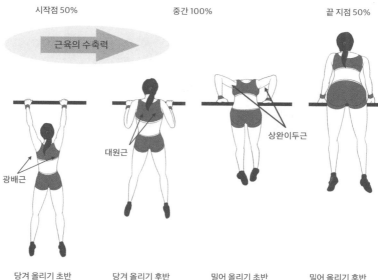

시작점 50% 　　　　중간 100% 　　　　끝 지점 50%

근육의 수축력

광배근

대원근

상완이두근

당겨 올리기 초반
발 홀드의 도움을 받아
당겨 올린다.

당겨 올리기 후반
당겨 올리기 후반에서
근육이 약하지만 관성력
으로 몸을 올린다.

밀어 올리기 초반
이때 사용되는 근육이 바
뀐다. 관성력을 유지하여
가능한 빨리 좋은 자세로
바꾸어야 한다.

밀어 올리기 후반
제일 높이 올라가면
팔을 쭉 벋어 관절을
고정시킨다.

· 레이백(layback)

짝힘을 이용하여 오르는 방법 중에서 레이백은 가장 멋진 등반기
술이다. 대부분 레이백은 손으로 홀드를 당기면서 발은 홀드 면을 반
대 방향으로 밀면서 올라간다. 이 기술은 플레이크(flake)나 직각 모서
리를 이룬 곳의 크랙, 또는 발을 끼우기에는 깊지 않은 크랙이나 페이
스에서 홀드나 크랙의 모서리들을 이용해서 몸을 기댈 때 자주 사용한
다. 하지만 힘이 많이 드는 방법이라 될 수 있으면 빨리 움직이는 것이
좋다. 팔 힘이 많이 드는 것을 막기 위해서는 팔을 곧게 펴서 근육이 아
닌 뼈 힘으로 오르는 것이 가장 중요하다. 두 손을 엇갈리게 하면서 위
쪽을 잡을 수도 있고 아래쪽 손을 위쪽 손의 가까운 곳에 잡은 다음,

밀고 당기기

플레이크나 홀드 모서리를 잡고
레이백을 하는 방법

크랙에서 한 쪽 모서리를 이용해
레이백을 하는 방법

다시 위쪽 손을 위로 올려 잡을 수도 있다.

손과 발의 간격이 좁을수록 힘이 많이 들어가므로 발을 너무 높이 올리지 않도록 하고 풋 홀드를 잘 써야 한다. 그러나 풋 홀드가 없을 때는 발을 높여 발과 홀드의 마찰력을 크게 해준다. 몸의 균형을 잃어서 몸이 돌아가는 경우가 있는데, 이때는 손과 발의 회전력(torque)을 높이거나 바깥쪽 발로 먼 쪽 벽을 비스듬히 밀어서 균형을 잡을 수 있다. 또한 몸이 돌아가는 것을 막기 위해 한쪽 손바닥으로 반대편 벽을 같이 밀거나 한쪽 발은 크랙 안에 끼우고 바깥쪽 발로 버틸 수도 있다.

레이백을 할 때는 힘을 아끼기 위해 팔을 곧게 펴고 크랙 모서리에서 날카롭고 잡기 쉬운 부분과 풋 홀드를 찾되, 일단 오르기로 결정했으면 풋 홀드를 찾기보다는 주저하지 말고 빨리 오른다.

· 스테밍(stemming)

스테밍은 두개의 넓은 홀드 면에서 두 손이나 두 발, 또는 한 손과 한 발을 반대 방향으로 힘을 주어서 발 홀드가 없는 가파른 벽을 오르는 기술이다. 스테밍은 침니(chimney)나 디에드르(diedre)를 오를 때 사용하는 방법이다.

한쪽 발로 홀드를 누르면서 다른 발이나 손으로 반대 방향으로 힘을 주기도 한다. 홀드 사이의 간격이 넓거나 가파른 페이스에서 스테밍을 할 때는 다음 홀드를 잡기 위해 한쪽 홀드에서 손을 뗄 때 몸이 홀드 바깥으로 돌아가지 않도록 조심해야 한다. 이럴 때는 반대쪽 손과 발에 강한 힘을 주거나, 확실한 홀드를 잡고 있는 손의 반대쪽 다리에 체중을 실어 준다.

스테밍

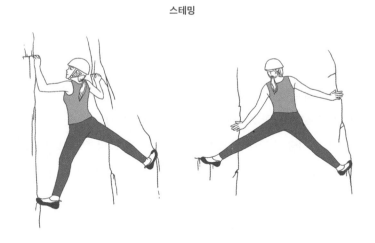

· 런지(lunge)

한 홀드에서 다른 홀드로 몸을 날려 잡는 등반 기술을 런지라고 한다. 이 기술은 가까운 거리를 뛰어 오르는 것부터 홀드에서 몸을 완전히 날려 온 힘을 다해 뛰어올라 홀드를 잡는 것에 이르기까지 여러 가지 방법이 있다.

런지를 하기 위해서는 힘과 정확한 시간 그리고 완벽한 움직임과 자신감이 있어야 하는데, 주로 오버행에서 좋은 홀드를 잡고 있다가 손을 길게 뻗은 다음 몸을 날릴 때 쓴다. 가끔 발이 허공에 떠 있는 채 오로지 팔 힘만을 써서 할 때도 있지만, 대개는 팔로 홀드를 잡아당기면서 발로 홀드를 차는 몸짓을 같이한다. 뛰어 올랐을 때 가장 높이 올라간 곳(dead point)에서 생기는 순간의 무중력 상태를 이용하여 손을 홀드에 정확하게 올려놓는다. 똑바로 매달려 있는 경우에는 상당히 안정돼 있지만 위로 올라갈수록 몸이 홀드에서 바깥쪽으로 향하기 때문에 홀드를 잡고 있는 손은 점점 나빠진다. 이런 이유 때문에 움직임이 큰 런지는 팔을 완전히 뻗은 채 시작한다.

· 트래버스(traverse)

홀드를 올라가거나 내려오는 대신 옆으로 가로지르는 것도 등반하는 데 반드시 필요한 기술이다. 이때 사용하는 기본 기술로는 손 쓰기와 발 쓰기 기술이 모두 필요하고 레이백, 언더 클링, 옆으로 당기기, 발 바꾸기 등도 쓴다. 또한 손을 뻗는 길이가 길 때는 짝힘을 이용한 카운터 밸런스 기술도 필요하다.

클라이머는 홀드 쪽을 보고 두 손과 두 발을 번갈아 쓰면서 손과 발을 옮긴다. 이때 홀드를 잡거나 디디면서 손과 발을 모으기도 하고 홀드가 좋을 때는 엇갈리게 해서 잡거나 밟기도 한다. 가파른 곳에서는 팔을 굽힌 채 홀드를 잡고 있으면 아주 힘들기 때문에 될 수 있으면 팔

트래버스

을 펴서 몸을 홀드에서 충분히 떨어지게 한다.

손만을 써서 옆으로 가로지르는 핸드 트래버스(hand traverse)는 풋홀드가 없거나 아주 작을 때 쓰는 방법이다. 이때는 발을 레이백나 언더 클링처럼 홀드를 향해 밀어주면서 균형을 잡고 손은 홀드를 차례로 잡거나 엇갈리면서 홀드를 따라 짧게 옮겨간다. 이때 발을 높인 상태에서 무게 중심을 낮추면 발이 홀드를 더 효과적으로 밀 수 있다.

옆으로 가로지르는 등반은 슬랩이나 페이스, 크랙 등을 오르는 것보다 훨씬 어렵고 마음도 불안하다. 그것은 홀드를 찾기도 어렵지만 옮길 때마다 균형을 잡기가 쉽지 않기 때문이다. 더구나 옆으로 트래버스를 하다가 떨어지면 몸이 시계추처럼 한쪽으로 튕겨지면서 벽에 부딪칠 수 있어 위험하다. 따라서 트래버스를 할 때는 확보물을 자주 걸어 떨어질 것에 대비해야 한다.

4장 스포츠
클라이밍의
기술

기술과 체력

루트에 따라 홀드를 잡는 방법이나 발을 딛는 방법이 달라지며, 그에 따라 맞는 루트를 선택하여 기술을 습득하는 것이 중요하다. 실력을 향상시키기 위해서는 동작의 완성도를 높이고 각각의 동작을 자연스럽게 하는 것이 중요하다.

클라이밍을 많이 하면 할수록 근력은 향상된다. 한편 기술은 의식적으로 새롭게 배우지 않으면 향상되지 않는다. 따라서 클라이밍 실력을 키우기 위해서는 기술을 연마해야 한다.

1. 난이도를 결정하는 네 가지 요소

홀드는 고정되어 있기 때문에 자신의 몸을 홀드에 맞춰야 한다. 자신에게 없는 능력을 사용하려면 떨어질 수밖에 없다. 예를 들어 크림프나 슬로퍼 등 익숙하지 않은 홀드를 시도하다 보면 추락하거나 쓸데없이 힘을 소비한다. 경사가 급한 루트에서는 벽에 몸을 붙이거나 자세를 유지시켜 주는 복근이 없으면 버틸 수 없다. 고빗사위가 명확한 루트나

잡기 쉽다 잡기 어렵다		홀드의 형태	홀드의 위치		거리가 가깝다 거리가 멀다
밸런스가 좋다 밸런스가 나쁘다		홀드의 배치	벽의 경사		경사가 완만하다 경사가 급하다

길이가 긴 루트에서는 지구력이 필요하다. 런지가 필요한 곳에서는 과감해야 하고 발 홀드가 멀리 있을 때는 다리를 넓게 벌릴 수 있는 유연성이 필요하다. 따라서 클라이밍을 잘 하려면 결점을 없애는 것이 실력을 향상시키는 지름길이다. 루트의 난이도를 결정하는 네 가지 요소는 홀드의 형태, 위치, 배치 그리고 벽의 경사에 따라 달라진다.

2. 세 가지 중요한 능력

홀드를 잡고 몸을 끌어올리고 다음 홀드를 잡기 위해서는 세 가지 능력이 필요하다.

지구력	순수하게 잡는 힘으로 밸런스가 좋은 자세나 다리에 체중을 실으면 손의 힘이 줄어든다.
유연성과 밸런스	밸런스를 유지하면서 리듬에 맞춰 부드럽게 몸을 움직이거나 발을 올리는 동작이다.
근력	효율적인 동작이나 다리 힘을 이용할 수 있는 자세를 취하면 끌어당기는 힘을 절약할 수 있다.

그리고 이러한 요소는 개별적인 것이 아니라 서로 상호작용하면서 동작을 만들어낸다.

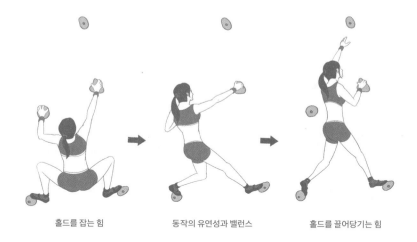

홀드를 잡는 힘   동작의 유연성과 밸런스   홀드를 끌어당기는 힘

3. 클라이밍 기술과 등반 능력

난이도가 높은 루트를 올라가기 위해서는 기술적인 능력과 체력적인 능력을 모두 갖춰야 한다. 둘 중 하나라도 부족하면 실력을 향상시키기 어렵다. 체력적인 요소와 기술적인 요소가 거의 비슷하면 서로 보완할 수 있다. 하지만 기술적으로 뛰어나지만 홀드를 잡는 힘이 없으면 떨어지기 쉽고 한쪽 팔로 턱걸이를 10번 할 수 있는 힘이 있어도 발에 체중을 싣지 못한다면 힘이 부칠 것이다.

보통 하루에 짧은 시간 최대 근력의 70퍼센트를 사용해도 근력이 향상한다. 즉 많이 오르면 오를수록 근력이 향상된다. 하지만 근력을 효과적으로 향상시키려면 적절한 부하와 트레이닝이 필요하다.

클라이밍 기술과 등반 능력은 밀접하게 연관되어 있다. 클라이밍 기술이란 한마디로 말하면 홀드를 잡는 힘과 끌어당기는 힘을 키우는 것이다. 클라이밍 기술은 오래 잡고 있지 못하던 홀드를 잡거나, 먼 거리의 홀드에 손을 뻗는 근력을 보완하기 위한 기술이다. 클라이밍에서는

클라이밍 기술의 좋은 예와 나쁜 예

허리가 벽에서 멀리 떨어져 있어서 손에 힘이 많이 들어간다

허리가 벽과 가깝기 때문에 다리에 체중이 실려 손에 힘이 덜 들어간다

팔 힘만으로 끌어올리려 한다

몸 전체를 비틀게 되면 손에 들어가는 힘이 적다

그것을 동작(move)이라고 표현한다. 즉 동작은 근력을 키우거나 근력을 절약하기 위한 것이다.

4. 기술은 발로 힘은 손으로 한다

클라이밍 기술은 다리 힘을 활용하는 것이다. 보통 다리의 힘은 손 힘의 3배 이상이라고 한다. 턱걸이 수십 개를 하는 것은 힘이 들지만,

클라이밍 기술은 다리에 체중을 실어 손에 들어가는 힘을 줄이는가에 달려 있다.

스쿼트 수십 개는 누구나 할 수 있다. 그리고 손가락은 시간이 갈수록 버티는 힘이 사라지며, 팔 역시 끌어당기는 힘이 떨어진다. 하지만 클라이밍에서 다리 힘이 떨어지는 일은 거의 없다.

클라이밍에서 위로 올라가기 위해서는 다리 힘을 얼마나 잘 이용하는지가 관건이다. 극단적으로 말하면 클라이밍 기술은 '다리에 얼마나 체중을 싣는가?' 하는 것이다. 그리고 동작의 완성도는 다리에 가해지는 체중의 크기에 따라 결정된다.

다리 힘은 지구력도 매우 좋다. 또한 최대 근력이 손보다 몇 배는 크다. 그런데 클라이밍에서 손은 원하는 방향으로 이끌어주는 역할을 하지만, 다리는 들어 올리는 동작만 하므로 손이 이끌지 않으면 방향을 정할 수 없다. 즉 클라이밍의 이상적인 동작은 손으로 진행 방향을 이끌고 다리 힘으로 추진력을 얻는 것이라 할 수 있다. 클라이밍을 할 때 다리 힘이 남아돌기 때문에 다리 힘에 크게 신경 쓰지 않는다. 그에 반해 손힘은 한계가 있기 때문에 '파워 클라이밍'이라고 하면 일반적으로 팔 힘이 강한 클라이머를 지칭한다.

클라이밍은 루트에 따라 몸을 맞춰가는 동작이다. 어떤 움직임을 사용할지는 홀드의 위치와 간격에 달려 있는데, 대부분은 발 홀드의 위치가 동작을 결정짓는다. 그리고 홀드의 배치는 손 순서를 결정한다. 즉 클라이밍을 한다는 것은 홀드의 위치에 따라 손의 순서를 배열하는 것이며, 이때 발 위치는 클라이머의 움직임을 결정한다.

클라이밍 자세

클라이밍을 할 때 중요한 점은 어떤 동작을 사용하여 오를지 결정하는 것이다. 그런데 똑같은 동작을 취해도 클라이머 사이에 서로 차이가 있다. 그 차이는 동작의 완성도에 따라 달라진다. 클라이밍은 자세에서 시작되어 동작에서 끝난다.

1. 동작의 완성도

똑같이 홀드를 잡고 똑같은 동작을 취하는 것 같아도 무게 중심이나 자세의 흔들림, 그리고 동작의 타이밍이나 리듬에 따라 완성도는 달라진다. 동작의 완성도는 홀드를 잡고 딛는 클라이머의 위치와 관련이 있다. 이것은 항상 안정된 밸런스 상태에 있어야 한다는 것을 의미한다.

이러한 밸런스 상태는 홀드에 대해 클라이머가 어떻게 위치를 잡느냐와 관련이 있는데, 이는 3차원 공간에서 무게 중심에 따라 결정된다. 동작을 취할 때 우리 몸도 움직이기 때문에 무게 중심도 계속 변한다. 따라서 움직이는 타이밍이나 속도 또한 중요한 요소라 할 수 있다.

2. 무게 중심

무게 중심은 허리의 위치를 보면 알 수 있다. 사람의 무게 중심은 배꼽 주변에 있다. 움직일 때 무게 중심이 클라이머의 밸런스에 영향을 미친다. 또한 순간적인 무게 중심의 이동이 중요한 요소가 되기도 한다.

무게 중심은 체형과 체격에 따라 다른데, 나이나 성별에 따라서 위치가 다르다. 일반적인 여성의 무게 중심은 발바닥에서 55/100 정도 되는 곳이며, 남성은 56/100 정도 되는 곳에 있다. 나이가 어리면 몸의 크기에 비해 상대적으로 머리가 크기 때문에 무게 중심이 높다. 허리를 벽에 가까이 대면 동작이 제한되기 때문에 자칫 허리를 뒤로 빼게 되지만, 수직이나 오버행에서는 허리를 벽에 가까이 붙여야 무게 중심이 안정된다.

40cm

10cm

클라이머의 무게 중심은 배에 있다.
왼쪽 클라이머와 오른쪽 클라이머의
허리가 벽에서 떨어져 있는 정도는
4배가 되기 때문에 팔에 들어가는 힘도
4배가 된다.

· 좌우 허리의 위치

무게 중심의 좌우 위치에 따라 오르기나 카운터 밸런스로 움직일 때 동작에 따른 힘의 차이가 생긴다.

오르기

발 홀드에 아직 체중을 싣지도 않았는데 홀드에 손을 뻗어 잡게 되면 쓸데없이 힘만 들어간다.

홀드에 발을 확실하게 올린 다음 손을 뻗으면 손에 들어가는 힘이 줄어든다.

카운터 밸런스

허리를 내리면 당기는 손에 힘이 들어간다.

허리를 내린 상태에서 손을 뻗으면 무게 중심과 홀드가 가깝지만 손이 닿지 않는다.

손을 뻗는 방향과 반대 방향으로 허리를 올려주면 무게 중심은 홀드에서 멀어지지만 받침점(디딤발)이 무게 중심과 가까워지므로 다음 홀드에 손이 닿는다.

허리가 올라가면 당기는 손에 힘이 줄어든다.

· 위아래 허리의 위치

허리의 앞뒤·좌우 또는 위아래 위치는 발에 체중을 얼마나 싣느냐
에 따라 결정된다. 허리를 낮추는 것이 항상 좋은 것은 아니며, 다음 홀
드에 가까이 간 상태에서 손을 뻗는 것이 더 좋은 경우도 있다. 그러므
로 상황에 맞춰 유연하게 생각하여 최적의 동작을 선택해야 한다.

허리의 위치에 따라 다리의 지지력이 달라진다.

드롭 니에서 허리를
낮추면 다리에 강한
지지력을 얻을 수 있다.

무게 중심

허리를 높이 둔 상태에서
시작하면 다리의 힘이
약해 손에 힘이 들어간다.

무게 중심

3. 무게 중심의 이동

몸의 무게 중심은 움직이면 변하게 마련이다. 무게 중심은 빠르게 움
직일 때 직선으로 움직이는 경우도 있지만, 경사가 완만한 벽에서 정적
으로 움직일 때 무게 중심이 그리는 궤적이 반드시 직선은 아니다. 일단
무게 중심을 낮추어 다리에 체중을 실은 다음 움직이는 것이 좋다.

· 직선으로 움직이는 동작

직선으로 움직일 때 홀드를 적당히 잡고 빠르게 움직일 수 있는 자세를 유지한다.

허리가 높이 있어도 속도를 우선한다.

· 포물선으로 움직이는 동작

홀드가 좋지 않아 직선으로 당길 수 없는 경우, 강한 다리 힘을 통해 추진력을 얻는다. 이때 어중간하게 뒷발에 체중을 싣지 말고 앞쪽 다리에 확실하게 체중을 실어야 한다.

다리에 체중을 실은 다음 움직인다.

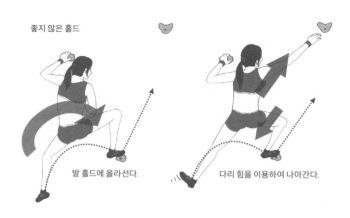

좋지 않은 홀드

발 홀드에 올라선다.

다리 힘을 이용하여 나아간다.

4. 허리를 벽에 붙이기

경사가 심한 벽에서 허리를 벽에 붙이면 받침점에 해당하는 발 홀드
와 무게 중심이 가까워지므로 손에 힘이 줄어든다.

경사가 심한 벽에서는 허리를 벽에 붙인다.

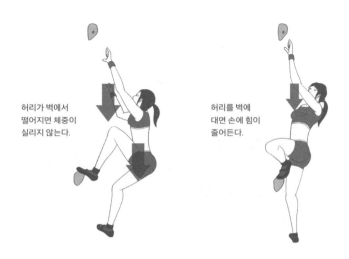

허리가 벽에서
떨어지면 체중이
실리지 않는다.

허리를 벽에
대면 손에 힘이
줄어든다.

5. 연속적인 운동

클라이밍에서 당기는 손에 의식을 집중하기 쉬운데, 몸 전체를 움
직이는 것이 더 효율적이다. 하체부터 허리·어깨·팔의 순서로 움직여
주면 효과적이다. 이렇게 특정한 부위를 시작으로 에너지가 몸의 말단
쪽으로 전달되면서 속도를 높이는 일련의 동작을 '키네틱 체인(kinetic
chain)'이라고 한다. 야구의 피칭이나 테니스의 서브, 골프의 스윙 등 전
신을 사용하여 강한 힘을 만들어내는 동작은 모두 키네틱 체인을 이용
한 것이다.

하체의 힘을 활용하여 부드럽게 움직인다.

가능한 끝까지
양손으로 당긴다.

발로 미는 힘을 이용하기
위해 허리를 벽에 붙이면서
움직인다.

발끝부터 힘을 주면서
일어선다.

다음 홀드까지 확실하게
거리를 잰다.

　프로 야구에서 150킬로미터가 넘는 속도로 공을 던지는 선수도 있는데, 이것이 가능한 이유는 최종적으로 속도를 만들어내는 부분(손)과 처음 움직이기 시작하는 부분(다리)이 동시에 작용하기 때문이 아니라 다리·무릎·허리·어깨·팔꿈치·손의 순서로 연속적으로 작용하기 때문이다.

　지면에서 시작되는 다른 스포츠와 달리 클라이밍은 발끝부터 움직이기 시작하여 무릎·허리로 에너지를 전달한다. 연속적인 운동을 자연스럽게 이어가면 쓸데없이 힘을 빼지 않고 멀리 있는 홀드를 잡을 수 있다. 마지막으로 홀드에 닿을 만큼 가까워질 때 손을 뻗고 싶겠지만, 힘을 절약하고 몸이 흔들리지 않기 위해서는 양손으로 당기는 시간을 최대한 길게 하는 것이 좋다.

연속적인 운동과 회전력을 함께 사용하는 기술

회전력을 연속적인 운동으로 바꾸면
효율적으로 올라갈 수 있다.

가능한 끝까지 양손으로
당기면서 마지막으로
한손을 뻗는다.

회전력을 허리에
전달하면서
양손을 당긴다.

왼쪽 무릎을 안쪽으로
회전시킨다.

발끝부터 비틀면서
시작한다.

6. 회전력의 활용

경사가 급한 벽에서 홀드를 잡으려면 상당히 큰 힘을 사용해야 한다. 하지만 몸을 회전시키면서 손을 뻗으면 홀드를 쉽게 잡을 수 있다. 허리를 크게 돌릴 수 있는 여성의 경우, 회전력을 효과적으로 활용할 수 있다. 또한 리드 클라이밍처럼 오랜 시간 올라가야 하는 경우, 지속적으로 팔을 당기다 보면 혈류가 나빠져서 지굴근이 빨리 피로해진다. 따라서 가능한 몸의 회전을 통해 발생하는 힘을 이용하여 팔을 쉬면서 올라가는 것이 중요하다.

7. 발끝 비틀기

클라이밍은 벽에서 동작을 만들어내기 때문에 동작이 매우 한정되어 있다. 또한 연속적인 운동의 관점에서 보면 동작이 먼 부위, 즉 발끝에서부터 시작되는 운동이다. 클라이밍은 엄지발가락이나 새끼발가락, 즉 홀드에 닿은 발끝을 안쪽 또는 바깥쪽으로 돌리는 것으로 시작한다.

발끝을 바깥쪽으로 돌리는 것으로 동작을 만들어낸다.

벽을 정면으로 바라보고 양손·양발로 홀드를 잡는다. 오른발은 인사이드로 홀드를 밟고 왼발은 홀드를 밟거나 가볍게 벽에 갖다 댄다. 오른발의 끝부분을 중심으로 발꿈치를 바깥쪽으로 돌린다. 이때 오른쪽 무릎도 드롭 니와 같이 살짝 구부리면서 안쪽으로 돌린다. 그 순간 오른쪽 홀드를 잡으러 가면 되는데, 아무런 동작도 없음에도 불구하고 몸이 오른쪽으로 움직인다. 이것은 발목의 회전 에너지만으로 몸 전체를 움직이는 힘이 생긴다는 것을 의미한다. 즉 발끝을 중심으로 하여 발을 살짝 비트는 것만으로도 큰 동작을 시작할 수 있다.

손동작

클라이밍에서 손을 사용하는 방법은 좌우 교대, 건너뛰기, 바꿔 잡기, 엇갈리기, 손 모으기, 다시 잡기 등이 있다. 양손을 교대로 사용한다고 항상 효율적으로 클라이밍을 할 수 있는 것은 아니다. 또한 발을 사용하는 데도 여러 가지 방법이 있다. 따라서 한 개의 루트에서 손발을 움직이는 방법을 다양하게 조합할 수 있다. 클라이밍은 이러한 조합 속에서 최적의 방법을 계속해서 찾아나가는 것이다.

1. 좌우 교대

클라이밍의 기본적인 순서는 좌우 교대로 손을 잡는 것이다. 벽의 경사가 완만하고 홀드가 큰 루트에서 클라이머는 자연스럽게 좌우 손발을 교대로 규칙적으로 사용한다. 이러한 순서가 가장 안정적인 자세를 유지할 수 있기 때문이다.

2. 건너뛰기

클라이밍에서 종종 건너뛰기라는 동작을 사용한다. 건너뛰기는 반드시 홀드에 가까이 가면서 동작을 한다. 무의식적으로 손을 뻗었다가 가까이 가지 못하거나 홀드 간격이 너무 멀어서 움직일 수 없는 것은 아닌지 잘 생각해야 한다.

- 바로 앞의 홀드를 잡기 어려우면서 다음에 좋은 홀드가 있는 경우, 바로 앞에 있는 것을 거쳐 다음 것을 잡는다.
- 다음 홀드의 방향이 좋지 않거나 반대쪽 손이라면 괜찮을 것 같은 경우, 하나를 건너뛰고 다음 홀드를 잡는다.
- 홀드 사이의 거리가 가까워서 더 멀리 있는 홀드를 잡는 것이 더 나은 경우, 하나를 뛰어넘고 다음 홀드를 잡는다.

3. 바꿔 잡기

주변에 좋은 홀드가 없어서 바꿔 잡는 것이 더 나은 경우도 있고 휴식을 취하거나 손의 순서를 교체하기 위해 일부러 바꿔 잡는 경우도 있다.

- 기본 동작

바꿔 잡기에서 중요한 것은 다른 손이 올 수 있는 공간을 확보하는 것이다. 처음 잡고 있던 버팀 손은 다음 손을 위해 가능한 많은 공간을 만들어줘야 한다. 양손이 한 군데에 모이게 되면 밸런스가 안 좋아지므로 발을 뻗거나 허리를 낮추는 등 밸런스가 좋은 자세를 만든 다음 바꿔 잡아야 한다. 급경사나 루프 등에서 손을 모으고 있을 때 발을 바꿔 밟는 것은 2점 지지가 되어 밸런스가 무너지게 된다. 따라서 손을 모으는 것과 발을 바꿔 밟는 것을 동시에 실시하면 안 된다.

· 피아노

양손을 모두 잡을 수 없을 정도로 홀드가 작을 때 먼저 잡는 손을 가능한 가장자리에 두고 검지를 뗀 후 다음 손을 겹쳐 잡는다. 다음 손의 검지를 뗀 채로 겹쳐 올리고 이전 손이 빠져나간 다음 확실하게 잡는다. 피아노를 치듯이 손가락이 움직이기 때문에 '피아노'라는 이름이 붙여졌다.

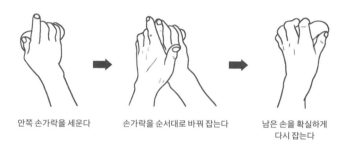

안쪽 손가락을 세운다   손가락을 순서대로 바꿔 잡는다   남은 손을 확실하게
다시 잡는다

· 컵

손을 나란히 놓는 방법뿐만 아니라 위에서 바꿔 잡는 방법도 있다. 컵이라고 부르는 바꿔 잡기 방법인데, 먼저 손으로 홀드를 잡는다. 이때 손의 모양은 컵 모양의 핀치 그립이다. 나중에 오는 손으로 홀드의 위쪽

공간을 만들고   다음 손이 온다   손을 바꿔서 다시 잡는다

을 잡고 처음 있던 손을 뺀 다음 바꿔 잡는다. 이러한 바꿔 잡기는 두께가 어느 정도 있고 폭이 좋은 홀드에서 이루어진다. 처음 잡고 있던 손은 엄지와 다른 네 개의 손가락으로 확실하게 잡고 있어야 하며, 나중에 오는 손은 홀드의 좋은 부분을 잡는다.

4. 엇갈리기

옆으로 움직이거나 대각선 위로 움직이는 경우, 바꿔 잡을 수 있을 만큼 홀드가 좋지 않은 곳에서 사용한다. 또한 좋지 않은 바꿔 잡기를 두 번 연속으로 실시해야 하는 곳에서 엇갈리기 동작으로 처리하게 되면 한 번만 움직일 수도 있다.

엇갈리기는 내미는 손이 위에 있는 경우와 아래에 있는 경우가 있다. 엇갈리기에서 손을 교차한 상태에서 체중을 이동하거나 몸을 돌리게 되므로 밸런스를 잘 잡아야 한다. 일반적으로 확실하게 발에 체중을 싣고 가능한 빨리 움직이는 것이 중요한다. 엇갈리기 동작은 허리를 낮추어 무게 중심을 되도록 아래로 해서 빠르게 움직이는 것이 좋다.

5. 손 모으기

한손으로밖에 잡을 수 없는 홀드에서 다음 홀드가 멀리 있을 때가 있다. 이럴 때 한손으로 버티는 것이 아니라 다른 손을 가능한 함께 잡으면 힘의 손실을 막을 수 있다.

6. 다시 잡기

홀드를 잡고 몸을 올릴 때는 잡는 각도가 달라지므로 밀착감이 떨어진다. 또한 높이에 따라 다른 방법으로 잡는 것이 효과적일 경우도 있다. 이럴 때 같은 홀드를 다시 잡는 것이 효과적이다. 다시 잡기는 바꿔 잡기와 달리 같은 홀드를 같은 손으로 방향만 바꿔 잡는 방법이다.

클라이밍 동작

클라이밍은 홀드를 잡고 올라가는 스포츠인데, 힘을 최소한으로 사용하여 효율적으로 움직일 때 어려운 루트를 오를 수 있다. 대표적인 클라이밍 기술은 동작, 즉 무브(move)에 따라 달라진다. 물리적인 요소별로 동작의 종류와 응용에 대해 알아보자.

1. 동작의 물리적 요소

인간은 앞으로 걸어갈 때 다리를 들어 올려 무게 중심을 앞으로 이동시킨다. 이때 앞으로 넘어질 것처럼 균형이 무너진 상태가 되는데, 곧바로 다른 발을 내딛어 몸을 지탱한다. 이러한 동작을 좌우로 번갈아가면서 연속적으로 실시할 때 우리는 걷게 된다. 마찬가지로 운동을 할 때도 무게 중심이 이동하면서 균형이 무너지게 된다.

이렇게 균형이 무너지는 것은 중력에 의해 몸의 밸런스가 흐트러지기 때문이다. 클라이밍에서는 벽의 경사와 홀드의 간격, 크기, 배치가 모두 다르다. 그리고 오버행에서 동작을 할 때마다 뒤쪽으로 밀리는 회

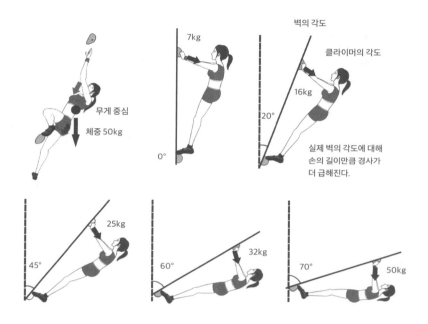

오버행의 각도에 따라 체중 50킬로그램인 클라이머의 손에 들어가는 무게

벽의 각도

클라이머의 각도

7kg

16kg

무게 중심

체중 50kg

20°

0°

실제 벽의 각도에 대해
손의 길이만큼 경사가
더 급해진다.

25kg

32kg

50kg

45°

60°

70°

전력이 발생한다. 이와 같이 클라이밍 동작은 불균형 상태를 균형 상태로 만드는 동작이라 할 수 있다.

사다리 오르기는 단순한 동작을 반복하는 클라이밍의 대표적인 예다. 경사가 완만한 사다리를 오를 때는 다리 힘을 최대한 이용한다. 이때 손은 다리 힘을 잘 사용할 수 있는 방향으로 안내하는 역할을 한다. 경사가 급한 사다리를 오를 때는 무게 중심을 정중앙에 두면 몸을 회전시키는 요소가 작기 때문에 균형을 잡을 수 있고 손도 최소한의 힘을 사용하며 올라갈 수 있다.

인간의 무게 중심은 몸의 정중앙 부분보다 약간 위쪽에 있다(신체의 길이가 100이면 55정도). 오버행에서는 머리가 위쪽에 있으므로 다리보다 팔에 힘이 더 들어간다. 또한 홀드의 경사에 따라 팔의 길이만큼 신체의 각도가 더 급해지며 그에 따라 팔에 힘이 들어간다. 예를 들어 체중이 50킬로그램인 클라이머는 벽의 경사가 달라질 때마다 손에 들어가는 힘이 다르다. 만일 오버행의 각도가 45도 이상이 되면 체중의 절반 이상을 손이 지탱해야 된다.

2. 하이스텝 동작

클라이밍에서 무게 중심은 밸런스를 유지하는 데 매우 중요한다. 카운터 밸런스는 발 홀드(받침점)를 중심으로 좌우의 균형을 유지하는 동작이다. 또 다른 밸런스 동작인 하이스텝은 발 홀드(받침점)에 체중을 싣는 동작이다. 이것은 발 홀드에 무게 중심을 두는 동시에 무게 중심을 낮추어 밸런스를 유지하는 기술이다. 동작의 좋고 나쁨은 홀드를 디딘 다리에 체중을 얼마나 싣는지와 플래깅한 다리를 받침점의 바로 아래에 늘어뜨리는 것으로 결정된다. 즉 플래깅한 다리가 밸런스를 결정짓는다.

허리를 벽에 댄다. 가슴을 벽에 붙이면 자세가 불편해서 허리가 밀려난다. 경사가 급해도 허리를 벽에 갖다 대면 다리에 체중이 실려 손에 힘이 덜 들어간다.

균형을 잡은 다음 손을 올린다. 다리에 체중을 싣지 않은 상태에서 손을 올리면 힘이 많이 들어간다. 몸이 안정된 다음 손을 뻗어야 힘을 절약할 수 있다.

내려뜨린 발로 벽을 민다. 아래로 내려뜨린 발로 벽을 살짝 밀어주면 그 반발력으로 상체가 벽 쪽에 가까이 붙어서 자세가 안정적이 된다.

발을 아래로 내려뜨린다. 플래깅한 발을 받침점의 바로 아래로 내려뜨려 밸런스를 유지한다.

3. 카운터 밸런스 동작

카운터 밸런스는 클라이밍의 가장 기본적인 동작으로 몸의 균형 상태를 최적화시킨다. 오버행에서 양발을 홀드에 올리고 왼손으로 홀드를 잡은 자세에서 오른손을 뻗으면 몸은 왼쪽으로 회전하게 되어 다음 홀드를 잡기 어렵다. 이때 왼손으로 홀드를 잡은 상태에서 오른발만 홀드에 올려두고 왼발을 밖으로 뻗어주면 균형이 유지되어 몸이 회전하지 않는다.

오버행에서 왼손과 왼발을 홀드에 올려둔 채로 있으면 몸이 회전한다. 이때 왼손에는 엄청난 힘이 들어간다.

왼손과 오른발을 홀드에 올리면 몸의 무게를 좌우로 똑같이 만들 수 있으므로 몸이 회전하지 않으면서 다음 홀드를 잡을 수 있다.

이처럼 받침점을 두고 양쪽으로 균등하게 하중을 나누는 동작을 '카운터 밸런스'라고 한다. 이것은 물리적으로 회전 모멘트, 즉 토크가 발생하지 않는 상태를 의미한다. 카운터 밸런스에는 인사이드 또는 아웃사이드로 홀드를 밟는 두 가지 발동작이 있다. 홀드를 잡는 손보다 다음에

몸이 회전하려는 힘을 왼손으로 버텨야 한다.

몸이 회전하지 않으므로 체중만 지탱한다.

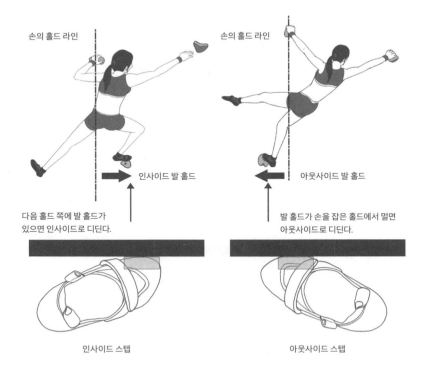

손의 홀드 라인

손의 홀드 라인

인사이드 발 홀드

아웃사이드 발 홀드

다음 홀드 쪽에 발 홀드가
있으면 인사이드로 디딘다.

발 홀드가 손을 잡은 홀드에서 멀면
아웃사이드로 디딘다.

인사이드 스텝

아웃사이드 스텝

잡을 홀드에 발 홀드가 가까이 있는 경우 인사이드로 밟고, 멀리 있는
경우에 아웃사이드로 밟는다. 만약 발 홀드가 홀드 라인의 가까이에 있
으면 인사이드와 아웃사이드 둘 중 어떤 것을 사용해도 괜찮다.

· 인사이드 플래깅

인사이드 플래깅은 사용 빈도가 가장 많은 기본적인 동작이다. 밸
런스를 유지하면서 양손으로 당기고 한손을 내민다. 다음 홀드에 서둘
러 손을 뻗지 말고 확실하게 양손으로 당긴 다음 잡을 수 있는 범위까
지 간 다음, 손을 내밀면 힘을 소모하지 않는다. 이때 하중을 분배하기

인사이드 플래킹

양쪽 발로 카운터
밸런스를 유지해서
안정된다.

발로 스미어링을
하면서 나아간다.

왼발은 플래킹해서
밸런스를 유지한다.

성급하게 손을 뻗지 말고 확실하게
체중을 이동시킨 후에 손을 뻗는다.

밸런스를 유지하면서 최대한
빨리 체중을 이동해야 힘을 덜
들이며 올라갈 수 있다.

손을 뻗는다는 느낌보다
오른발에 무게 중심을 둔다는
느낌을 유지한다.

오른발은 안쪽을 향해서
긁듯이 올린다.

위해 플래킹한 발을 어떻게 뻗었는지가 중요하다. 즉 목표물을 보면서
몸 전체의 밸런스를 확실하게 유지하는 데 집중해야 한다.

왼손으로 잡고 있을 때는 오른발을 올리고 오른손으로 잡고 있을 때
는 왼발을 올리는 식으로 몸을 대각선으로 교차시켜 밸런스를 유지한다.

· 아웃사이드 플래킹

오버행에서 아웃사이드 플래킹은 빼놓을 수 없는 동작이다. 수직 이
상의 오버행에서는 겨드랑이가 붕 떠서 허리가 벽에서 멀어진다. 그러
면 발에 체중이 실리지 않기 때문에 손에 많은 힘이 들어간다. 왼손으
로 잡고 오른손을 내미는 동작을 할 때 왼손보다 왼쪽에 발 홀드가 있
는 경우 왼발은 플래킹으로, 오른발은 아웃사이드로 밟고 대각선으로
밸런스를 유지한다.

아웃사이드 플래킹

위쪽의 홀드를 쳐다보면 목의 힘줄이 당겨져서 어깨가 올라가지 않으므로 턱을 당긴다.

왼발은 플래킹하여 밸런스를 유지한다.

플래킹한 발을 벽에 가까이 댄다.

암벽화를 최대한 긁어서 밟는다.

확실하게 하반신과 양손을 움직인 다음 마지막으로 한쪽 발을 내민다.

허리를 회전시켜서 허리의 회전력과 발의 플래킹을 연결시켜 먼 거리를 이동한다.

평범한 플래킹

허리가 떨어져서 손을 뻗기가 힘들다.

무게 중심

무게 중심과 받침점(디딤발) 사이의 거리가 멀다

허리를 올린 플래킹

확실하게 허리를 들어 올리고 발을 반대 방향으로 뻗어주면 손을 멀리 뻗을 수 있다.

무게 중심

무게 중심과 받침점(디딤발)의 거리가 가깝다

대각선으로 이동할 때 받침점이 되는 발을 중심으로 좌우로 균등하게 체중을 나누면 밸런스가 좋지만 다음 홀드를 잡을 수 없게 된다. 따라서 도달 거리를 늘리기 위해 잡으러 가는 홀드 쪽에 체중을 많이 두어야 한다. 하지만 잡는 손에 너무 집중하면 오히려 밸런스가 나빠져서 도달 거리가 짧아진다. 이런 경우 카운터 밸런스의 원리에 따라 진행 방향과 반대쪽으로 다리를 크게 흔들어주어야 한다.

4. 후크 동작

몸의 회전을 제어하는 또 하나의 해결책은 후크를 사용하는 것이다. 경사가 20도인 벽에서 체중이 50킬로그램인 클라이머의 손에 들어가는 힘은 16킬로그램이다. 이것은 발 홀드를 디뎠을 때 양손에 들어가는 하중이다.

평행 상태에서 동작을 취할 때 몸을 왼쪽으로 흔들리게 하는 회전 모멘트가 발생한다. 이것은 길이가 50센티미터인 봉의 끝에 16킬로그램의 추를 매달아 수평으로 들어 올리는 것과 같은 힘이다. 이때 후크를 사용하여 효과적으로 회전을 방지할 수 있는데, 단지 8킬로그램의 후크로 회전을 멈출 수 있다.

후크의 두 가지 장점은 몸의 큰 근육을 사용할 수 있다는 것과 다리 힘을 사용하는 동작 중에서 유일하게 무게 중심보다 높은 위치에서 당긴다는 점이다. 근력은 근육의 단면적에 비례하여 커진다. 후크에서 사용되는 근육은 허벅지 안쪽에 있는 햄스트링과 정강이 뒤에 있는 장딴지근인데, 이러한 근육은 전신의 근육 중에서 큰 쪽에 속하기 때문에 몸을 들어올리기에 충분한 힘을 갖고 있다. 또한 발을 거는 후크는 손으로 잡을 때처럼 쉽게 피로해지지 않는다.

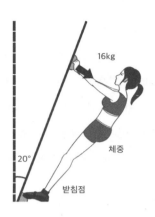

16kg

20°

체중

받침점

회전 모멘트는
800kg·cm

M : 16kg × 50cm = 800kg·cm

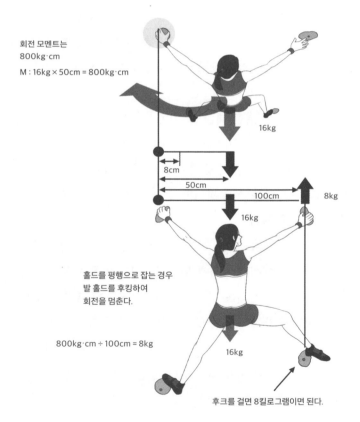

8cm

50cm

16kg

100cm

8kg

16kg

홀드를 평행으로 잡는 경우
발 홀드를 후킹하여
회전을 멈춘다.

800kg·cm ÷ 100cm = 8kg

16kg

후크를 걸면 8킬로그램이면 된다.

172

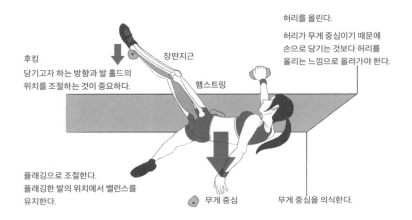

허리를 올린다.

허리가 무게 중심이기 때문에
손으로 당기는 것보다 허리를
올리는 느낌으로 올라가야 한다.

후킹
당기고자 하는 방향과 발 홀드의
위치를 조절하는 것이 중요하다.

장딴지근

햄스트링

플래킹으로 조절한다.
플래킹한 발의 위치에서 밸런스를
유지한다.

무게 중심

무게 중심을 의식한다.

후크의 또 다른 특징은 몸의 무게 중심보다 높은 곳에서 몸을 들어
올린다. 이것은 제3의 손과 같은 역할을 하며, 오르거나 휴식을 할 때
도움이 된다. 그런데 후크는 손으로 잡을 때와 같이 미세한 힘 조절을
할 수 없으므로 발을 거는 각도나 당기는 방향을 잘 조절해야 한다.

5. 어퍼지션 동작

어퍼지션은 작용·반작용의 힘으로 안정적인 동작을 취하는 방법이
다. 작용·반작용의 힘은 동작 전체나 손이나 발 쓰기의 미세한 부분까
지 광범위하게 사용된다. 이러한 작용·반작용을 잘 이용하면 강한 추
진력이나 힘을 얻을 수 있다.

작용·반작용의 동작은 정적인 동작과 동적인 동작으로 나누어진다.
발을 벽의 좌우에 붙여서 지지력을 얻는 스테밍은 정적인 요소의 작용·
반작용 법칙에 해당한다. 그에 반해 무릎을 아래로 돌리는 반동으로
팔을 위로 뻗어 올리거나 오른팔을 당기면서 왼팔을 내미는 허리의 회
전 운동은 동적인 요소의 작용·반작용 법칙이라 할 수 있다.

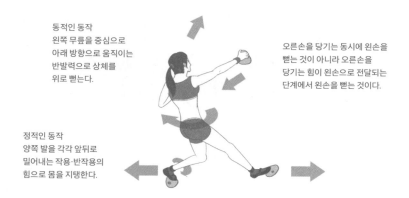

동적인 동작과 정적인 동작의 조합

동적인 동작
왼쪽 무릎을 중심으로
아래 방향으로 움직이는
반발력으로 상체를
위로 뻗는다.

오른손을 당기는 동시에 왼손을
뻗는 것이 아니라 오른손을
당기는 힘이 왼손으로 전달되는
단계에서 왼손을 뻗는 것이다.

정적인 동작
양쪽 발을 각각 앞뒤로
밀어내는 작용·반작용의
힘으로 몸을 지탱한다.

클라이밍을 하다 보면 홀드의 위치에 따라 여러 동작을 선택할 수 있는 경우가 있다. 어떤 경우에는 최적의 밸런스를 얻는 카운터 밸런스보다도 체중을 지탱하는 힘을 얻는 어퍼지션이 더욱 효과적이다. 어퍼지션 동작은 좌우로 다리를 벌려 밀어내는 힘으로 몸을 안정시키기 때문에 회전 모멘트가 발생하지 않는다. 또한 강한 다리 힘을 충분히 활용하는 동작이다. 카운터 밸런스도 몸이 흔들리는 것을 방지할 수 있는 동작인데, 어퍼지션만큼 회전력을 억제하는 효과는 없으며, 손에 들어가는 힘도 줄어들지 않는다. 따라서 둘 다 사용할 수 있는 경우에는 어퍼지션 동작을 취하는 것이 좋다.

· 드롭 니(drop knee)

드롭 니는 어퍼지션을 대표하는 동작이다. 드롭 니에서 양발로 홀드를 밖으로 밀어냄으로써 체중을 잘 지탱할 수 있기 때문에 손에 들어가는 힘이 줄어든다.

드롭 니 동작

당길 때는 양손으로 당기고 잡으려 가는 순간 어깨부터 올리듯 손을 뻗는다.

왼손

오른손

양쪽 발은 각각 앞뒤로 둔다. 홀드를 잡은 손 쪽의 발을 아래로 떨어뜨리듯이 돌리면서 허리를 회전시킨다. 잡은 손을 당기면서 다음 손을 뻗는다.

왼발은 아래로 내리면서 뒤쪽으로 찬다.

좌우 반작용을 이용하기 위해 왼발은 아래 방향으로 차듯이 내리고 오른발은 앞으로 쭉 뻗으며, 잡으려 가는 손의 방향으로 상체를 트위스트 한다.

뒤로 찬다

앞으로 찬다

아웃사이드로 밟는다

인사이드로 밟는다

연속적인 동작으로 자연스럽고 부드럽게 움직인다

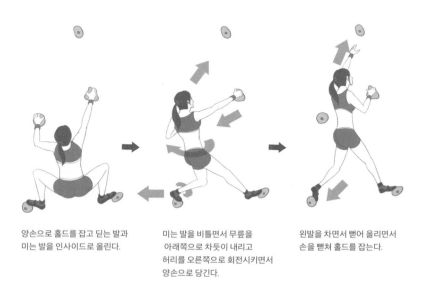

양손으로 홀드를 잡고 딛는 발과 미는 발을 인사이드로 올린다.

미는 발을 비틀면서 무릎을 아래쪽으로 차듯이 내리고 허리를 오른쪽으로 회전시키면서 양손으로 당긴다.

왼발을 차면서 뻗어 올리면서 손을 뻗쳐 홀드를 잡는다.

드롭 니는 발을 앞뒤로 버팀으로써 힘을 얻는 동작인데, 허리를 낮추어 다리로 미는 힘을 강하게 해야 한다. 다리를 미는 받침점은 사타구니에 있기 때문에 허리의 위치와 다리의 위치가 가까울수록 다리 힘이 강해지며 버티는 힘도 강해진다. 즉 멀리 있는 홀드를 잡을 경우 홀드와 가까운 위치(허리 높이)에서가 아니라 일단 허리를 낮추어 버티는 힘을 강하게 한 다음, 순간적으로 일어나 잡는 것이 좋다.

드롭 니는 손의 힘을 줄이기 때문에 루프와 같이 경사가 급한 벽에서도 효율적인 동작이다. 하지만 미는 쪽의 발에 많은 부하가 걸리게 되어 인대에 부상을 입을 가능성이 있으므로 주의해야 한다.

6. 경사에 따른 클라이밍

클라이밍의 동작은 종류가 다양하며 하나의 루트를 오르기 위해서는 여러 가지 움직임을 조합한다. 또한 벽의 경사나 루트에 있는 홀드에 따라 동작을 다양하게 변화시켜야 한다. 그런데 벽의 경사에 따라서 특별한 동작을 사용해야 하는 경우도 있다.

· 수직 벽

클라이밍의 기본은 수직 벽에서부터 시작한다. 벽이 수직인 경우 몸의 중심이 뒤로 쳐진다. 따라서 잡기 어려운 홀드나 올리기 어려운 발홀드가 연속되면 피로해진다. 클라이밍 동작은 기본적으로 정면을 마주보고 하는 경우가 많다. 가끔 아웃사이드로 오르거나 드롭 니를 하는 경우도 있지만 몸을 크게 움직이는 동작을 할 일은 별로 없다. 또한 무게 중심의 이동이 동작의 성패를 좌우하기도 한다.

· 슬랩

슬랩에서 대부분의 동작은 정면을 보는 형태이며, 이때 발 홀드는 인사이드로 밟는다. 루트가 어려워지면 발 홀드가 없기 때문에 주로 스미어링이나 스멧징을 한다. 또한 손 홀드가 나빠지면 다리를 올리는 동작이 어려워진다. 이때 버티는 쪽의 다리에 얼마나 무게 중심을 싣는지가 중요해진다. 가능한 홀드를 딛고 있는 발에 체중을 이동시켜 발의 부하를 최소화시켜야 한다. 발 홀드에 체중을 많이 지탱할수록 마찰력이 커진다. 또한 발이 미끄러지지 않는다는 것을 믿는 심리적인 요소가 기술보다 중요한 경우도 있다.

· 오버행

오버행은 사용할 수 있는 동작의 종류가 다양한 만큼 클라이머의 경험이나 실력, 기술을 시험할 수 있는 좋은 장소다. 근육의 힘을 약화시키지 않기 위해 최소한의 균형 상태를 지키면서 하드 푸시로 '멀리 강하게 밀 것'인가 아니면 기술적인 동작으로 '천천히 약하게 밀 것'인가 결정해야 한다. 하지만 동작을 잘못 선택했을 때는 강하고 길게 민다.

같은 자세에서 최대 근력을 5초 이상 사용하면 근육의 피로가 빨라진다. 그러므로 양손을 잡는 단계에서 최적의 동작이나 대응 방법을 결정하고 한 손으로 잡는 시간, 즉 동작을 실행하는 시간을 가능한 짧게 해야 한다.

동작은 대부분 발 홀드의 위치에 따라 결정된다. 따라서 발 홀드의 위치를 확실하게 해야 한다. 오버행에서 경사가 급해짐에 따라 후크 이외의 정면 동작을 하기 어려워진다. 이때 몸을 비트는 측면 동작은 효율적으로 오를 수 있게 해준다. 하지만 정면 동작에서도 가능한 회전력을 사용하면 몸이 벽에서 밀려나지 않고 당기는 힘을 절약할 수 있다.

클라이밍에서 종종 가슴을 끝까지 당겨 몸을 굳히는(록을 거는) 동작이 효과적이다. 이것은 록을 걸어 옆구리를 닫음으로써 몸이 흔들리는 회전력을 작게 만드는 것이다. 록을 걸 때 그냥 당기는 것이 아니라 끝까지 당긴 다음 몸을 회전시키면서(트위스트 록) 록을 보다 완전하게 걸도록 한다.

· 루프

루프에서 동작이 정해지지 않으면 순식간에 힘을 소비하기 때문에 보다 빠른 판단과 기술적인 능력이 필요하다. 또한 루프를 극복하기 위해서는 강하게 버티는 힘과 당기는 힘이 필요한데, 복근 같은 몸의 자세를 안정시킬 수 있는 근력이 필요하다.

루프에서 잘못된 동작이나 밸런스가 안 좋은 자세를 취하게 되면 단숨에 힘이 소모되거나 추락한다. 양손으로 홀드를 잡는 순간부터 밸런스를 유지하여 버팀 손에 들어가는 부하를 줄여야 한다. 버팀 손에 몸이 회전하는 힘이 전달되면 아직 동작이 불완전하다는 것을 의미한다. 이때 몸의 무게 중심을 한쪽으로 기울이거나 플래깅하는 다리의 방향을 바꾸어 버팀 손에 들어가는 회전 모멘트와 같은 힘을 느끼지 않을 때 비로소 동작을 취한다.

루프에서는 가능한 홀드에서 발이 떨어지지 않게 해야 한다. 하지만 발을 떨어뜨리지 않으면 안 되는 경우가 있다. 만약 발이 떨어져서 몸이 돌게 되면 홀드에 발을 다시 올려놓는 데 많은 힘을 소모한다. 이때 몸은 진자 운동을 하므로 흔들리다가 자연스럽게 홀드에 가까워질 때까지 기다렸다가 발을 다시 올린다.

Almost
Everything
of the Sports
Climbing

5장 스포츠
클라이밍의
시스템

매듭

매듭(knots)은 로프나 슬링을 묶거나 연결할 때 사용한다. 바위를 오를 때 안전을 확보하기 위해 클라이머와 로프, 장비들이 서로 연결되어 있어야 한다. 매듭은 클라이머의 안전벨트에 로프를 묶고, 암벽에 자신을 고정시키고, 확보물과 러너를 연결해주고, 두 동의 로프를 서로 연결하고, 슬링을 이용하여 로프를 타고 올라갈 수 있는 등 여러 가지 용도로 쓰인다.

매듭은 쉽고 간단한 기초 기술이지만 잘못 사용하면 목숨을 잃는 사고가 날 수도 있다. 클라이머라면 기본적으로 약 10가지 정도의 매듭은 알고 있어야 한다. 이 책에서는 스포츠 클라이밍에 가장 많이 쓰고 있는 매듭을 소개한다.

1. 옭매듭

옭매듭(overhand knot)은 흔히 오버핸드 매듭이라고 하는데, 등반뿐만 아니라 일상생활에서도 많이 쓰는 매듭이므로 반드시 알아두어야 한다. 옭매듭은 두 가지로 쓰이는데 간단하게 고리를 만들거나 다른 매듭을 한 다음 풀리지 않도록 끝 처리를 하는 매듭으로 사용한다. 끝 처리로 옭매듭을 할 때 주의할 점은 주 매듭이 돌아간 방향을 그대로 따라가야만 매듭이 느슨해지는 것을 막을 수 있다.

고리 옭매듭(overhand loop)은 로프 중간에, 또는 두 가닥 줄로 고리를 만들 때 쓰는 매듭이다. 옭매듭은 매듭 뭉치가 작지만 강도가 약하고, 충격을 받았을 때 잘 풀리지 않는 단점 때문에 등반 로프를 묶을 때는 잘 쓰지 않는다.

두 줄 옭매듭(double overhand knot)은 하강 로프로 사용할 때 매듭이 걸릴 가능성이 있는 곳에서 사용하는 매듭으로 두 로프의 끝을 함께 옭매듭 한다.

옭매듭   두 줄 옭매듭   고리 옭매듭

2. 테이프 매듭

테이프 매듭(tape knot)은 반지 매듭(ring bend) 또는 물 매듭(water knot)이라고 한다. 주로 웨빙을 묶을 때 쓰며 반드시 알아 두어야 하는 매듭이다. 이 매듭을 쓸 때 조심해야 할 것은 시간이 흐를수록 쉽게 풀어지기 때문에 매듭을 할 때 아주 단단히 조여야 한다. 매듭을 하고 남아 있는 두 끝은 항상 4~5센티미터 정도 여유를 남겨 놓아야 한다. 또 테이프 매듭으로 묶어놓은 러너는 매듭이 풀리지 않나 자주 살펴봐야 한다.

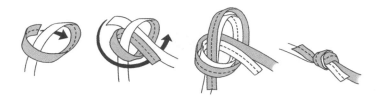

3. 피셔맨 매듭

피셔맨 매듭(fisherman's knot)은 각 로프의 끝을 서로 겹쳐서 수평으로 놓고 서로 상대 로프에 둘러 옭매듭을 만든다. 피셔맨 매듭은 등반할 때는 잘 쓰지 않으며, 이중 피셔맨 매듭으로 대체하는 경우가 많다.

이중 피셔맨 매듭은 로프 두 동을 서로 연결할 때 많이 쓰며, 가장 확실한 매듭이다. 매듭 크기도 작고 산뜻하지만, 강한 충격을 받았을 때 풀기 어렵다. 특히 겨울철 등반에서 매듭이 얼어붙으면 풀기가 더 어려워진다. 따라서 매듭을 한 다음 자주 풀지 않을 때 이중 피셔맨 매듭을 한다. 코드 슬링으로 러너를 만들 때, 또는 너트를 코드 슬링으로 묶을 때 쓴다. 웨빙을 연결할 때 이중 피셔맨 매듭으로 묶어두면 테이프 매듭을 했을 때보다 단단한 매듭을 할 수 있다.

피셔맨 매듭	이중 피셔맨 매듭

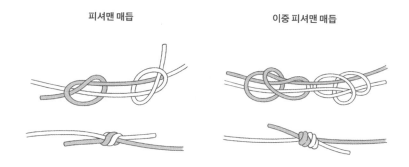

웨빙으로 이중 피셔맨 매듭

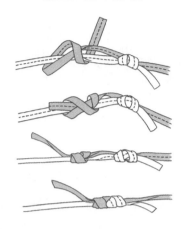

4. 8자 매듭

8자 매듭(figure 8 knot)은 매듭을 했을 때 가장 강한 강도를 갖고 있는 매듭이다. 강한 충격을 받은 다음에도 쉽게 매듭을 풀 수 있는 장점이 있다. 고리를 만드는 8자 매듭은 로프 중간을 클라이머의 안전벨트에 걸려있는 잠금 카라비너에 걸 때 많이 쓰는 매듭으로 반드시 알아두어야 한다.

되감기 8자 매듭은 로프의 한쪽 끝을 안전벨트에 바로 묶는 가장 확실한 매듭이다. 되감기 8자 매듭을 한 다음에도 로프 끝을 옭매듭으로 마무리해야 안전하다. 이 매듭은 나무나 움직이지 않는 확보물에 로프를 직접 묶을 때도 많이 쓴다. 또 로프 두 동을 이을 때도 자주 쓰는데, 충격을 받아 조여진 다음이나 얼어붙었을 때도 풀기 쉽다.

이중 되감기 8자 매듭은 로프 가운데를 안전벨트에 8자 매듭으로 묶을 때 쓰는 매듭이다. 쉽게 풀리지 않도록 로프 끝을 옭매듭으로 묶거나 카라비너를 걸어 둔다.

고리를 만드는 8자 매듭

안전벨트에 로프를 연결할 때 쓰는 되감기 8자 매듭

로프 두 동을 이을 때 쓰는 되감기 8자 매듭

이중 되감기 8자 매듭

5. 보울라인 매듭

보울라인 매듭(bowline knot)은 로프의 한쪽 끝을 나무나 고정 확보물에 묶을 때, 또는 안전벨트에 로프를 묶을 때 쓰는 매듭이다. 잘못 뒤집히면 매듭이 헐거워져 쉽게 풀릴 수 있기 때문에 정확하게 사용해야 한다. 로프 끝은 반드시 옭매듭으로 마무리해야 한다.

되감기 보울라인 매듭은 로프 끝을 안전벨트에 묶는 매듭 중 되감기 8자 매듭과 더불어 가장 확실한 방법 중 하나다. 매듭을 했을 때 고리 부분을 되도록 작게 해야 한다. 8자 매듭에 비해 강도는 조금 떨어진다.

이중 보울라인 매듭은 로프 가운데를 두 줄로 만들어 안전벨트에 바로 묶는 매듭이다. 매듭을 한 다음 풀리는 것을 막기 위해서 옭매듭

보울라인 매듭

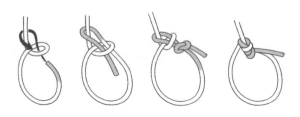

요세미티 보울라인 매듭

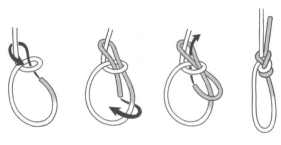

이나 카라비너를 걸어서 마무리해야 한다. 자주 쓰는 매듭은 아니다.

보울라인 매듭은 매듭 부분이 약하고 매듭을 한 고리가 뒤집어질 수 있는데, 이런 점들을 보강하기 위해 고리 부분을 이중으로 묶거나 클로브 히치 매듭을 한다.

되감기 보울라인 매듭

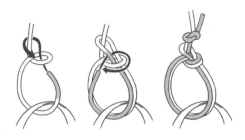

이중 보울라인 매듭

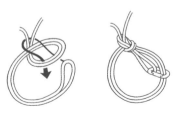

방법을 달리한 보울라인 매듭

고리 부분을 두 번 감는 방법   고리 부분을 클로브 히치
                                                매듭하는 방법

6. 에반스 매듭

에반스 매듭(evans knot)은 로프 끝을 이용해서 고리를 만드는 매듭이다. 로프를 당기면 고리가 조여 들고, 풀 때는 고리에서 카라비너를 빼낸 다음 긴 쪽 로프를 당기면 매듭이 저절로 풀리는 특징이 있다. 따라서 클라이머 몸에 바로 매듭해서는 안되며, 선등자나 후등자의 안전벨트에 카라비너로 간단하게 로프를 걸 때 편리하다. 겨울철 등반을 할 때도 매듭을 쉽게 풀 수 있어 좋다.

에반스 매듭

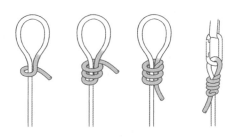

7. 클로브 히치

까베스땅(cabestan)매듭으로도 부르는 클로브 히치(clove hitch) 매듭은 로프 어느 부분이든 카라비너에 쉽고 빠르게 매듭해서 묶을 수 있는 매듭이다. 매듭을 한 다음에도 쉽게 로프 길이를 조절할 수 있어 로프를 잠깐 묶어둘 때 유용하다. 클라이머가 자기확보할 때 많이 쓰는 매듭으로 반드시 알아두어야 한다. 클로브 히치는 등반 중 한 손으로 바위를 잡은 채 다른 한 손으로도 매듭을 할 수 있도록 연습을 많이 해야 한다.

8. 뮌터 히치(münter hitch)

반 까베스땅, 하프 클로브 히치로 부르는데 카라비너에서 로프가 쉽게 미끄러지지 않도록 하는 매듭이다. 선등자와 후등자 확보를 손쉽게 할 수 있는 매듭이다. 매듭이 카라비너 사이에서 뒤집히면서 선등자와 후등자의 등반로프를 풀어주고 당겨주는 것을 편리하게 할 수 있다. 또한 하강기구가 없을 때 하강에도 이용할 수 있지만 마찰열 때문에 뮌터 히치를 이용한 하강은 하지 않는 것이 좋다. 뮌터 히치를 이용해 확보를 볼 때는 카라비너의 안쪽 폭이 넓은 잠금 카라비너를 써야 매듭을 걸거나 확보 보기에 안전하고 편하다. 확보기구를 준비하지 않았거나 등반하다가 잃어버렸을 경우를 대비해서 반드시 알아두어야 한다.

뮌터 히치

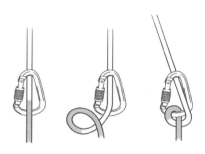

9. 거스 히치

거스 히치(girth hitch)는 사실 우리가 여
러 가지 용도로 많이 쓰고 있는 매듭이다.
나무에 러너를 두를 때나 러너를 안전벨
트 장비걸이에 걸 때, 러너 두 개를 길게 이
을 때 사용할 수 있다.

거스 히치

10. 프루지크 매듭

프루지크 매듭(prusik knot)에 사용하는 러너는 코드 슬링을 쓰는데,
반드시 로프 보다 가는 5~7밀리미터 정도 코드 슬링을 써야 한다. 웨빙
으로는 프루지크 매듭을 할 수 없다. 로프가 얼어 있거나 무거운 하중
이 걸려 있을 때는 러너를 서너 번 이상 돌려야 로프에서 미끄러지지
않는다. 코드 슬링의 직경이 로프보다 가늘수록 안 미끄러진다. 하지만
무게가 걸리면 매듭 부분이 계속 로프를 조여서 아래위로 움직이기 어
렵다. 로프에 코드 러너 두 개로 프루지크 매듭을 하면 로프를 타고 올
라가거나 내려갈 수 있다. 위쪽의 프루지크 매듭은 안전벨트에 걸어서
매달리고, 아래쪽의 프루지크 매듭에는 러너를 길게 해서 발에 걸고
일어서는 방법으로 로프를 타고 올라간다. 프루지크 매듭은 그밖에도

프루지크 매듭

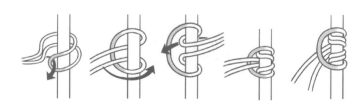

초보자가 위험한 곳을 하강할 때 하강기 위쪽이나 아래쪽 로프에 매듭을 하여 잡고 내려오는 보조 안전장치로 사용할 수 있다.

11. 매듭 할 때 주의할 점

매듭하면 일반적으로 매듭하지 않은 상태보다 강도가 떨어질 수밖에 없다. 매듭한 부분에서 로프끼리 마찰을 일으키기 때문이다. 여러 가지 매듭 중에 강도가 뛰어난 매듭과 약한 매듭이 있으므로 적절한 용도에 맞게 사용하는 것이 좋다.

비슷한 용도로 쓰는 매듭은 여러 가지가 있다. 이런 매듭 전부를 알기 보다는 용도별로 가장 중요하고 많이 사용하는 매듭을 골라서 익히는 것이 좋다. 매듭 할 때 주의해야 할 점은 아래와 같다.

- 단단하게 조여서 매듭을 만들어야 한다.
- 고리는 되도록 반드시 필요한 크기로 만들어야 한다.
- 매듭의 두 줄이 서로 겹치지 않도록 한다.
- 매듭 크기는 되도록 작게 해야 한다.
- 매듭 끝은 항상 옭매듭으로 마무리한다.
- 사용하는 도중에도 매듭을 자주 살펴본다.
- 다른 사람에게도 매듭을 해줄 수 있어야 한다.

매듭 종류에 따른 로프의 강도

매듭이 없는 상태	8자 매듭	보울라인 매듭	이중 피셔맨 매듭	테이프매듭	클로브 히치	옭매듭
100%	75~80%	70~75%	65~70%	60~70%	60~65%	60~65%

모든 매듭은 말끔하게 묶고 매듭에 의해 만들어진 고리는 가능한 작게 만들어야 한다. 또한 서로 겹치거나 꼬이지 않도록 하고 끝은 항상 옭매듭을 해서 풀리지 않게 한다. 마지막으로 자신이나 파트너의 매듭도 잘 되어 있는지 확인하고 등반 전이나 하강할 때 반드시 점검하는 습관을 길러야 한다.

확보

1. 등반과 확보 시스템

확보(belay)는 클라이머와 확보자 그리고 로프를 사용하여 안전을 도모하는 기술을 말한다. 바위를 올라가는 기술은 등반을 하면서 차츰 높여갈 수 있지만, 확보기술은 처음 시작할 때부터 완전하게 배워야 한다. 등반에 실패는 있을 수 있어도 확보에서 실패는 결코 있어서는 안 된다.

등반의 확보기술을 다루기에 앞서 클라이밍을 할 때 어떠한 방식으로 안전에 대한 확보를 하는지 간단한 예를 들어 살펴보자. 두 사람의 클라이머가 60미터 로프 두 끝을 각각 안전벨트에 단단히 묶고 클라이밍을 시작한다. 앞에 오르는 사람은 선등자, 뒤에 오르는 사람은 후등자라고 한다. 후등자는 확보 지점에 자기 확보줄을 사용해 몸을 고정시키고, 선등자가 떨어질 때 로프가 더 이상 빠져나가지 않도록 준비한다. 이런 것을 '확보를 본다' 또는 '빌레이'라고 하며, 이때 후등자를 '확보자'라고 한다.

선등자는 루트를 따라 오르며 확보물을 설치하고 카라비너에 로프를 통과시킨다. 만약 선등자가 떨어질 때 중간에 설치한 확보물이 없다면 바닥으로 떨어져 크게 다칠 것이다. 하지만 중간에 확보물을 설치했을 경우 후등자는 선등자가 바닥까지 추락하지 않도록 로프를 잡아 줄 수 있는데, 이것을 '선등자 확보'라고 한다.

선등자는 루트의 비교적 안전한 곳에서 자기 확보를 하고 후등자가 안전하게 등반할 수 있도록 준비한다. 이때 선등자는 확보자가 되고 후등자는 클라이머가 된다. 후등자가 올라오는 만큼 확보자는 로프를 당겨 주고 후등자가 떨어질 때는 로프를 잡아 준다. 이를 '후등자 확보'라고 한다. 후등자 확보는 선등자 확보에 비해 추락 거리가 짧기 때문에 확보 보기에 수월하다. 후등자는 선등자가 있는 확보 지점까지 올라오는데, 이때 등반하는 마디를 '피치(pitch)'라고 한다. 그리고 다시 선등자가 등반을 시작하고 후등자는 확보를 봐주는데, 이런 것을 '확보 시스템'이라고 한다.

선등자는 떨어질 때는 바로 아래쪽의 확보물로부터 올라온 길이의 약 두 배를 추락하게 된다. 선등자는 추락 거리를 짧게 하기 위해서 확보물을 자주 설치하며 오르는 몸짓도 아주 조심스러워진다. 반면 후등자는 선등자가 위에서 확보를 봐주기 때문에 아주 짧은 거리를 떨어지므로 거침없는 등반을 할 수 있다.

클라이머가 차고 있는 안전벨트는 튼튼해야 하고, 로프는 클라이머가 긴 거리를 떨어질 때 생기는 충격을 충분히 견뎌야 하며, 안전벨트와 로프를 잇는 매듭은 잘 묶어야 한다. 확보자는 클라이머가 떨어질 때 몸이 딸려가지 않도록 확보 지점에 몸을 잘 묶어야 하고, 클라이머가 떨어질 때 로프를 확실하게 잡을 완벽한 기술을 써야 한다.

선등자가 걸어놓은 확보물은 떨어지는 충격에도 빠지거나 부러지

등반과 확보 시스템

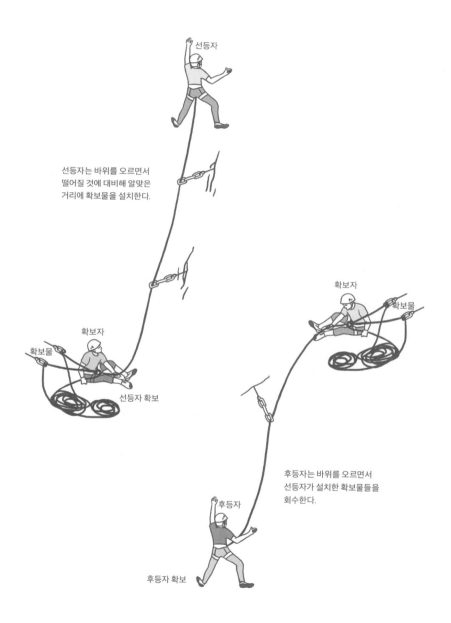

선등자

선등자는 바위를 오르면서 떨어질 것에 대비해 알맞은 거리에 확보물을 설치한다.

확보자

확보물

확보물

확보자

선등자 확보

후등자는 바위를 오르면서 선등자가 설치한 확보물들을 회수한다.

후등자

후등자 확보

지 않도록 튼튼하게 걸려 있어야 하고, 카라비너나 러너도 부러지거나 끊어져서는 안 된다. 또한 등반하는 사람은 땅바닥까지 떨어지거나 떨어지는 도중에 바위나 나무에 부딪치지 않도록 확보물 설치할 지점을 잘 골라야 한다. 확보란 이처럼 여러 가지 장비와 기술을 사용하여 온갖 위험으로부터 클라이머를 보호하는 것이다.

2. 확보 준비

빌레이는 확보자가 확보 지점을 만들어 자기 몸을 묶은 다음 안전한 자세를 잡아 선등자가 올라가거나 후등자가 올라올 수 있도록 로프를 잘 처리하고, 추락했을 때 바로 멈추도록 만드는 기술이다. 이때 확보자는 자기 몸을 확보 지점에 묶고 클라이머가 떨어질 때 안전하게 잡아줄 수 있는 자세를 잡아야 한다.

확보자가 확보 지점에 자기 몸을 안전하게 묶는 것을 '자기 확보(self belay)'라고 한다. 자기 확보를 하는 방법은 크게 두 가지가 있다. 하나는 안전벨트에 묶은 러너를 확보 지점에 직접 연결하는 방법이고, 또하나는 자기 몸의 등반 로프를 확보 지점에 묶는 방법이다. 자기 확보할 때 쓰는 긴 러너를 '자기 확보줄'이라고 한다.

자기 확보할 때 확보 지점과 확보자 사이의 거리가 매우 중요하다. 확보 지점의 높이와 확보자가 서 있는 장소나 자세에 따라 안전하게 확보를 볼 수 있다. 따라서 자기 확보줄의 길이를 상황에 따라 자유롭게 조절할 수 있어야 한다. 초보자는 확보 지점에 어지럽게 얽혀 있는 로프와 카라비너, 매듭 따위에 혼동을 일으켜 자칫 실수를 저지르곤 한다. 이때 실수는 보통 자기 확보줄을 걸거나 풀 때 생기므로 등반 로프와는 굵기와 색깔이 다른 러너를 자기 확보줄로 쓰는 것이 좋다.

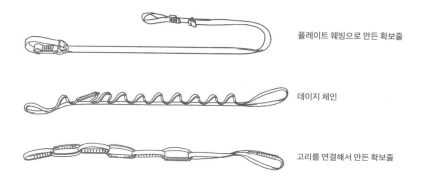

여러 가지 자기 확보줄

플레이트 웨빙으로 만든 확보줄

데이지 체인

고리를 연결해서 만든 확보줄

3. 확보자의 자세

미국에서는 보통 자신의 안전벨트에 걸린 카라비너에 확보 기구나 매듭을 이용하는 직접 확보를 많이 사용하며, 유럽에서는 확보기구나 매듭을 확보물에 바로 걸어서 확보를 보는 간접 확보를 많이 사용한다. 간접 확보의 장점은 추락의 충격이 직접 확보자의 몸에 전달되지 않기 때문에 부상당하거나 확보에 대한 통제력을 잃을 염려가 줄어든다.

확보자의 자세에서 가장 중요한 점은 충격 방향과 ABC 시스템 즉, 확보물(A : anchor), 확보자(B : belayer), 클라이머(C : climber)의 방향이 일치해야 한다. 먼저 선등자가 등반하면서 확보물을 걸지 않았을 때와 걸었을 경우를 생각해보자. 그림에서 보듯이 클라이머가 떨어지면서 생기는 충격 방향과 확보자에게 전해지는 충격 방향이 다르다. 클라이머가 올라가는 모습을 보면서 클라이머 쪽으로 확보 자세를 잡고 있다면, 선등자가 떨어질 때 확보자에게 전해지는 충격 방향은 아래쪽이 된다. 이때 확보자는 갑자기 몸이 앞쪽으로 당겨지기 때문에 떨어지는 클라이머를 잡을 수 없다. 따라서 선등자가 확보물을 걸지 않았다면 떨어질 것에 대비하여 충격 방향과 같은 위치로 확보를 봐야 안전하다. 한편 선등자가 확보물을 걸고 등반을 하다 떨어졌을 때는 확보자에게 전해지는 충격 방향은 확보물 방향이다.

떨어질 때 생기는 충격 방향은 선등자나 후등자에 따라 다르고, 선등자가 확보물을 로프에 통과시키기 전과 로프를 건 다음에도 다르고, 클라이머가 오르는 방향에 따라 달라진다. 확보자는 클라이머가 떨어질 때 충격이 어느 쪽으로 전해지는가를 미리 생각하고, 충격 방향에 대비해 완벽한 자세를 잡아야 한다. 또한 충격방향에 맞추어 자기 확보줄도 팽팽하게 해야 한다. 확보줄이 느슨하면 클라이머가 떨어질 때 확보자의 몸이 딸려가면서 확보 자세가 불안정해진다.

클라이머와 직접 연결된 쪽의 로프를 잡고 있는 손은 흔히 '느낌 손(feeling hand)'이라고 하여 로프를 풀어주고 당겨주는 역할을 한다. 한편 반대쪽 손은 '멈춤 손(braking hand)'이라고 하여 추락에 대비하여 항상 로프를 잡고 있어야 한다. 확보자는 클라이머의 동작을 예측해서 클라이머가 올라가거나 중간 확보물을 걸게 되면 로프를 풀어주고, 로프가 느슨해지면 당겨주면서 적당히 팽팽하게 유지해야 한다.

4. 등반 신호

클라이머와 확보자 사이가 멀어지면 서로 말을 주고받기 어렵기 때문에 정확히 뜻을 전하려면 간단하고 분명한 등반 신호를 써야 한다. 서로 떨어져 있는 클라이머와 확보자의 말은 거리가 짧은 것 같은 데도 생각보다 잘 들리지 않거나 잘못 알아들을 수도 있다.

모든 등반 신호는 반드시 한 번씩 더 말해야 한다. 예를 들어 클라이

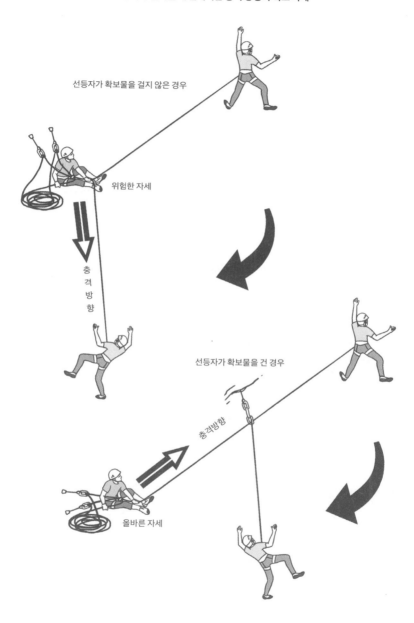

선등자가 떨어질 때 전해지는 충격 방향과 확보 자세

선등자가 확보물을 걸지 않은 경우

위험한 자세

충격 방향

선등자가 확보물을 건 경우

충격방향

올바른 자세

제동 자세

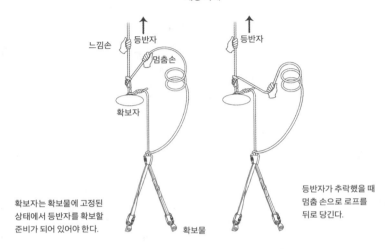

확보자는 확보물에 고정된
상태에서 등반자를 확보할
준비가 되어 있어야 한다.

등반자가 추락했을 때
멈춤 손으로 로프를
뒤로 당긴다.

클라이머를 확보할 때의 손 동작

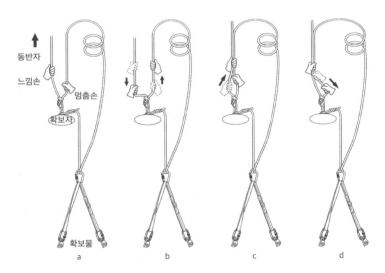

a 느낌 손을 쭉 뻗어 로프를 잡아당길 준비를 하고 멈춤 손은 몸 가까이에 둔다.
b 느낌 손으로 로프를 잡아당기는 동시에 멈춤 손을 쭉 뻗는다.
c 두 손으로 로프를 당긴다. 그런 후 느낌 손을 멈춤 손 앞으로 뻗어 두 가닥의 로프를 잡는다.
d 느낌 손으로 두 가닥의 로프를 잡은 상태에서 멈춤 손을 몸 안쪽으로 이동시킨다.

200

머가 확보자에게 "출발?"이라고 외쳤다면 "나는 지금 등반을 시작하려고 한다. 너는 내 확보를 볼 준비가 다 되었냐? 네가 '출발'이라고 말을 해 주면 나는 바로 등반을 시작하겠다."는 중요한 뜻을 담고 있는 말이다. 또한 확보자의 "출발!"이라는 소리는 "나는 네 확보를 볼 준비가 다 되었으니, 너는 언제라도 등반을 시작해도 좋다."는 뜻을 선등자에게 확인시켜 주는 말이다.

만약 상대방이 등반 신호에 대답이 없을 때는 다시 한 번 큰 소리로 신호를 보내고, 그래도 대답이 없을 때는 말 대신 로프를 당겨서 뜻을 전하는 로프 신호로 바꿔야 한다. 한번 당기면 '줄 늦춰', 두 번은 '줄 당겨', 세 번은 '완료' 또는 '출발'이다.

등반 신호와 의미

등반 신호	누가 → 누구에게	뜻
출발?	등반자 → 확보자	등반 준비가 다 되었다. 출발해도 좋은가? (Climbing?)
출발!	확보자 → 등반자	확보 볼 준비가 됐다. 출발해도 좋다. (Belay on)
(확보)완료	등반자 → 확보자	등반을 끝내고 나는 자기확보를 했다. 너는 더 이상 내 확보를 안 봐도 좋다. 너는 출발 준비를 해라. (Belay off)
(확보)완료	확보자 → 등반자	좋다. 나는 더 이상 네 확보를 보지 않겠다.
기다려	확보자 → 등반자	아직 확보 준비가 안됐다. 기다려라. (Stand by)
줄 당겨	등반자 → 확보자	로프가 늘어졌다. 줄을 당겨라. (Tention/ Up rope)
줄 늦춰	등반자 → 확보자	로프가 너무 팽팽하다. 줄을 늦춰라. (Slack)
몇 미터?	등반자 → 확보자	내가 오르는 데 쓸 수 있는 로프는 몇 미터나 남아있는가?
앞으로 5미터	확보자 → 등반자	남아 있는 로프 여유 분은 5미터다.
줄 올려	후등자 → 확보자	내가 출발하니까 남아 있는 로프를 모두 당겨라.
고정	등반자 → 확보자	로프를 확보물에 묶어 놓아라.
추락	등반자 → 확보자	내가 떨어지니까 로프를 잘 잡아 멈추게 해라.
낙석		돌이 떨어지니까 피해라. (Rock)
줄 내려갑니다		로프를 아래로 던지니까 조심하시오. (Rope)

5. 확보 방법

· 직접 확보와 간접 확보

확보자가 확보 지점에 자기 확보를 한 다음, 클라이머의 추락을 멈추게 하는 확보 방법으로는 로프를 몸에 직접 걸어서 하는 직접 확보 방법과 확보 지점을 통해 멈추게 하는 간접 확보 방법이 있다. 다시 말해서 떨어지는 충격을 처음부터 확보자의 몸으로 직접 받으며 멈추게 하는 것이 직접 확보이고, 확보 지점을 통해 간접적으로 멈추게 하는 방법이 간접 확보다. 즉 떨어지는 충격을 가장 먼저 전달받는 곳이 어딘가에 따라 직접 확보와 간접 확보로 나눈다.

직접 확보는 떨어지는 충격을 확보자의 몸 움직임으로 받아 멈추기

직접 확보와 간접 확보

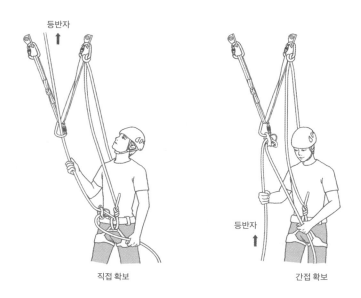

직접 확보   간접 확보

때문에 충격 크기를 줄여 떨어지는 사람을 더 안전하게 할 수 있고, 확보 지점에 전해지는 충격도 줄여주는 장점이 있다. 하지만 확보자가 안정된 자세를 하고 있지 않을 때는 떨어지는 충격 때문에 자세가 흐트러지고, 확보를 볼 때 불편한 점도 있다.

간접 확보는 확보보기가 편하고, 떨어질 때 생기는 충격이 확보물에 먼저 전해지기 때문에 확보 자세가 흐트러질 위험이 작다. 하지만 클라이머가 떨어질 때의 충격이 확보 지점에 한꺼번에 전해져 확보 지점 전체가 빠지거나 끊어질 수 있으며, 클라이머의 충격도 직접 확보에 비해 크다.

· 정적 확보와 동적 확보

최근 나일론 로프를 사용하기 전까지만 해도, 클라이머가 떨어질 때 가장 큰 두려움은 로프가 끊어지지 않을까 하는 걱정이었다. 당시 사용하던 로프는 자연 섬유인 삼으로 만들어서 떨어지는 사람을 확보자가 너무 갑자기 잡으면 로프가 끊어졌다. 이런 문제점을 줄이기 위해서 소위 동적 확보 즉, 로프를 조금 미끄러지도록 하는 동적 확보기술이 필요했다.

정적 확보(static belay)는 클라이머가 떨어질 때 로프를 바로 잡아 추락을 정지시키는 방법으로 확보자가 클라이머의 로프를 놓칠 위험이 적다. 그러나 떨어지는 충격이 그대로 로프와 클라이머, 확보자, 확보물에 모두 전달되기 때문에 로프가 끊어지거나 확보물이 뽑히고 떨어진 사람이 다칠 수 있는 위험이 있다.

동적 확보(dynamic belay)란 클라이머가 떨어질 때 확보자가 로프를 알맞은 마찰력으로 미끄러지며 멈추게 하는 방법이다. 동적 확보는 정적 확보와는 반대로 확보자가 로프를 잡지 못해서 떨어지는 사람을 놓칠 위험이 있다. 하지만 충격을 줄여주면서 멈추기 때문에 충격량을 줄여주는 장점을 갖고 있다.

· 뮌터 히치 확보

뮌터 히치 확보(Münter hitch)는 떨어지는 것을 멈추기 위해 로프와 카라비너를 사용하는 확보 방법이다. 이 방법은 1970년경 스위스 등반가인 베르너 뮌터(Werner Münter)가 확보 방법으로 쓰기 시작했고, UIAA에서도 뮌터 히치를 권하고 있다. 뮌터 히치는 프릭션 히치(friction hitch), 이탈리안 히치(Italian hitch), 카라비너 히치(carabiner hitch), 하프 클로브 히치(half clove hitch)로도 부르며, 우리나라에서는 흔히 '반 까베스땅'으로 부르고 있다.

뮌터 히치에 쓰는 카라비너는 매듭이 카라비너 안에서 부드럽게 움직일 수 있도록 폭이 넓게 만들어진 '변형 D'형 카라비너나 'HMS' 카라비너가 좋다. 그리고 잠금 카라비너를 써야 안전하다. 그 이유는 보통 카라비너로 뮌터 히치 확보를 하면 로프가 카라비너에서 빠져 나올 가능성이 아주 높기 때문이다.

뮌터 히치는 양쪽 어느 로프로도 클라이머를 확보할 수 있다. 로프를 당기는 방향에 따라 매듭이 뒤집혀 클라이머쪽 로프와 멈출 때 쓰는 로프를 마음대로 바꿀 수 있기 때문이다. 다른 확보 방법처럼 멈춤손의 위치, 방향, 각도 따위를 특별히 생각하지 않고 그냥 멈춤 로프를 잡고 있으면 떨어지는 사람을 멈추게 할 수 있다. 또 아주 강한 마찰력이 생겼을 때 한 손으로 가볍게 쥐고 있어도 다른 어떤 확보 방법보다도 안전하게 로프를 멈출 수 있다. 그러나 뮌터 히치에는 몇 가지 단점

뮌터 히치 확보를 하기 위해 카라비너에 로프 걸기

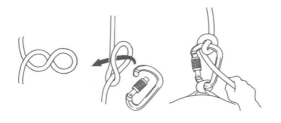

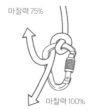

마찰력 75%

마찰력 100%

마찰력 75%뮌터 히치 확보로
클라이머를 멈추기 위해선
로프를 충격 방향으로 해준다.

이 있다.

다른 확보 방법보다 더 큰 마찰력을 준다는 것은 클라이머에게 더 많은 충격을 주어서 등반이 어려운 루트에서는 큰 위험을 부를 수도 있다. 또한 로프를 꼬이게 만들어서 로프 끝 부분이 엉킨다. 로프를 엉키게 하지 않으려면 가끔씩 로프를 흔들어주면 된다. 뮌터 히치로 멈추기 위해선 로프를 아래 방향으로 내려서 마찰을 크게 해야만 한다. 만일 로프를 위쪽으로 당긴다면 로프 사이의 마찰력이 줄어들어 로프가 미끄러질 수도 있다. 가끔 뮌터 히치를 써서 하강하는 사람을 볼 수 있는데, 로프가 꼬이고 마찰로 로프가 많이 상하는 방법이므로 쓰지 말아야 한다.

6. 로프 처리

선등자를 확보할 때 로프를 팽팽하게 해서는 안 된다. 이것은 선등자의 움직임을 방해하고 균형을 잃게 한다. 경험 많은 확보자는 로프를 약간 느슨하게 하고 클라이머의 움직임에 따라 알맞게 로프를 풀어

준다. 등반하기 쉬운 바윗길에서는 로프를 조금 더 느슨하게 해주는 것이 좋다.

선등자가 등반하기 위해 로프를 끌고 올라갈 때 생기는 로프와 바위사이의 마찰은 피할 수 없다. 선등자는 로프를 끌고 올라가면서 마찰 때문에 움직이기 불편하고, 로프 끌림이 등반을 어렵게 만든다. 이런 문제들은 로프의 무게, 로프와 바위 사이의 마찰, 그리고 로프가 확보물을 통과할 때 생기는 꺾임 때문이다. 확보자는 선등자가 겪는 이런 어려움을 덜어주기 위해 로프를 느슨하게 해 주어야 하고, 어떤 때는 로프를 살살 쳐올려 선등자가 로프를 끌고 올라가는 부담을 덜어준다.

후등자를 확보할 때는 로프를 느슨하게 할 필요가 없다. 물론 로프를 팽팽하게 해서도 안 된다. 이것은 후등자의 움직임과 균형을 방해한다. 후등자를 확보하는 선등자는 로프를 잘 사려두어야 한다. 로프를 밑으로 늘어뜨리면 바위틈이나 확보물 따위에 로프가 걸려서 다시 올리기 어려워지고, 다른 클라이머가 오르는 데 방해가 되고 다른 로프와 엉킬 수도 있다.

선등자가 다음 피치를 오를 때는 선등자쪽 로프가 위에 오도록 사려둔 로프 뭉치를 뒤집어 확보자에게 전해 준다. 이렇게 하지 않으면 확보자는 엉킨 로프를 풀기 위해 불안하게 확보를 볼 위험이 있다. 선등자 확보를 볼 때는 선등자가 오르는 모습이나 주변 여건을 잘 살펴보아야 한다. 선등자가 첫 번째 확보물에 로프를 통과시키기 전에는 충격방향이 확보자 아래로 향하고, 로프를 건 다음에는 확보자 위로 향한다. 이처럼 그때마다 바뀌는 충격 방향을 생각하면서 클라이머가 떨어질 때 바로 잡을 수 있도록 준비해야 한다.

순간마다 달라지는 움직임 중에 선등자가 떨어졌을 때 로프는 어떤 방향으로 힘을 받고, 확보자는 어떤 자세를 잡고, 어떻게 해야 선등자가 안전할 수 있을 것인가 등의 많은 생각을 하면서 확보를 봐야 한다. 선등자가 어려운 곳을 지날 때는 더욱 긴장하며 확보 자세를 잡아야 한다. 즉 바로 멈출 수 있도록 로프를 당길 준비를 해야 한다. 확보자는 선등자가 걸어 놓은 확보물이나 카라비너에 로프를 걸려고 하는 움직임에 맞춰 미리 로프를 풀어 선등자가 로프를 통과시키기 쉽도록 한다. 로프를 건 다음에는 바로 늘어진 로프를 당겨서 혹시라도 선등자가 떨어질 때 거리를 줄일 수 있도록 로프를 적절하게 다뤄야 한다.

하강

걸어서 내려올 수 없을 때 로프에 의지해 내려오는데, 이것을 하강
(rappelling)이라고 한다.

하강은 등반할 때 반드시 필요한 일이지만, 간단하면서도 아주 위험
한 일이다. 오를 때는 등반하는 사람이 떨어질 때 문제가 생기지만, 하
강 중에는 항상 체중이 아래로 향하기 때문에 하찮은 문제가 클라이
머를 땅바닥까지 떨어뜨릴 수 있다. 하강은 처음부터 조심스럽게 배워
야 하고, 하강에 익숙한 사람도 항상 신중해야 한다.

1. 하강 시스템

하강은 하강 확보물(anchor), 로프, 하강기구, 클라이머의 네 가지 요
소로 이루어진다. 먼저 클라이머를 충분히 견딜 수 있는 튼튼한 확보
물에 로프를 두 가닥으로 걸쳐 하강하려는 곳에 나란히 내려뜨린다.
하강하는 사람은 로프를 직접 몸에 감거나 하강기구에 걸어 로프와
마찰을 일으켜서 떨어지는 속도를 조절한다. 이때 한 손(멈춤 손)으로

로프를 잡고 마찰의 세기(내려가는 속도)를 조절한다. 하강을 끝낸 다음 걸려있는 두 가닥 로프 중에 한 가닥을 잡아당겨 로프를 회수한다.

하강하는 방법을 이와 같이 간단히 줄여서 애기할 수도 있지만 하강할 곳을 정하고, 로프를 걸어둘 하강지점을 만들고, 내려가려고 하는 곳까지 로프를 걸고, 적절한 하강 방법을 골라 출발자세와 내려가는 속도, 몸의 움직임, 하강기구의 정확한 사용, 감춰진 위험과 안전한 하강을 위한 대책을 마련하는 등 꼼꼼하게 신경 써야만 비로소 안전하게 내려올 수 있다.

하강은 올라가는 것과는 달리 몸무게가 하강기구 전체에 전해지고 만일 하강지점, 매듭, 로프, 하강기, 멈춤 손 따위에 어떤 문제라도 생기면 바로 비극으로 이어질 수밖에 없다. 경험 많은 등반가들은 올라갈 때보다 하강에 더 많은 신경을 쓴다. 통계를 보더라도 하강할 때가 등반할 때보다 사고가 더 많고 큰 사고가 일어나기 쉽다.

로프 하강

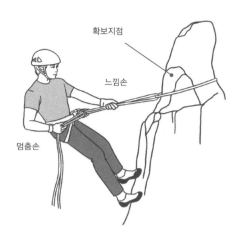

2. 하강 확보물

튼튼한 확보물이 안전한 등반의 기초가 되듯이 하강에서도 튼튼한 하강 확보물이 가장 중요하다. 믿어지지 않겠지만 클라이머들은 이따금 하강 도중 뽑히거나 부러질 우려가 있는 하강 확보물에 아무 생각 없이 로프를 걸고 하강을 한다. 하강 확보물은 나무, 바위 등의 자연 확보물과 마땅한 자연 확보물이 없을 때 볼트, 피톤, 여러 가지 확보물 등을 박거나 걸어서 만든 인공 확보물이 있다. 이런 하강 확보물은 생각할 것도 없이 100퍼센트 완벽하고 튼튼해야 하며, 장소도 알맞아야 안전한 하강을 할 수 있다.

하강 확보물을 만들 장소를 고를 때는 특히 로프를 회수할 때 일어날 만한 문제점에 대해 생각해봐야 한다. 로프가 내려오면서 주변에 불안정하게 놓여 있던 바위를 떨어뜨릴 위험은 없는지, 로프를 걸 때 로프를 묶은 매듭이 크랙에 낄 우려는 없는지, 회수할 때 로프가 아래로 좁아드는 크랙 속으로 기어들어갈 우려는 없는지 잘 살펴보아야 한다.

로프가 날카로운 바위 모서리에 걸리거나 밋밋하고 둥근 바위에 로프가 닿으면, 하강하며 내려오는 사람의 몸무게 때문에 로프가 위아래로 움직이면서 바위와 마찰을 일으킬 수 있다. 또한 로프를 회수할 때

하강 로프와 바위와의 마찰

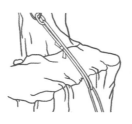

러너를 길게 연결해 마찰을 줄인다.

바위와 마찰이 일어나 로프가 많이 상한다.

나무에 하강 로프 거는 방법

로프를 회수할 때 나무와 로프에 마찰이 생겨 좋지 않다.

로프를 회수할 때 러너에 마찰이 생겨 러너를 다시 쓸 수 없다.

러너에 하강용 고리나 카라비너를 걸으면 러너와 로프가 상하지 않고 로프를 회수하기도 쉽다.

도 마찰 때문에 로프가 많이 상한다. 이런 문제를 줄이기 위해서는 하강 확보물을 될 수 있는 대로 높게 만들어야 한다. 필요할 때는 러너를 길게 연결해서 로프를 회수하기 쉽게 만든다.

하강 길에는 보통 두 개 이상의 볼트(또는 다른 확보물)에 여러 겹의 러너가 걸려 있는데, 때로는 하강용 금속 고리가 같이 걸려 있기도 하다. 오랫동안 햇빛을 받고 눈과 비에 젖었던 러너는 쓰지 않아도 저절로 약해지고, 많은 사람들이 하강하면서 로프와 잦은 마찰을 일으켜 아주 못 쓰게 된 것도 많다. 따라서 반드시 새로운 러너로 묶고 하강 로프를 걸어야 안전하다.

하강용 금속 고리는 로프를 회수하기에 쉽다. 그러나 로프를 통과시키기 전에 금속 고리가 튼튼한지 살펴야 한다. 특히 용접한 곳을 살펴보고 용접한 곳이 볼트에 걸리지 않도록 돌려놔야 한다. 혹시 하강용 금속 고리가 약해보이거나 불안하면 금속 고리 옆에 카라비너를 연결한 다음 로프를 같이 걸어둔다. 확보물 두 개를 러너로 연결해서 하강할 때는 두 개 중에 한 개가 빠져도 로프가 러너에서 빠져 나오지 않도록 걸어야 한다.

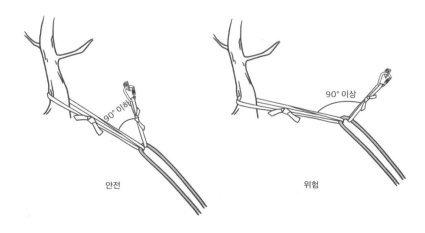

확보물 두 개를 사용할 때 러너 각도

90° 이하

안전

90° 이상

위험

3. 하강 로프 설치

로프를 두 줄로 걸어 하강할 때는 로프 한쪽 끝을 확보물에 건 다음 다른 로프 한쪽 끝을 매듭으로 연결한다. 이때 매듭은 되감기 8자 매듭이나 이중 피셔맨 매듭을 주로 쓰는데, 모두 강도가 높은 매듭이지만 이중 피셔맨 매듭은 힘을 받아 조여지거나 얼어붙었을 때는 풀기 어려운 단점이 있다. 매듭을 한 다음 반드시 매듭 끝부분을 옭매듭으로 마무리하는 것을 잊어서는 안 된다.

두 줄을 매듭으로 연결해서 확보물에 걸면 매듭은 확보물을 중심으로 왼쪽이나 오른쪽 중 어느 한쪽에 있게 된다. 하강한 다음 로프를 회수할 때는 매듭이 있는 쪽 로프를 당겨야 매듭이 확보물(또는 러너)에 걸리지 않고 빠져 나오므로 어느 쪽 로프를 당겨야 하는지 반드시 기억해야 한다.

로프를 아래로 던질 때는 로프를 나비모양 사리기(butterfly coil)로

잘 사려서 두 개의 뭉치로 만든다. 그런 다음 하강 확보물 가까이 있는 중간 뭉치부터 아래로 던지고 나머지 뭉치를 따라서 던진다. 이런 방법은 로프가 엉키지 않고 잘 풀리게 할 뿐만 아니라 아래쪽의 나무나 크랙에 로프가 걸리지 않도록 해 준다. 로프를 던질 때는 다른 쪽 로프가 딸려가지 않도록 한쪽 로프를 잡아 준다. 로프를 던질 때는 "줄 내려갑니다."하고 큰 소리로 외쳐서 밑에 있는 사람들에게 알려준다.

　　로프가 땅 바닥이나 다음 하강 확보지점에 닿았는지 반드시 살펴야 한다. 눈으로 확인할 수 없을 때는 로프 두 끝을 8자 매듭이나 옭매듭으로 만들어서 던진다. 이것은 하강하다 로프가 모자라 떨어지는 것을 막아준다. 그리고 하강기가 매듭을 빠져나갈 우려도 있기 때문에 자기 확보줄에 걸린 카라비너를 두 줄 사이에 걸고 내려오는 것이 안전하다.

로프 던지기

4. 8자 하강기 하강법

8자 하강기를 이용한 하강법은 지금까지 알려진 하강법 중 가장 많은 사람들이 쓰고 있는 하강법이다. 그만큼 안전하고 부드러운 하강을 할 수 있기 때문이다. 8자 하강기에 로프를 통과시키는 방법은 하강 확보물에 걸린 두 줄을 8자 하강기 큰 구멍에 집어넣은 다음, 작은 구멍 뒤로 걸친다. 그 다음 작은 구멍과 안전벨트를 잠금 카라비너로 걸면 된다. 하강 확보물 쪽 로프를 느낌 손인 왼손으로 잡고, 아래쪽 로프를 멈춤 손인 오른손으로 잡는다. 멈춤 손으로 로프를 뒤쪽으로 더 꺾거나 꽉 쥐고 있으면 마찰이 커지고, 멈춤 손을 앞쪽으로 가져오면 마찰이 작아진다. 하강로프가 굵어 로프가 잘 빠져나가지 않을 때는 하강로프를 직접 카라비너에 걸면 로프 마찰을 줄여 하강속도를 빠르게

8자 하강기에 로프를 통과시키는 방법

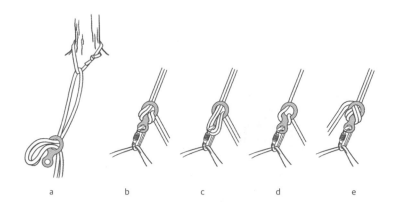

| a | b | c | d | e |

a 큰 구멍에 로프를 끼워 작은 구멍 뒤로 걸친다.
b 잠금 카라비너를 하강기 작은 구멍에 걸어 안전벨트에 건다.
c 로프가 잘 안 빠지면 큰 구멍에 끼운 로프를 카라비너에 걸어 쓰기도 한다.
d 굵은 로프는 싱글 로프로 걸어서 쓰기도 한다.
e 하강하다가 멈춰야 할 때는 멈춤 손 쪽 로프를 하강기와 로프 사이로 끼워 넣는다.

8자 하강기를 떨어뜨리지 않고 안전하게 거는 방법

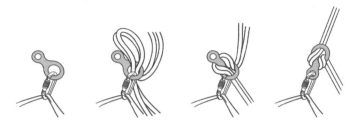

로프를 뺄 때는 걸었던 반대 순서로 하면 하강기를 놓치는 일이 없다.

할 수 있다. 하강하다가 로프가 엉키거나 문제가 생겨서 잠깐 멈출 필요가 있다면 멈춤 손 쪽 로프를 하강기와 로프 사이에 끼워 넣으면 멈출 수 있다.

8자 하강기를 걸다가 이따금 실수로 하강기를 떨어뜨리는 일이 생긴다. 이때는 안전벨트에 걸린 잠금 카라비너에 8자 하강기의 큰 구멍을 걸어 놓은 채 로프를 끼우면 하강기를 떨어뜨리는 실수를 줄일 수 있다. 그림처럼 안전벨트에 걸린 잠금 카라비너에 8자 하강기의 큰 구멍을 걸어둔 채 로프 고리를 큰 구멍으로 끼워 넣은 다음, 작은 구멍 뒤로 걸치고 느낌 손으로 로프와 하강기를 잡고 잠금 카라비너를 풀어 하강기의 작은 구멍에 카라비너를 다시 건다.

싱글 로프로 하강할 때는 마찰력을 높이기 위해 작은 구멍에 로프를 걸고 하강하는 방법이 있는데, 로프에 심한 마찰열과 꼬임이 생긴다. 요즘 8자 하강기는 여러 가지 크기와 모양으로 된 것들이 나오고 있다. 보통 사용하는 8자 하강기는 굵기가 10.5~11밀리미터 로프를 두 줄로 하강하기에 알맞은 구멍 크기로 만든 것이고, 구멍 지름이 작은 8자 하강기는 9밀리미터 더블 로프나 11밀리미터 싱글 로프 하강에 알맞도록 만든 것이다. 마찰력을 크게 하기 위한 타원이나 사각모양으로 된 8자 하강기도 있지만 일반적으로 사용하는 8자 하강기에 비해 크게 장점을 찾을 수 없다.

8자 하강기는 하강용으로 만든 것이지만 확보기구로도 많이 쓰고 있다. 보통 8자 하강기를 갖고 다닐 때는 작은 구멍에 카라비너를 걸어 안전벨트에 달고 다니는데 등반하면서 바위와 자주 부딪쳐 하강기가 약해질 수 있다. 따라서 8자 하강기 큰 구멍에 카라비너를 걸어 달고 다니면 흔들림이 적어 충격도 덜 하고 다른 금속 장비들과 부딪치는 경우도 줄어든다.

5. 하강기구 거는 높이

보통 하강기구는 잠금 카라비너를 써서 안전벨트에 건다. 따라서 하강기구는 배 정도 높이에 있게 된다. 왼손은 느낌 손으로 하강기 위에 있는 로프를 잡고, 오른손은 멈춤 손으로 하강기구 아래에 있는 로프를 잡아 하강 속도를 조절한다. 그러나 이런 방법은 경사가 완만한 곳에서는 편리하지만, 경사가 심한 곳이나 오버행에서는 하강속도가 빨라 한 손으로 속도를 조절하기가 쉽지 않다.

페이스나 오버행을 하강할 때는 짧은 러너를 써서 하강 기구를 가슴 높이까지 오도록 하면 두 손으로 하강기구 아래쪽 로프를 잡을 수 있기 때문에 내려가는 속도를 마음대로 조절할 수 있고 몸 균형을 잡기도 좋다. 그러나 하강 기구를 너무 높게 걸어 얼굴 높이까지 오면 하강 기구에 머리카락이 껴서 고생하게 된다.

하강기구가 얼굴 높이에 있어 하강기와 로프 사이에 머리카락이 끼거나 오버행 턱 부분에 걸릴 수 있다.

하강 기구가 안전벨트와 너무 가까이 있으면 내려가는 속도를 조절하기 어렵고 오버행에서 몸이 뒤로 젖혀져 불편하다.

6. 하강 기술

하강 확보물에 로프를 걸고 하강 자세를 잡았다면 출발하기 전에 모든 것을 다시 한 번 살펴봐야 한다. 안전벨트, 카라비너, 하강기, 로프 그리고 하강 확보물 등은 자기가 하강할 때뿐만 아니라 다른 사람이 하강할 때도 살펴봐야 한다.

하강 준비가 끝나면 확보 지점에서 자기 확보줄을 풀기 전에 옆에 있는 동료나 아래에 있는 동료에게 "하강!"이라고 소리쳐 자기가 하강을 시작하겠다는 것을 알려준다. 이때 만약 동료가 "기다려!"하고 소리치면 하강을 시작해서는 안 된다. 동료가 하강해도 좋다는 "하강" 신호를 확실히 들은 다음 확보 지점에서 자기 확보줄을 빼고 하강을 시작한다.

하강을 시작할 때는 매우 조심해야 한다. 대부분 하강을 시작하면 곧바로 바위 턱을 내려서야 하는데, 턱 아래쪽은 경사가 갑자기 급해지기 때문에 자칫 균형을 잃기 쉽다. 로프에 몸을 완전히 실어 뒤로 넘어지듯 기댄 다음 바위 턱 끝부분을 발로 딛는다. 그 다음 발을 먼저 내리지 말고 멈춤 손 쪽 로프를 조금씩 풀어주며 뒤로 눕는 것처럼 더 기댄다. 몸무게는 발에 싣는 것이 아니라 로프에 실어야 하고, 충분히 뒤로 기대고 난 다음에 발을 조금씩 아래로 디디면서 천천히 로프를 풀어주며 내려간다. 하강을 위해서 로프를 조금씩 풀어주는 것이 아니라 몸무게 때문에 하강기에서 로프가 자연스럽게 빠져나가도록 로프에 매달려야 한다.

하강할 때는 내려가는 쪽을 보기 위해 몸을 비스듬하게 틀어줘야 한다. 느낌 손인 왼손은 로프를 꽉 잡는 것이 아니라 단지 균형을 잡는 데만 써야 한다. 멈춤 손인 오른손은 로프를 잡아주고 늦춰주면서 로프 마찰력을 조절한다. 빠른 속도로 내려가면 하강기에 마찰열이 생겨서 로프를 상하게 할 뿐만 아니라 갑작스런 위험에 대비할 여유가 없다. 펄쩍펄쩍 뛰거나 몸무게를 발에 싣고 로프를 조금씩 풀어주면서 하강을 하면 로프가 출렁거리고 하강 확보물에 충격이 가서 부담을 줄 수 있다.

오버행에서 하강을 할 때는 특별히 주의해야 한다. 또한 하강을 시작해야 하는 바로 아래에서부터 오버행으로 꺾인다면 갑자기 다리가 바위 턱 아래로 빠져 손과 하강기구, 얼굴 등이 바위에 부딪칠 수 있다. 따라서 이런 곳에서는 바위가 꺾이는 턱에 두 발을 딛고 로프를 조금씩 늦추면서 몸을 될 수 있는 대로 뒤로 충분히 눕힌다. 로프가 턱 부분을 넘어설 정도로 길어지면 오른 발을 조심스럽게 내리고 다시 다른

발로 따라 내려야 한다.

한 피치 하강을 마치고 아래쪽의 확보지점에 내려서면 로프에서 하강 기구를 빼기 전에 먼저 자기 확보를 한다. 그리고 로프에서 하강기구를 완전히 뺀 다음 "완료!"라고 소리쳐 위에서 기다리고 있는 동료에게 '나는 안전하게 하강했다'고 알려 준다.

자기가 두 번째 하강지점에 가장 먼저 내려왔다면 위에 있는 동료가 내려오기 전에 다음 하강을 준비한다. 먼저 엉키거나 꼬여있는 로프를 잘 풀고 로프를 당겨야 할 줄을 하강지점 확보물에 걸어둔다.

로프에 몸무게를 싣고 내려오면 로프가 팽팽하게 당겨진 상태여서 카라비너에서 하강기를 빼내기 어렵다. 설령 힘을 써서 하강기를 빼더라도 늘어나 있던 로프가 순식간에 당겨져 로프와 하강기가 딸려 올라가고 하강기를 떨어뜨리는 일이 종종 있다. 따라서 한 피치를 하강한 다음에는 앉았다 일어나면서 팽팽하던 로프에 여유를 줘야한다. 하강 기구는 로프와의 마찰력으로 인해 하강기가 뜨거워져 있다. 로프에서 하강기를 빼낼 때는 잠금 카라비너에서 하강기를 뺀 다음 8자 하강기 큰 구멍을 잠금 카라비너에 다시 걸어놓으면 하강기를 놓치는 일이 없다. 튜브형 하강기에는 걸어둘 수 있는 고리가 달려있어 안전하지만, 잠금 카라비너에서 하강기를 뺄 때 고리까지 빠지지 않도록 조심해야 한다.

7. 로프 회수하기

마지막으로 내려오는 사람은 하강을 시작하기 전에 먼저 몇 가지를 살펴봐야 한다. 어느 쪽 로프를 당겨야 로프 매듭이 하강 확보물에 걸

로프를 회수하는 방법

a 바위 바로 아래에서 로프를 당기면 힘이 많이 들고 로프가 상한다.
b 하강 확보물과 거의 일직선이 되게 멀리 떨어져서 당기면 로프가 잘 빠져 나온다.
c 로프를 당길 때 다른 사람이 반대쪽 로프를 출렁거리면 더욱 쉽게 회수할 수 있다.
d 하강 확보물 주변에 로프가 꼬여 있으면 두 줄을 하나씩 당겨봐서 잘 내려오는 쪽 로프를 당겨야 한다. 만일 꼬여있는 위쪽 로프를 당기면 아래쪽 로프가 눌러져 잘 빠져 나오지 않는다.

220

리지 않는지, 로프를 회수할 때 바위와 마찰이 없는지, 또한 나무, 덤불, 바위틈에 로프가 엉키거나 걸릴 염려는 없는지, 로프를 회수할 때 주위에 있는 돌이 떨어질 위험은 없는지 따위를 꼼꼼하게 살펴야 한다.

로프를 잘 회수하기 위해서는 마지막 하강자가 내려오면서 꼬이거나 엉킨 로프를 가지런히 해야 한다. 자기 확보줄에 걸린 카라비너를 한쪽 로프에 걸고 내려오면 쉽게 해결할 수 있다.

하강을 마친 다음, 로프를 당길 때는 로프를 바위 면에서 멀리 떨어지게 하는 것이 좋다. 로프를 출렁거리게 위로 쳐주면, 힘들이지 않고 회수할 수 있다. 로프를 회수할 때는 천천히 부드럽게 당겨야 한다. 어느 정도 당기면 로프가 저절로 미끄러져 내려오는데, 이때 "줄 내려옵니다!"하고 소리쳐야 다른 사람들이 피할 수 있다.

8. 퀵드로 회수하기

오버행으로 이루어져 있는 루트에서 퀵드로 회수는 특별한 기술이 필요하다. 먼저 안전벨트와 로프를 퀵드로에 고정시킨 후 내려오면서 하나씩 회수하면 된다. 아래쪽 퀵드로는 사선으로 늘어진 로프로 인해 점프할 때 바닥까지 떨어질 위험이 없는 높이까지 회수해야 한다. 바닥까지 떨어질 위험이 없는 곳이라도 가장 아래쪽 퀵드로는 위쪽 볼트에 안전벨트를 고정한 후 회수하는 것이 편리하다. 퀵드로 회수가 끝나면 안전벨트와 로프를 분리한 후 로프가 팽팽히 당겨진 다음 점프하면 된다. 주변에 장애물이 있으면 다시 등반해 안전한 높이까지 올라가서 점프해야 한다. 오버행에서 퀵드로 회수는 확보자와의 호흡이 가장 중요하다.

선등

선등할 때는 스스로 올라갈 길을 찾아야 하고 떨어질 것에 대비해서 확보물을 걸어야 한다. 확보물을 걸 때는 전체 피치를 생각해야 하고, 확보물이 등반 전체에 어떤 영향을 미칠 것인지 생각해야 한다. 또한 알맞은 러너를 걸어 로프 끌림을 줄여야 하고 로프가 얼마나 남아있는지, 어디에서 피치를 끊어야 할지, 후등자가 확보물을 잘 뺄 수 있을지 등의 여러 가지 문제를 생각해야 한다. 이런 기술들을 익히면 바위에서 떨어지는 것을 두려워할 필요가 없다. 확보물을 정확하게 걸고 알맞은 등반기술을 침착하게 쓸 수 있다면, 뒤따라 올라갈 때는 느낄수 없는 기쁨과 즐거움을 맛보게 될 것이다.

1. 확보물 설치 간격

등반경험이 많지 않은 사람들은 떨어지는 것에 대한 두려움 때문에 안전한 곳에서도 확보물을 걸어 많은 장비와 시간을 헛되게 쓰고, 부드럽게 이어지는 암벽등반의 매력을 잃어버리게 된다. 어떤 사람들은 자신들의 힘이나 담력을 뽐내기 위해 확보물을 걸지 않고 올라가는데, 그들은 중력의 법칙이 무엇인지 모르는 사람들이다. 그러나 올바른 생각을 할 수 있고 정확한 판단을 내릴 수 있는 사람들은 자신의 능력과 루트의 성격, 쓸 수 있는 장비, 필요한 시간, 확보물을 언제 어디에 걸어야 할지 신중하게 결정한다.

확보물을 설치하는 간격이 멀면 떨어지는 거리가 길어지고, 가까우면 필요 이상으로 힘이 들고 시간도 많이 걸린다. 확보물 설치 간격은 루트의 위험성에 따라 다르지만 어려운 곳에서는 2~3미터마다 한 개씩 설치하는 것이 안전하고, 쉬운 곳이라고 해서 확보물 설치하는 일을 소홀히 해서는 안 된다. 가장 좋은 원칙은 불안할 때마다 설치하는 것이다. 그리고 언제 걸어야 하는가에 대한 판단은 확보물의 안전성, 즉 불안하게 걸린 확보물과 확실하게 걸린 확보물에 따라 달라진다.

2. 확보물에 로프 통과시키기

확보물에 로프를 통과시키는 것을 클립(clip)이라고 하며, 방법은 간단하지만 아주 중요하다. 확보물에 로프를 통과시키는 방법은 인공 확

확보물에 로프 통과시키기

인공 확보물에 로프 통과시키기   자연 확보물에 로프 통과시키기

먼저 개폐구를 위쪽으로 잡고 건다. 카라비너를 확보물에 건 다음 180도 돌려 개폐구가 아래쪽, 그리고 바깥쪽으로 향하도록 걸어 놓아야 로프를 걸거나 빼기가 쉽다.

보물-퀵드로-로프의 순서나 자연 확보물-러너-퀵드로-로프의 순서로 건다. 자연 확보물에 러너를 쓰는 이유는 로프의 움직임으로 확보물이 빠질 염려를 줄여주고 로프가 카라비너를 통과할 때 마찰을 작게 해서 로프 끌림을 줄이기 위한 것이다.

3. 퀵드로에 로프 통과시키기

카라비너는 보통 개폐구가 아래쪽으로 그리고 바깥쪽으로 향하도록 끼운다. 그렇게 하면 카라비너가 바위에 닿아도 개폐구가 우연히 열리지 않고 러너나 로프를 쉽게 걸거나 뺄 수 있다. 또한 개폐구가 열린 채 충격을 받으면 카라비너 강도가 약해져 부러질 수도 있다. 카라비너에 로프를 걸 때는 로프가 진행하는 방향을 생각해서 꼬이지 않도록 건다.

카라비너와 카라비너를 직접 연결할 때는 로프의 움직임이나 떨어질 때 생기는 충격으로 개폐구가 우연히 열릴 수도 있어 항상 러너를 같이 써야 한다. 더 안전하게 걸어야 할 때는 잠금 카라비너를 쓰거나

퀵드로에 로프 통과시키기

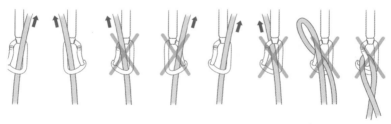

올라갈 방향을 생각해서 걸어야 카라비너에서 로프가 빠지는 것을 막을 수 있다.

카라비너 두 개를 개폐구가 서로 반대가 되도록 해서 건다. 확보물에 러너를 직접 걸기보다는 카라비너로 건 다음에 통과시키는 것이 좋다. 볼트나 피톤 같은 확보물에 카라비너를 직접 걸 때는 개폐구를 바깥쪽으로 향하도록 건다. 그 이유는 특정한 방향으로 떨어질 때 카라비너가 빠질 위험이 있기 때문이다.

퀵드로에 로프를 통과시키기 위해서는 많은 연습을 해야 한다. 어려운 루트에서 한 손으로 바위에 매달린 채 다른 손으로 로프를 통과시키기 위해서는 지구력과 순발력, 그리고 카라비너에 로프를 통과시키는 요령이 필요하다.

보통 퀵드로 한쪽에는 카라비너를 잡아두기 위한 고무줄이 있는데, 이는 어려운 곳에서 카라비너에 로프를 걸 때 카라비너가 돌아가지 않도록 잡아주는 역할을 한다. 따라서 로프를 빠르게 걸 수 있도록 고무줄로 묶여진 카라비너를 아래쪽에 걸고 한 손으로 카라비너와 로프를 같이 잡고 로프를 걸어야 한다.

카라비너의 개폐구가 왼쪽으로 걸려 있을 때는 가운데 손가락으로 카라비너를 잡아 움직이지 않도록 하고, 엄지와 검지로 개폐구를 누르

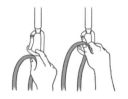
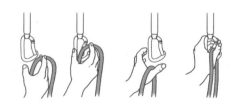

개폐구가 왼쪽에 있을 때
로프 통과시키는 방법

개폐구가 오른쪽에 있을 때 로프 통과시키는 방법

면서 건다. 반대로 개폐구가 오른쪽에 걸려 있을 때는 엄지로 카라비너를 잡고서 검지와 중지로 잡고 있던 로프를 개폐구로 밀어 넣는다. 이 방법은 왼손으로 바위에 매달린 채 오른손으로 로프를 통과시키는 방법이고, 왼손으로 로프를 통과시키기 위해서는 앞에서 설명한 방법과 반대로 한다.

4. 로프 끌림 줄이기

선등자와 확보자 사이에 있는 로프가 중간 확보물 때문에 많이 꺾이면 카라비너와 로프 사이의 마찰력 때문에 로프 흐름이 순조롭지 못해서 선등자는 마치 아래로 당겨지는 듯한 느낌을 받는다.

로프 끌림은 여러 가지 문제를 일으킨다. 선등자의 움직임을 방해하고 균형을 잃게 할 수도 있으며, 로프를 끌어올리는 일을 어렵게 만들기도 한다. 또한 마찰력이 커져 선등자가 떨어질 때 맨 위에 걸어둔 확보물에 전달하는 충격을 크게 한다.

선등자는 확보물을 설치하는 기술뿐만 아니라 떨어질 때 생기는 충격과 충격 방향이 확보물 전체에 미치는 영향을 미리 짐작해야 한다.

로프 끌림

확보물과 로프 사이에 긴 러너를 걸어   로프가 지그재그로 꺾여 로프 끌림이
로프를 직선에 가깝도록 한다.   심하다.

보통 선등자는 다음 확보물을 설치하는 데만 신경을 써서 전체 등반이 확보물에 어떤 영향을 미치게 될지는 생각하지 않는다. 지금 걸어놓은 확보물이 튼튼하고 안전하게 보일지 모른다. 그러나 전혀 생각지 못한 방향으로 충격을 받아 확보물이 제 역할을 못할 수도 있다. 이런 것을 미리 짐작해서 확보물을 설치하는 것이 선등자의 책임이고 등반능력이다.

선등자가 떨어지면 맨 위에 걸어둔 확보물은 떨어지는 충격과 확보

선등자가 떨어질 때 확보물에 전해지는 충격 방향

지그재그로 된 로프는 확보물에
생각지도 못했던 방향으로
충격을 준다.

선등자가 떨어지면 로프는 일직선이
되려는 힘이 생겨서 충격 방향 때문에
확보물 전체가 빠질 수 있다.

자가 떨어지는 클라이머를 멈추기 위해서 잡아당기는 두 가지 힘을 받
는다. 선등자가 떨어질 때 가장 위에 걸어둔 확보물이 약하면 그 충격
으로 확보물이 빠지는데, 이때는 바로 아래에 있는 확보물을 믿을 수
밖에 없다. 그러나 지그재그로 걸려있는 확보물에서는 생각지도 못했
던 충격 방향 때문에 확보물들이 돌아가고 어느 것도 믿을 수 없게 된
다. 따라서 로프의 움직임을 부드럽게 하고 확보물들을 안전하게 걸어
두기 위해서는 긴 러너를 써서 될 수 있으면 로프가 꺾이는 것을 줄이
거나 올라가는 방향이 바뀌는 곳에서 피치를 끊는다. 긴 러너를 걸면

로프가 직선으로 있을 수 있지만 선등자가 떨어지는 거리가 길어져 위험할 수도 있다. 따라서 이럴 때는 로프 끌림으로 생기는 위험과 긴 러너를 걸었을 때 생기는 위험을 따져봐서 어느 정도의 로프 끌림은 그냥 두어야 한다.

5. 지퍼 효과

확보물을 걸 때 생각해야 할 또 다른 문제는 클라이머가 떨어질 때 생기는 충격으로 로프가 당겨지면서 확보물에 영향을 주는 방향이다. 확보자가 바위에서 멀리 떨어진 채 확보를 볼 때 선등자가 떨어지면 확보자와 첫 번째 확보물 사이에서 로프가 직선을 이루며 갑자기 팽팽해진다.

이렇게 팽팽해진 로프는 첫 번째 확보물을 바깥쪽으로 당기려는 힘을 만들고 크랙에 걸려있는 확보물이 돌면서 빠질 수 있다. 또한 첫 번

지퍼 효과

확보자가 바위에서 멀리 떨어진 채 확보를 볼 때 선등자가 떨어지면 그 충격 때문에 첫 번째 확보물이 빠지고, 계속해서 그 위에 걸어둔 확보물들이 차례로 빠질 수 있다.

째 확보물이 빠지면서 로프는 확보자와 두 번째 확보물 사이에 당기는 힘을 만들어 계속해서 그 위에 걸어둔 확보물들을 차례로 뽑아버리는데, 이런 현상을 지퍼 효과(zipper effect)라고 한다. 지퍼 효과는 등반 중에 만나는 오버행이나 옆으로 가로지르는 루트에서도 일어날 수 있다.

지퍼 효과를 막기 위해서는 자연확보물이나 볼트, 피톤 같이 충격 방향에 영향을 받지 않는 확보물을 쓰는 것이 가장 좋다. 그러나 루트에 확보물이 원하는 곳마다 있는 것은 아니다. 따라서 크랙에 확보물을 걸 때는 오르는 루트와 나란하도록 확보물 두 개를 서로 반대 방향으로 같이 설치하는데, 하나는 떨어지는 클라이머를 잡아줄 수 있도록 아래로 힘을 받는 확보물을 걸고, 다른 하나는 로프가 당겨지면서 지퍼 효과가 생길 때 확보물들을 보호할 수 있도록 위로 힘을 받는 확보물을 걸어 두 확보물을 러너 하나로 모아 로프에 걸어두면 지퍼 효과를 막을 수 있다.

6. 충격 나누기

큰 충격이 오거나 확보물이 의심스럽다면 선등자는 확보물 두 개를 서로 가깝게 걸도록 한다. 이렇게 하면 위쪽의 확보물이 빠지더라도 아래쪽 확보물이 떨어지는 선등자를 잡아준다. 또 다른 방법은 확보물 두 개를 긴 러너를 써서 균등 연결법으로 연결해 충격을 두 확보물에 흩어지게 하는 것이다.

확보물 두 개를 균등 연결법으로 설치하는 방법은 긴 러너 하나로 확보물에 충격을 골고루 나눌 수 있도록 걸어야 한다. 너트마다 카라비너 하나씩을 걸고 그 카라비너에 긴 러너를 걸어 카라비너 사이에 있는 러너 한 쪽을 180도 꼬아서 고리를 만든 다음, 그 고리와 아래쪽 러

확보물 사이에 걸린 러너 가운데를
한번 꼬아서 카라비너를 걸어야 충격이
각 확보물로 고르게 나눠진다.

확보물 사이 러너 두 줄에 카라비너를
같이 걸면 어느 한쪽이 빠지면 확보에
실패한다.

너에 또 다른 카라비너를 걸어 로프를 통과시킨다.

로프에 충격이 오면 러너에 걸린 카라비너가 충격 방향에 맞추어 움직이면서 확보물마다 고른 힘을 받도록 러너가 저절로 움직여서 충격을 흩어지게 한다. 주의해야 할 것은 카라비너가 꼬인 러너의 한쪽 고리에서 다른 쪽 고리로 움직이도록 걸어야 한다. 만일 러너 한쪽을 꼬아서 걸지 않고 단순히 카라비너를 러너에 두 줄을 같이 건다면 어느 한 쪽 확보물이라도 바위에서 빠졌을 때 확보물이 카라비너 사이로 빠져 나오면서 확보에 실패하게 된다.

7. 필요한 장비 갖추기

실제로 등반을 하기 위해서는 어떤 종류의 장비들을 얼마나 갖추어야 할 것인지 판단하기 어렵다. 이따금 가본 산이나 잘 알려진 루트를 올라갈 생각이라면 문제는 간단하다. 안내 책자와 다른 사람들의 도움말을 들어 암벽의 모양, 크랙의 크기, 루트에 박혀 있는 확보물 수, 올라갈 피치의 길이, 어려운 정도 등 여러 가지 조건에 따라 필요한 장비를 갖추면 된다.

그러나 그런 정보를 얻기 어려운 곳을 처음 오른다거나 여러 날 동안 머물면서 루트를 오른다면 문제는 다르다. 장비를 너무 많이 갖고 다니면 성가시고 필요 이상으로 힘들어진다. 또한 장비를 너무 적게 갖고 다니면 등반을 할 수 없거나 확보물 없이 오르는 위험한 행동을 하게 된다.

보통 선등자는 프렌드 한 세트와, 퀵드로, 러너들을 항상 갖추고 있어야 한다. 어떤 종류의 장비를 얼마나 갖추어야 하는가에 대한 해답은 없지만 몇 가지 생각해야 할 것이 있다. 먼저 등반에 필요한 프렌드의 크기를 정확히 알기는 어려우므로 여러 가지 크기와 모양, 그리고 사용하는 범위가 큰 너트 한 꾸러미를 준비한다. 퀵드로는 보통 확보물 한 군데 마다 한 개씩 퀵드로를 써야 하고, 퀵드로가 부족할 때나 더 안전하게 해야 할 곳을 생각해서 잠금 카라비너와 여분의 카라비너를 준비한다.

러너는 세 가지 길이를 준비하는데, 짧은 것(퀵드로), 중간 것(보통 쓰는 러너), 긴 것(나무에 두르거나 균등 연결법을 할 때 사용하는 긴 러너)들이 여러 개 필요하다. 또한 떨어지거나 위급한 때를 생각해서 로프에 매듭을 할 수 있는 코드 슬링을 갖고 다니는 것이 바람직하다.

일단 갖고 올라갈 등반 장비를 골랐으면 등반할 때 쉽게 쓸 수 있도록 장비 걸이나 안전벨트에 가지런히 걸어서 갖고 다녀야 한다. 자주 쓰는 확보물은 어깨에서 한쪽 팔 아래로 두를 수 있는 러너나 장비 걸이에 걸어두면 편하다.

긴 러너를 연결 고리 모양으로 만들기

옭매듭을 한다.　　　　　뜨개질 하듯이 러너를 계속 맨다.　　　마지막 고리에 카라비너를 건다.

퀵드로는 개폐구가 서로 반대쪽으로 있도록 걸고 고무줄이 달려 있는 쪽을 아래로 늘어지게 해야 확보물에 퀵드로를 걸 때 고무줄이 있는 쪽 카라비너가 아래쪽에 있게 되고 로프를 통과시키기 쉽다.

어깨에 두를 수 없을 정도로 짧은 러너는 안전벨트에 달려있는 장비걸이 뒤쪽에 거스 히치로 걸어놓고 어깨에 두를 수 있는 러너들은 한데 모아서 장비걸이와 반대로 비스듬하게 어깨에 두른다. 이때 장비걸이나 배낭을 먼저 멘 다음에 러너를 어깨에 둘러야 등반하면서 한 손으로 러너를 빼서 쓸 수 있다.

나무에 두르거나 균등 연결법으로 쓸 러너는 너무 길어서 그냥 갖고 다니기는 불편하므로 두 줄로 겹쳐서 어깨에 두르거나 카라비너로 러너의 두 끝을 걸어서 어깨에 두른다. 이때 주의할 점은 카라비너로 통과시키기 전에 러너를 한번 꼬아서 러너가 벗겨지더라도 카라비너가 빠지지 않도록 해야 한다. 이런 방법으로 러너를 쓸 때는 카라비너를 러너 한쪽 끝에서 빼서 당기면 된다. 긴 러너를 갖고 다니는 또 다른 방법은 긴 러너 한쪽 끝에 옭매듭으로 고리를 만든 다음, 고리에 뜨개질을 하듯이 러너를 얽히도록 만들면 된다.

추락

수직의 벽에서 이루어지는 스포츠 클라이밍은 자연스럽게 추락의 횟수가 많을 수밖에 없는 운동이다. 따라서 추락을 빼놓고는 스포츠 클라이밍을 생각할 수 없다. 추락에 적응하고 이에 따른 전반적인 기술들을 습득하는 것은 클라이밍 능력을 향상시키는 필수적인 조건이다.

추락이라는 단어가 우리의 뇌 속에 연상시키는 것은 공포다. 대부분의 클라이머들 또한 추락을 두려워하며 실제로 이런 공포는 클라이머의 능력을 크게 위축시키는 요인이 된다. 추락에 따른 기술을 익히는 과정에서 무엇보다도 중요한 것은 스포츠 클라이밍에서의 추락은 안전하다는 믿음이다. 이러한 믿음은 반복적인 연습을 통해 안전하게 추락할 수 있는 방법을 익히고 추락 시스템을 확실하게 습득하는데서 얻어질 수 있다.

1. 추락의 과학적 이해
클라이밍의 추락 과정을 분석해보면 마치 육상의 필드경기 종목 가운데 하나인 멀리뛰기와 유사하다. 멀리뛰기는 크게 '준비, 도약, 비행, 착지' 등의 네 단계가 순간적으로 연속되는 운동이다. 스포츠 클라이밍에서 추락은 이러한 멀리뛰기와 똑같은 네 단계의 과정이 수평이 아닌 수직의 세계에서 이루어진다고 할 수 있다. 첫째는 바위로부터 분리되는 도약 단계, 둘째는 공중비행 단계, 셋째는 벽에 착지하는 착륙 단계이다. 이러한 추락이 멀리뛰기와 다른 점은 자신이 추락을 인식하고 안전하게 대처할 수 있는 상황에서 일어나기도 하지만 예상치도 못한 순간에 갑작스럽게 일어나기도 한다는 점이다.

추락시 클라이머가 고려해야 할 기술적인 부분은 크게 다섯 가지로 나눌 수 있다. 첫째는 추락시 몸의 균형을 유지하는 기술인데, 추락하는 순간 안전벨트에 연결된 로프를 한쪽 손으로 잡고 다리와 손을 적당한 넓이로 벌려야 한다. 이렇게 하면 다소 불안정한 자세로 떨어지더라도 안정된 착지자세를 유지할 수 있다. 또한 예기치 못한 순간적인 추락일지라도 바위로 되돌아가는 데에는 시간적 여유가 있으므로 안전하게 대처할 수 있다.

둘째는 안전하게 착지하는 기술이다. 착지 순간에는 발로 벽을 가볍게 차듯이 해야 하는데 순간적으로 무릎을 구부려 충돌할 때 발생하는 충격을 완화시켜 준다. 웨이트 트레이닝을 할 때 대표적인 다리 운동인 스쿼트를 연상하면 쉽게 이해할 수 있다. 추락할 때 발을 이용하는 방법은 추락의 충격을 흡수할 수 있는 좋은 기술이다. 또한 착지하는 순간에는 몸이 벽에 직접 부딪치지 않도록 주의해야 한다.

셋째는 등반할 때 몸을 로프 바깥쪽에 있도록 하는 등반 습관이다. 특히 발 홀드를 디딜 때 등반하는 벽과 로프 안쪽으로 다리가 들어가 있는 상태에서 추락하면 백드롭(back drop)처럼 뒤집어진 채 머리부터 추락할 위험이 크다.

넷째는 등반할 때 추락의 위험성이 있다고 판단되는 부분을 통과할 때는 확보를 보는 파트너에게 추락의 가능성을 알려 주는 일이다. 추락이 예상되는 어려운 부분을 지날 때나 추락할 때 큰소리로 '추락'이라고 외쳐 안전에 대비하도록 만든다. 스포츠 클라이밍에 있어서 안전은 확보를 보는 파트너에 의해 좌우되기 때문이다.

다섯째는 심리적인 안정감을 갖는 일이다. 어려운 부분을 지날 때 힘이 빠지고 동작의 연결이 되지 않을 경우 심리적인 불안감이 찾아온다. 불안감은 근육을 위축시켜 신체적인 능력을 떨어뜨리게 한다. 따라서 추락에 대한 두려움을 갖기보다는 침착해야 한다. 추락할 때 두려운 마음이 앞서면 손으로 퀵드로를 잡거나 로프를 잡아 크게 부상을 당할 수도 있다. 경험이 많은 클라이머라 할지라도 추락에 대한 공포를 느끼는 것은 당연한 일이다. 하지만 추락에 대한 공포는 극복해야 할 장애물에 지나지 않는다는 생각을 하는 것이 중요하다.

클라이머가 추락할 때 생기는 충격은 확보 연결고리에서 가장 약한 부분을 먼저 파괴한다. 떨어지는 충격을 안전하게 막기 위해서는 떨어질 때 전해지는 충격이 확보 연결고리의 각 요소들이 견뎌낼 수 있는 충격 한계를 넘지 않아야 한다.

확보 연결고리 중에서 중간 확보물은 충격에 가장 약한 부분이다. 가장 위에 있는 확보물은 선등자가 떨어지는 것을 멈출 수 있도록 해 준다. 그 확보물이 빠진다면 바로 아래 확보물이 떨어지는 것을 멈추게 한다. 이때 가장 위에 있는 확보물에 전해지는 충격은 클라이머가 떨어질 때 생기는 추락 에너지에 비해 1.5배 크고, 확보자 쪽으로 전해지는 충격에 비해 3배나 크다. 보통 확보물 자체는 아주 강한 강도를 가지고 있다. 그러나 선등자가 오르면서 직접 걸어 놓은 확보물은 바위 모양이나 걸어 놓은 곳의 상황, 확보물을 설치하는 기술 등으로 인해 실제 견딜 수 있는 힘의 한계를 알 수 없다.

등반자가 추락한다면 클라이머는 중력에 의해 땅에 닿을 때까지 초당 9.8m/s²의 가속도를 가지고 떨어질 것이다. 만약 추락을 멈추기 위해 로프를 잡는다면 이때 발생하는 충격의 힘, 즉 충격력은 단지 클라이머의 중량보다 큰 힘이 작용할 것이다. 클라이머가 추락에서 발생하는 에너지는 가속도가 붙으면서 극적으로 증가하므로 떨어지는 클라이머를 잡기 위해서는 정지된 클라이머의 중량보다 더 큰 힘이 필요하기 때문이다.

충격력은 킬로뉴턴(kN)이란 단위로 표시하는데, 1N(뉴턴)은 1킬로그램의 물체를 1초에 1미터 이동할 때 드는 힘이다. 1kN은 102킬로그램에 해당한다. 사람의 몸은 12kN 이상의 힘, 즉 무게로 환산하면 1224킬로그램을 견디지 못한다.

2. 추락계수

클라이머가 떨어질 때 생기는 충격량은 질량 M을 가진 클라이머가 속도 v로 움직일 때의 운동량과 같다.

Ft = Mv(충격량 = 운동량)

F : 로프에 걸리는 힘

t : 로프에 힘이 작용하기 시작해서 끝날 때까지의 시간

M : 선등자의 질량

v : 로프가 멈추기 직전까지 속도

예를 들어 70킬로그램인 선등자가 10미터 떨어졌을 때 충격력을 구해 보면, 로프에 충격력이 걸리기 직전의 떨어지는 속도는 $v = \sqrt{2gh}$ = $\sqrt{2 \times 중력가속도 \times 떨어진 거리}$에 의해 14m/s를 계산할 수 있다. 따라서 운동량 Mv의 값은 70×14=980kg·m/sec이다.

이때 로프에 전달되는 충격량은 떨어지는 시간 t에 의해서 좌우된다. 만일 떨어지는 시간을 0.5초로 가정하면 충격량은 1,960kg·m/s, 0.1초라면 9,800kg·m/s이 된다.

그러나 실제 선등자가 떨어질 때 생기는 충격은 로프, 연결줄, 확보물, 클라이머, 바위와의 마찰, 확보자의 움직임과 마찰력 등 여러 가지 충격 흡수가 생겨 충격이 많이 줄어든다.

충격 흡수요소 중에서 가장 많이 충격을 줄여줄 수 있는 것은 알맞은 신축성을 가지고 있는 로프이며, 이는 떨어지는 거리와 깊은 관계를 가지고 있다. 다른 요소들은 떨어지는 거리에 관계없이 정해져 있다고 볼 수 있다. 따라서 떨어지는 거리가 길더라도 충격을 흡수할 수 있는 로프 길이가 충분히 길면 충격은 많은 양이 줄어들고, 반대로 떨어지는 거리가 짧아도 충격을 흡수하는 로프 길이가 짧으면 위험할 수 있다.

떨어질 때 생기는 충격과 거리에 대한 위험의 척도를 '추락계수(fall factor)'라 한다. 추락계수는 떨어진 길이에 정비례하고, 충격을 흡수할 수 있는 로프 길이에 반비례한다.

그림 a처럼 선등자가 확보물을 걸지 않고 10미터를 올라가다가 떨어지면 추락거리는 20미터가 되고 추락계수는 2가 된다. 그림 b처럼 20미터를 오르다가 40미터를 떨어져도 추락계수는 2다. 추락계수 2는 클라이머가 떨어지면서 일어날 수 있는 가장 나쁜 상황이다. 이것은 큰 희생이 따를 수도 있다는 것을 뜻한다. 등반을 하면서 꼭 지켜야 할 것

$$\bullet \text{추락계수} = \frac{\text{떨어진 거리}}{\text{충격을 흡수할 수 있는 로프 길이}}$$

은 추락계수가 1을 넘지 않도록 확보물을 자주 걸어야 한다는 점이다.

그림 c는 떨어진 거리가 20미터지만 충격을 흡수할 수 있는 로프 길이가 20미터여서 추락계수는 1이 된다. 그림 d는 똑같이 20미터를 떨어졌지만 로프 길이가 40미터여서 추락계수는 0.5가 된다.

추락계수에 대한 그림을 보면 떨어진 거리가 길면 위험하고 짧으면 안전하다는 생각이 잘못된 것이라는 점을 알 수 있다. 똑같은 20미터를 떨어져도 충격을 흡수하는 로프 길이에 따라 추락계수는 2가 될 수도 있고 0.5가 될 수도 있다. 추락계수를 작게 하는 요령은 등반을 시작하면서 충격을 흡수하는 로프 길이가 충분치 않을 때는 중간 확보물

추락계수와 안전성

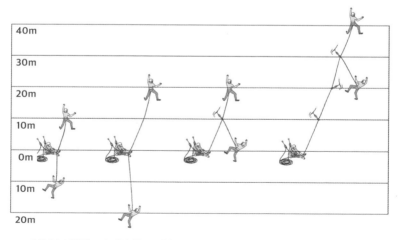

a 추락계수 2 (위험)   b 추락계수 2 (위험)   c 추락계수 1 (보통)   d 추락계수 0.5 (안전)

을 자주 걸면서 오르는 것이다. 충격을 흡수하는 로프가 충분히 긴 다음에는 추락계수가 1을 넘지 않는 범위 안에서 확보물을 설치하는 거리를 조금 길게 할 수도 있다. 그러나 바위와 부딪칠 우려가 있거나 아래쪽에 바위턱이 있어 몸이 튕겨지는 따위의 위험이 있다고 생각될 때는 추락계수와 관계없이 확보물을 자주 걸어주는 것이 좋다.

톱로핑

톱로핑(top roping)은 등반이 끝나는 지점의 고정 확보물에 카라비너나 도르래를 이용하여 로프를 통과시킨 후 아래쪽에서 통과된 로프를 몸에 묶고 등반하는 방법이다. 다시 말해 톱로핑은 후등으로 등반할 때처럼 상단 지점에 미리 확보를 한 상태에서 등반하는 것을 말한다.

톱로핑은 루트를 새로 만드는 작업을 할 때나 선등으로 해결하기 어려운 루트를 등반할 때 또는 처음 클라이밍을 배우는 사람들이 반복적으로 기술을 습득하고자 할 때 사용한다. 선등에 필요한 전반적인 기술이 떨어질 수밖에 없는 초보자나 고난이도 루트를 등반할 수 있는 숙련자에 이르기까지 톱로핑은 등반의 능력을 빠르게 향상시켜주는 방법이다. 스포츠 클라이밍의 후발 주자였던 유럽이 미국의 앞선 등반기술을 추월할 수 있었던 것은 톱로핑 방식의 등반을 허용했다는 데 기인한다.

톱로핑 시스템을 만드는 데는 세 가지 기본적인 방법을 사용한다. 첫 번째 방법은 먼저 등반을 한 후 고정 확보물에 로프를 통과시킨 다음 하강하여 바닥에서 확보를 보는 방법이다. 두 번째 방법은 등반을 한 후 내려오지 않고 고정 확보물에 매달려서 확보를 보는 방법이다. 세 번째는 다른 루트를 이용하여 고정 확보물까지 올라가 로프를 통과시킨 후 하강하여 밑에서 확보를 보는 방법이다.

스포츠 클라이밍의 톱로핑 시스템은 일반적으로 첫 번째 방법이 사용되고 있다. 톱로핑은 확보물의 수가 한 두 개밖에 없기 때문에 사고가 나면 치명적일 수밖에 없다. 따라서 확보물의 상태가 안전한지를 항상 점검하고 확보물을 이중으로 설치하는 습관을 가져야 한다. 클라이밍을 즐길 수 있는 대부분의 루트들은 등반이 끝나는 지점에 확보물이 설치되어 안전하다고 생각하는데, 확보물을 연결하는 슬링의 상태나 볼트의 풀림 여부 등을 반드시 확인해야 한다. 또한 확보물의 상태가 좋지 않다고 판단될 때에는 아래쪽 볼트에 삼중으로 확보물을 설치해야 한다.

톱로핑으로 즐길 수 있는 클라이밍은 크게 두 가지로 나눌 수 있다. 첫 번째는 클라이밍에 필요한 기초 기술이나 그 루트가 요구하는 어려운 동작을 익히는 트레이닝이다. 클라이밍을 처음 시작하는 초보자들이나 어린 아이들은 선등 중 추락할 경우 자기 방어 능력이 떨어질 수밖에 없다. 따라서 초보자들은 반드시 톱로핑을 사용해야 한다. 톱로핑은 추락에 대한 위험을 최소화할 수 있으며 등반이 안전한 스포츠라고 인식할 수 있도록 해준다. 때문에 톱로핑 시스템은 초보자에게 필수적인 방법이다.

또한 톱로핑은 특정 루트가 요구하는 어려운 동작을 익히는데 매우 효과적인 방법이다. 이는 클립으로 인한 불필요한 동작을 줄이고 추락에 대한 공포를 최소화함으로써 연습하고자 하는 동작이나 기술을 연마하는데 집중할 수 있다.

톱로핑으로 즐길 수 있는 둘째 방법은 근력과 근지구력 그리고 심폐
지구력 등 클라이밍에 필요한 신체 능력을 키우는 훈련이다. 하지만 톱
로핑 방식이라고 해서 모두 안전하다고 할 수 없다. 특히 각도가 심하게
기울어진 오버행에서 톱로핑은 선등보다 위험할 수 있으므로 주의해야
한다.

Almost
Everything
of the Sports
Climbing

6장 스포츠
클라이밍의
훈련

훈련이란 무엇인가?

훈련은 보통 문제풀이를 하고 파워를 기르는 볼더링 기술과 근력을 향상시키는 실내암장 등반, 정신력과 육체적 기술을 향상시킬 수 있는 자연암벽 등반 등이 있다. 또한 훈련에는 부상방지와 유연성을 위한 스트레칭, 회복을 촉진하고 체지방을 낮게 유지하기 위한 적절한 식사, 나쁜 습관을 버리기 위한 이미지 트레이닝과 집중적인 생각력 기르기, 훈련 결과를 최적화하고 부상을 방지하기 위한 충분한 휴식, 자신의 몸에 귀를 기울이기 그리고 현재 자신의 강점과 약점을 알아내기 위해 정기적으로 자신을 평가하는 일 등의 보조적인 등반도 포함된다. 이들 수많은 훈련들을 몇 가지 형태로 구별해보면 정신 훈련, 기술 훈련, 체력 훈련, 훈련 외적인 것들로 나눌 수 있다.

정신 훈련은 등반에 긍정적인 영향을 끼치도록 생각을 조절하고 훈련하는 등반이다. 최상급 클라이머는 하루 내내 정신적으로 훈련하기도 한다. 그들은 등반에 영향을 줄 수 있는 것들에 생각을 집중하며, 등반을 방해할만한 습관들을 없애려고 노력한다.

기술 훈련은 등반행위 자체보다는 기술과 전략을 배우고 다듬는 것을 의미한다. 야구, 농구, 축구 선수들이 경기 외에 기술을 연습하는 데 많은 시간을 보내는 것과 마찬가지로 클라이머도 기술을 향상시키기 위해 많은 연습을 해야 한다.

체력 훈련은 신체적 능력을 향상시키기 위한 등반이다. 여기에는 달리기, 스트레칭, 가벼운 하중 훈련 등이 포함된다. 또한 등반행위를 향상시키거나 부상 예방에 도움이 되는 다른 훈련들도 체력 훈련에 포함된다. 마지막으로는 등반과 훈련 이외에도 휴식과 영양, 회복 촉진과 같은 훈련 외적인 것들도 중요한 역할을 한다.

1. 기술과 적응력

각각의 훈련은 서로 영향을 미치게 된다. 특히 기술 연습과 체력 훈련의 경우에는 특히 그렇다. 예를 들어 초급자의 경우, 신체 적응력이 낮은 수준이면 기술을 습득하는 데 시간이 많이 걸릴 수 있다. 또한 동작 및 몸자세 등의 기본 기술을 익히기 위해서는 일정 수준의 근력이 필요하다. 반대로 초급자가 너무 많은 근력을 갖고 있는 경우 비효율적인 동작, 나쁜 발 쓰기, 부적절한 몸자세만으로도 중간 수준의 루트까지 등반할 수 있을 것이다. 하지만 이렇게 되면 좋은 기술을 배우는 데 오래 걸리거나 방해받을 것이다. 힘센 사람은 루트를 어떻게든 끝내려고 하지 말고 먼저 좋은 기술을 배우려고 노력해야 한다.

사람들은 자신의 재능을 부적절하게 개발하기 때문에 문제가 더 커진다. 힘센 사람들은 근력 훈련을 가장 좋아하며, 유연한 사람들은 스트레칭을, 기술이 좋은 사람들은 등반을 많이 하려고 한다. 물론 자신이 약한 부분에서 지루하게 운동하는 것은 재미없는 일이며 때로는 실망스럽기도 하다. 그러나 정말 훌륭한 클라이머가 되기 위해서는 좀 더 똑똑하게 훈련해야 한다. 즉 투자 대비 등반 성과를 최대로 얻기 위해서 훈련 시간을 어디에 가장 많이 투입할지 알아야 한다. 일반적으로 대부분의 클라이머에게 있어 등반기술과 전략을 개발하는 것이 최고의 방법이라고 할 수 있다.

전문 클라이머는 평소 등반을 통해 얻을 것이 많지 않다고 할 수 있다. 그들은 기술과 잠재력이 거의 최고 수준이기 때문에 체력 및 정신력이 가장 중요한 요소가 된다. 따라서 전문 클라이머는 엄청나게 부하가 큰 근력 훈련을 해야 한다. 하지만 보통 수준의 클라이머가 그들을 따라 훈련하게 되면 절망에 빠지거나 병원에 실려 가게 될 것이다.

2. SAID 원리

'SAID(Specific Adaptation to Imposed Demands) 원리'는 어떤 운동이나 특정한 훈련을 할 때 우리 신체는 그 특정한 형태의 운동에 필요한 근육에 국한하여 적응한다. 예를 들어 달리기를 하면 다리 근육과 심장혈관 시스템을 향상시키는데 좋지만, 운동부하가 가해지지 않는 근육이나 신체조직은 달라지지 않는다. 따라서 아무리 심하게 달려도 팔 근육의 변화는 생기지 않는다. 물론 달리기에서 얻는 신체의 적응은 동일한 근육과 조직을 사용하는 산악자전거 같은 스포츠에는 어느 정도 도움이 된다.

중요한 점은 SAID 원리에 따른 훈련은 몸자세, 사용되는 근육과 에너지 시스템 등이 등반과 동일해야 한다는 것이다. 비슷하게 우리 몸은 등반하는 동안 맞닥뜨린 특별한 상황에 고유한 방식으로 적응한다. 볼더링을 많이 한다면 볼더링에서 요구되는 특정한 기술과 근력이 발달할 것이다. 한 피치짜리 스포츠 등반 루트나 거벽을 주로 등반한다면 거기에 맞는 상황에 적응하게 된다.

다시 말해 볼더링을 훈련하면 알파인 등반을 위한 체력을 향상시키는데 거의 도움이 되지 않는다. 스포츠 등반에서의 특정한 요구사항들은 볼더링의 요구사항들에 훨씬 더 가깝다. 결론적으로 볼더링을 해서 생기는 신체의 적응은 스포츠 등반으로 전이될 수 있으며 그 반대도 마찬가지이다.

SAID 원리에 의하면 등반 형태에 맞게 연습하고 훈련해야 한다. 세계에서 가장 뛰어난 볼더링 선수는 줄을 묶고 등반할 일이 별로 없을 것이다. 마찬가지로 최고의 알파인 클라이머는 30미터짜리 스포츠 루트를 등반하는 일이 거의 없을 것이다. 자기가 선호하는 등반 형태에 따라 훈련을 집중하는 것이 SAID 원칙의 기본이다. 따라서 우리는 특정한 종류의 등반방식에 더 뛰어나고 싶은지 아니면 적당히 잘하는 올라운드 클라이머가 되고 싶은지에 대해 선택을 해야 한다.

3. 목표 설정

완벽한 훈련은 목표 설정, 행동, 방향 수정의 세 단계로 연결된다. 각 단계를 성공적으로 수행하면 등반의 새로운 수준에 도달하게 된다. 특정한 목표를 설정해 놓으면 자신이 현재 있는 곳과 도달하고 싶은 곳 사이의 간격에 다리를 놓을 수 있다. 효과적인 목표 설정은 펜과 달력, 훈련 일지를 갖고 시작한다. 목표를 적어두지 않는다면 그것들은 결코 실현할 수 없는 꿈과 잡을 수 없는 희망으로 남아있게 된다.

단기(매일), 중기(매주 또는 매달), 장기(여러 해 또는 평생 목표)의 세 가지 종류로 목표를 설정하는 것이 가장 좋다. 현실적인 마감날짜를 갖고 정확한 용어로 목표를 적어본다. 그림이 글보다 훨씬 더 동기를 부여하므로 마음의 눈으로 그려낼 수 있는 그림을 창조하는 것이 중요하다.

다음에는 목표가 설정된 각각의 시간 프레임에 대해서 전반적인 목표를 요약하는 리스트를 만들어라. 예를 들어 '단기-가능한 가장 효율적으로 90분간 훈련한다' 또는 '중기-이번 여름까지 첫 번째 5.11을 레드 포인트로 등반한다.' 등이다.

마지막으로 단기, 중기, 장기 목표에 도달하기 위해 포기해야만 할 일을 한두 가지 적어본다. 보통 기존의 목표 설정에서는 이처럼 중요한 단계가 빠져있는데, 이것이 바로 많은 사람들이 인생에서 자신의 큰 목표를 이루는데 실패하는 이유다. 간단히 말해서 다른 어떤 것을 희생시키지 않고서는 새로운 것을 더하거나 의미 있는 일을 이룰 수 없다. 과거의 목표가 아직 꿈으로만 남아있는 이유는 아직 아무 것도 희생하지 않았기 때문이다.

· **단기 목표**

단기 목표는 매일의 계획을 설정하는 것이다. 목표가 분명하면 다른 사람이 하고 있는 일에 동요되거나 덜 중요한 등반(TV, 인터넷 서핑, 사교 관계)에 시간을 낭비하지 않고 자기의 생각과 행동을 집중할 수 있다. 그날 운동할 목표를 적고 나서 특정한 운동의 목록과 세트 각각의 운동에 할애한 시간을 기록한다. 단기 목표를 잘 수행하기 위해서 포기해야 할 일을 적는 것을 잊지 않도록 한다.

· **중기 목표**

중기 목표는 수주일 또는 수개월 과정 동안의 스케줄에 형태와 목적을 부여해준다. 이 계획은 등반 이외에 훈련과 등반여행에 맞출 수 있도록 달력 위에다 세우는 것이 가장 좋다. 첫 번째로 등반여행, 경기, 일과 가족에 대한 의무사항 등과 같이 큰 사안들의 윤곽을 잡아 본다. 다음에는 계획하고 있는 훈련과 등반 일정을 써 본다. 이때 충분하게 휴식할 수 있는 날짜를 잡는데 특히 주의를 기울여야 한다. 가장 중요한 사항을 적당한 자리에 먼저 쓰고 시간이 허락하면 덜 중요한 일 또는 임시로 할 수 있는 일을 다른 칸에 채워 넣는다.

· 장기 목표

장기 목표 설정은 마음속에 떠돌아다닌 수많은 꿈이나 소망을 종이 위에 쓰는 중요한 과정이다. 꿈이 현실이 되기 위해서는 종이 위에 옮겨 놓는 일이 무엇보다 중요하다. 목표를 쓰게 되면 마법의 힘이 작용하기 시작한다. 잠재의식은 목표를 이루기 위해 밤낮으로 등반할 것이고, 어느 날 갑자기 커다란 목표가 실현가능하게 되었음을 깨달을 것이다.

4. 행동하기와 방향 수정

행동이 목표를 향한 움직임이라면 방향 수정은 실제 실력을 향상시킨다. 사실 지속적이고 훈련된 행동은 모든 사람들에게 매우 어려운 일이다. 잘못된 방향으로 행동한 결과는 모두에게 너무나 익숙한 상황으로 남는다.

부정적으로 들릴 진 모르지만 똑같은 일이 암장에서 훈련하거나 바위에서 등반할 때 종종 일어난다. 약점을 개선하기 위해 필요한 운동과 훈련을 하는 대신 다른 사람의 일정에 맹목적으로 따라 가는 등반을 한다. 지금까지 다른 사람의 드림 프로젝트(내 수준보다 높거나 원래 계획하지 않았던 방향)을 하면서 보낸 날들이 얼마나 많았는지 생각해본다. 또는 암장에 가서는 결국 술자리로 끝이 나거나 아무 목적이나 방향 없이 그저 등반했던 일이 얼마나 잦았는지 깊이 생각해본다. 확실히 그런 날들도 한때는 재미있었으며 여유를 주기도 한다. 그러나 자주 그렇게 된다면 훌륭한 클라이머가 되지는 못할 것이다.

한 가지 좋은 해결방법은 똑같은 동기를 갖는 파트너를 찾아서 가능한 빨리 실력을 쌓을 수 있게 행동을 취하는 것이다. 이런 사람이라면 등반할 때 시간을 공평하게 쪼갤 수 있어서 각자 효율적으로 목표를 향해서 나아갈 수 있다.

결론적으로 매시간, 매일 자기가 하는 행동이 무엇이며 왜 하는지를 알아내려고 노력한다. 또한 행동으로부터 얻는 결과를 정확하게 파악하려고 노력한다. 최상급 클라이머는 방향을 벗어났을 때 가장 빨리 인지하고 상황을 재평가해서 바라던 목표를 향해 방향을 적절히 조정하는 사람들이다.

정신 훈련

어떤 일에서건 자신의 행위를 발전시키는 가장 빠른 방법은 생각의 질을 높이는 것이다. 자신에 대한 믿음, 집중, 감정, 자신감, 준비성, 문제해결 능력 등이 성공과 실패를 형성한다. 등반에서 성공하느냐 실패하느냐 하는 것은 종종 바닥에서 발을 떼기도 전에 무의식속에서 이미 결정된다.

등반을 안 할 때는 체력 훈련과 기술 훈련이 최고의 훈련이지만, 등반 시즌 동안은 정신적 근육의 조절과 유연성이 최대한의 등반 성과를 낼 수 있다. 이러한 목표를 위하여 몇 가지 정신적 전략과 기술을 소개하려고 한다. 정신 훈련은 서로 연관되어 있어서 전체를 연습할 때 강력한 상승작용을 낳는다. 정신적 기술은 등반하는 동안 10킬로그램 이상의 무게를 덜어주는 것과 비슷한 효과를 낳을 것이다.

1. 정신력을 개발하는 10가지 전략

독일의 클라이머 볼프강 궐리히(Wolfgang Gullich)는 "뇌는 등반에서 가장 중요한 근육이다."라고 말했다. 마음이 등반행위의 세 가지 요소 중의 하나라는 이유 외에도 정신 조절이 형편없으면 곧바로 신체적, 기술적 능력도 방해받기 때문이다. 지금 당장 사용할 수 있는 열 개의 전략이 있다. 모든 스포츠에서 성공한 대부분의 사람들은 이와 같은 정신적 기술들을 갖고 있다는 사실을 기억한다.

· 자신의 이미지와 등반 행위를 분리시켜라

이 책을 읽고 있다면 등반이 자신의 인생에서 중요한 역할을 하고 있을 것이다. 하지만 자신의 이미지가 클라이머라는 역할에만 너무 강하게 묶여 있다면, 클라이머로서의 역할을 증명하기 위해 항상 완벽할 필요가 생긴다. 결론적으로 정신적 압박감이 커지면 등반에서 실패하게 될 수도 있다.

우리는 결과가 아니라 과정을 중시할 때 가장 잘할 수 있다. 자기 이미지를 등반 행위와 분리시키면 결과에 관계없이 등반을 즐길 수 있게 된다. 오히려 그렇게 함으로써 자유로운 동작을 시도하거나 고빗사위를 통과할 때 필요한 다이노를 해볼 수도 있게 된다. 자기 이미지를 통하여 압박감과 불안이 줄어든다. 역설적으로 들리겠지만 더 잘 등반할 필요가 없기 때문에 더 멋지게 등반하게 될 것이다.

· 긍정적인 사람들과 등반하라

우리에게 영향을 주는 것들은 사실 우리의 개성과 태도가 어떻게 상황을 대하는가와 관련되어 있다. 자신의 생각과 행동이 주위 사람들의 생각과 행동에 영향을 끼친다면 그 역도 성립한다. 등반과 연관해서 말하자면 세 가지 선택사항이 있다고 할 수 있다. 혼자 등반하는 것과 낙관적이고 긍정적인 사람들과 등반하는 것, 그리고 냉소적이고 부정적인 사람들과 등반하는 것이 그것이다. 스스로의 한계를 끌어 올리는 것이 당면 목표라면 창조적이고 긍정적이며 동기를 부여해주는 사람들과 함께 등반함으로써 상승효과를 얻을 수 있다.

· 스스로 편안함에서 벗어나라

어떤 일에서든 발전하고 싶다면 현재 하고 있는 것을 넘어서 자기가 편안하게 느끼는 영역을 벗어날 필요가 있다. 수직 세계에서의 등반이란 정신적, 체력적 불편에도 불구하고 위로 올라가는 것을 의미한다. 그것은 스스로 두려워하는 일을 함으로써 공포에 도전하는 것을 의미하며, 현재의 전망으로는 불가능해 보이는 일을 시도한다는 뜻이다. 그런 과정을 통해서 새로운 차원으로 나아가고 명확한 비전을 세울 수 있다.

· 위험을 평가하고 미리 분석하라

등반은 분명히 위험을 내포한 행위이며 더 어렵게 등반하길 원한다면 추가적인 위험을 감수할 필요가 있다. 이러한 위험에는 추락으로 인한 부상과 같이 신체적 위험뿐만 아니라 실패, 비판, 창피함 등과 같은 정신적 위험도 포함된다. 흥미롭게도 어떤 클라이머는 신체적 위험이 정신적 위험보다 더 낫다고 느낀다. 등반을 시작하기 전에 가능한 위험 요소들을 평가하자. 객관적으로 미리 위험을 분석해 봄으로써 위험을 낮출 수도 있다.

· **자신감을 가져라**

자신감의 정도는 일차적으로 자기 이미지와 순간순간 생각하는 것에 기반하고 있다. 과거의 추락이나 형편없었던 등반에 대한 생각이나 "나는 할 수 없어. 불가능해. 시도나 해보자." 등과 같은 독백은 자신감을 떨어뜨리고 실패의 씨앗이 된다. 반대로 긍정적인 행동은 흥분감과 성공에 대한 결과를 느끼고 그려봄으로써 자신감이 상당히 커지게 된다. 등반이든 아니든 과거의 멋진 사건을 매일매일 시각화하는 것이 미래의 성공을 위한 최상의 방법이다.

· **최상의 등반상태에 이르도록 하라**

최상의 등반상태란 모든 동작이 거의 힘들지 않고 자동적으로 되는 완벽한 등반이 되는 상태를 의미한다. 경기에서 또는 가장 어려운 레드포인트 등반에 앞서서 스트레스를 받는 상황에서도 이런 상태를 창조할 수 있다.

여러 해 동안 등반해 온 사람이라면 어떤 완벽한 과거가 틀림없이 있어서 최고의 등반상태를 위한 이미지로 사용할 수 있다. 그렇지 않다면 모든 것이 완벽하게 조절되고 가능하다고 느껴졌던 다른 사건들을 생각해본다. 자신의 모든 감각을 이용해서 과거의 사건에 대한 60초짜리 정신적 영화를 제작해본다. 그 영상을 생생하고 밝게 만들어서 느낌과 그때의 상태를 자신의 몸으로 느끼도록 한다. 어떤 사람에게는 헤드폰으로 어떤 특정한 노래를 듣는 것이 과거 최고의 등반상태에 연결하는 강력한 도구가 되기도 한다.

· 등반에 앞서 의식을 행하라

등반에 앞서 잠깐 동안 생각하고 행동하는 것들이 등반행위의 기반을 형성한다. 루트를 살펴보고 동작을 머릿속에 그려보고 장비를 준비하며 워밍업 한다든가 신발을 신는 방법까지도 의식의 행위에 포함된다. 호흡, 속도, 표정, 제일 마지막에 하는 생각 등 아주 사소한 것일지라도 바위 앞으로 걸어 나가는 의식 속에 미리 결정되어 있어야 한다.

지난 경험을 기초로 해서 자신만의 의식을 개발한다. 예전에 최고의 등반을 떠올리며 등반 전에 무엇을 생각하고 행했는지 생각해본다. 일단 자신의 의식을 만들었다면, 그것을 계속 고수한다.

· 긴장과 스트레스를 통제하라

긴장과 스트레스는 마음에서 나와 감정으로 표출된다. 바위에서 긴장하고 스트레스를 받는 클라이머는 감정의 분출 때문에 쉽게 알아볼 수 있다. 등반을 잘해내기 위해서 부정적인 감정을 이용할 수 있는 사람은 거의 없다. 이럴 때는 깊은 숨을 쉬고 부드럽게 시도하는 것이 욕하고 물건을 집어던지는 것보다 더 좋은 결과를 가져온다. 긴장이 생기기 시작하면 통제를 벗어나기 전에 재빨리 알아채도록 노력한다. 몇 번 깊은 숨을 쉬어서 호흡을 정상화함으로써 긴장이 무의식 속으로 다시 돌아가도록 한다. 근육이 긴장되어 있는 부분은 없는지 탐색하고 풍선에서 바람이 빠지듯이 긴장이 근육에서 빠져나가도록 한다. 머리에서 발끝까지 몸 전체를 기분전환 시킨다. 과거나 미래에 대한 모든 생각들을 지운다. 그런 다음 등반 과정에 다시 집중한다. 표정을 바꾸고 미소를 짓는다. 이젠 루트를 끝내기 위해 등반을 시작해도 좋다.

· 긍정적으로 생각하라

깨어 있는 시간 내내 머릿속에는 서로 거리를 두고 있는 비평가와 행위자의 목소리가 있다. 비평가의 소리는 어떤 상황(약점이나 등반상의 실수)에서는 유용할 수 있다. 하지만 행동을 추진하고 긍정적인 마음을 유지함으로써 등반을 가장 잘할 수 있게 도와주는 것은 행위자의 소리이다.

비평가가 말을 시작하려고 하면 긍정적인 말로 바꾼다. 예를 들어 "이 루트는 불가능해 보여"를 "이 루트는 도전해볼만 하겠는 걸"로 바꾸고, "불안하게 느껴져"를 "힘이 솟는 게 느껴져"로 대체한다. 또한 "나는 아마 추락할거야"를 "난 이걸 할 수 있다고 생각해. 떨어져도 다음에 하면 되니까 괜찮아"로 바꾸어라.

· 상황과 결과에 관계없이 즐거워하라

모든 진정한 승자들의 탁월한 특징은 나쁜 결과나 비판에 대해 내성을 갖고 있다는 점이다. 성공은 시간, 노력, 인내와 함께 온다는 확고한 믿음이다. 그러한 태도는 자기에게 부족한 근력이나 기술을 보상해줄 수 있는 조커와 같다. 우리는 자연을 경험하고 바위의 오름짓을 사랑하기 때문에 등반을 한다. 더 나은 등반을 위한 가장 큰 비밀은 조건 없이 등반을 사랑하는 것이다. 등반하는 날은 결과에 관계없이 멋진 날이라고 선언한다. 그러면 우리가 바라던 결과를 얻게 될 것이다.

2. 감정의 조절

감정은 몸과 마음에 직접적인 영향을 미친다. 우리가 무엇을 느끼는가에 따라서 하고자 하는 일과 생각하는 방식에 영향을 받는다. 예를 들어 등반 전에 신경이 곤두서게 되면 집중력이 흐트러지고 몸 전체를 통해 불안감이 고조된다.

크리스 샤마나 린 힐 같은 최고의 클라이머를 잘 살펴보면 일관되게 긍정적이고 생산적인 감정을 찾아볼 수 있다. 추락할 때조차도 화내는 것을 감지하지 못할 것이고, 때로는 추락을 포함하는 등반과정을 즐긴다. 이제 등반에서 실패할 때 감정이 어떻게 변하는지 비교해본다.

· 두려움

두려움을 느끼지 않는 사람은 없다. 잘 확보된 루트에서 추락하기를 무서워한다든가 신체적으로 불편할 것 같은 두려움, 루트 실패의 두려움, 창피함에 대한 두려움 등은 최상의 등반을 하고 싶다면 모두 없애야 할 공포이다. 또한 무의식적으로 미리 프로그램된 두려움은 우연처럼 보이는 '어처구니없는 일'들의 근원적인 뿌리가 된다. 혹시 고빗사위를 지나서 성공이 거의 확실한 루트에서 떨어진 적이 있는가? 아니면 분명히 잘하고 있다고 느꼈는데 홀드에서 손이 빠지거나 익숙한 동작을 실패한 적이 있는가? 그런 실수들은 아마도 능력의 부족이라기보다는 평소에는 잘 몰랐던 내면의 공포심의 결과였을 것이다. 등반에 관련된 네 가지 기본적인 두려움이 있다. 추락, 통증, 실패, 창피함에 대한 두려움이 바로 그것이다.

· 기분전환

우리 생활에는 스트레스가 쌓이는 일이 많이 있다. 직업, 인간관계, 소유물, 심지어는 등반 장소까지 운전하는 일도 근육의 긴장이나 부정적 생각과 같은 스트레스 반응을 낳는다. 흥미롭게도 실제 생활에서 스트레스를 불러일으키는 것은 어떤 사건이나 일이 아니라 그에 대한 반응이다. 이러한 사실을 명심한다면 경험하는 모든 일에 대한 반응을 조절할 수 있게 되고 결국 스트레스를 조절할 수 있다.

첫 번째 단계는 어떤 사건이나 상황이 스트레스를 일으키고 있다는 사실을 인식하는 것이다. 내가 어떻게 느끼고 있는지 또는 근육의 긴장이 커지고 있는지 자신에게 물어봄으로써 긴장의 수위를 예민하게 파악한다. 긴장을 체크하는 일을 일상적인 일로 만든다. 예를 들어 매 시간마다 신체의 생리적 상태를 필요로 하는 일(큰 회의라든가 어려운 등반)에 앞서서 자신의 긴장과 스트레스 수준을 재빨리 체크하도록 한다. 스트레스의 경고 신호들(예를 들면 꼭 다문 입, 펜이나 핸들을 꽉 쥐기, 목이나 어깨 등이 경직되는 느낌 등)을 놓치지 않도록 주의한다.

바위에서 긴장하면 홀드를 너무 세게 잡거나 고빗사위 동작을 할 때 불안하게 움직이며 전반적으로 유연하지 못한 점 등이 드러난다. 그런 신호가 오면 긴장을 인식하고 낮추는 것을 목표로 삼아야 한다. 그렇지 않으면 금세 눈덩이처럼 불어나서 등반을 방해하게 된다. 사실은 바로 이러한 이유로 이전에 해냈던 동작을 잊어버리거나 자기 능력으로 할 수 있는 루트에서 떨어지는 원인이 된다. 긴장과 스트레스가 쌓이면 동작의 효율성을 잃어버려서 등반을 쉽게 망쳐버린다.

두 번째 단계는 근육을 충분히 이완시킴으로써 순차적으로 마음도 기분전환 할 수 있는 방법이다. 특정한 근육을 의식적으로 긴장시켰다가 풀어줌으로써 마음도 기분전환이 될 수 있다는 사실에 기반을 둔 과정이다. 시간이 지나고 나면 근육 긴장의 아주 작은 차이도 알아차리고 등반이 흐트러지기 전에 긴장을 즉시 없앨 수 있다.

3. 집중하기

집중하는 능력은 중요한 스포츠 기술이며 특히 위험요소 때문에 눈 앞에 있는 일로부터 집중이 자꾸 흩어지게 되는 등반에서는 더욱 그렇다. 집중은 특정 순간에 가장 중요한 일에 정신 에너지를 레이저처럼 초점을 맞추는 것을 말한다. 등반에서의 모든 움직임이 각각 중요하기 때문에 그 순간에 가장 결정적인 손 위치 또는 발 자세 등에 초점을 모으는 것이 필수적이다.

집중은 마치 카메라의 줌 렌즈처럼 주의를 좁히는 행위이다. 어떤 주어진 순간에 등반에 가장 결정적인 한 가지 작업에 집중해야 한다. 예를 들어 작은 구멍에 발끝 끼우기, 손 끼우기, 체중을 오른쪽으로 이동하기 등에 집중해야 한다.

집중에서 가장 어려운 부분은 한 지점에 집중한 다음 재빨리 넓은 시각으로 보는 등 초점을 넓히고 좁히는 방법을 배우는 것이다. 예를 들어 축구 선수들은 넓은 시각으로 받을 사람을 찾는 패스를 시작하다가 패스를 전달할 때는 즉각 한 명의 선수에게 집중한다. 등반에서도 마찬가지다. 홀드에 매달려 다음 홀드를 찾고 있을 때는 넓게 집중하다가 홀드에 손을 잡을 때는 초점을 좁혀야 한다. 구경꾼들을 본다거나 다른 어떤 일에 집중이 흐트러지면 등에 10킬로그램의 하중을 더하는 것과 마찬가지가 된다. 형편없는 집중은 동작을 더 힘들게 만들며 때로는 동작을 불가능하게 만든다.

집중하기에 가장 좋은 때는 최대 능력보다 두 단계 아래 등급의 루트를 등반할 때다. 실내 암장에 있는 암벽에 있든지 동작의 한 가지 면에만 초점을 맞추려고 하면서 전체 루트를 등반해본다. 예를 들어 오로지 손 위치에만 완전히 집중하여 루트를 해본다. 각 홀드를 잡는 가장 좋은 방법을 찾고 매달리는데 필요한 최소한의 악력만을 이용하며 홀드를 당길 때 잡는 상태가 어떻게 달라지는지 느끼도록 한다. 발이나 몸의 균형, 확보자 등 다른 영역에 대해서는 안전한 범위 내에서 가능한 작게 집중한다. 쉽게 말해 그런 영역은 자연스럽게 되도록 내버려둔다. 발이 어디로 가고 밸런스가 어떻게 이동하는지에 대해서는 육감을 이용한다.

집중하기는 마음을 고요하게 유지하도록 도와주고 등반을 시작할 준비가 되도록 만든다. 등반 시작점에 서서 어깨를 펴고 눈을 감은 상태로 바위 면에 손가락 끝을 대어본다. 손가락은 홀드를 잡지 말고 벽을 부드럽게 대고 있어야 한다. 손과 팔의 근육은 완전히 이완되어 있어야 한다. 세 번 깊은 호흡을 한다. 호흡을 할 때마다 다섯까지 세면서 숨을 코로 들이마시고 열까지 세면서 입으로 내쉰다. 기분 좋은 마음의 물결이 온 몸을 통과하도록 하고 바위에 대고 있는 손끝에 집중한다. 그러면 손가락에서 바위로 열에너지가 옮겨가는 것을 느낄 수 있다. 바위가 몸보다 더 뜨거운 경우에는 열에너지가 손가락으로 들어오는 것을 느끼게 된다. 손끝과 바위 사이의 에너지 교환에 집중하면서 1~2분 동안 유지한다. 모든 초점이 손끝에 집중될 때 마음은 고요해지며 이런 상태에서 눈을 뜨고 등반을 시작한다.

기술 훈련

등반은 바위를 오르는 행위다. 바위를 오르기 위한 가장 핵심적인 항목은 기술과 전략이다. 그럼에도 불구하고 클라이머가 주로 관심 있는 부분은 체력 훈련이며 가장 인기 있는 주제도 근력 강화이다. 하지만 근력보다 더 효과적이며 빨리 향상될 수 있는 부분은 정신 훈련과 기술 훈련이다.

역설적이게도 대다수의 클라이머는 등반에 필요한 기술을 연습하는 데 거의 시간을 쓰지 않는다. 대부분의 클라이머는 마땅한 코치나 가이드 없이 등반 루트를 하나씩 해나가는 것으로 만족한다. 어떤 스포츠에서든 능숙하고 잘하게 되려면 새로운 기술을 집중적으로 연습하고 약점을 보완해 가야 한다. 그러나 대부분 클라이머는 자신의 최대 등급보다 낮은 루트에서 연습하는 데 시간을 할애하지 않는다. 더구나 어떤 사람들은 자신의 약점을 그대로 드러내는 등반을 피하려고 한다.

1. 운동 학습의 원리

스포츠에서 운동 학습이란 어떤 기술의 동작을 완성하는 과정을 의미한다. 기술의 종류(예를 들어 걷기, 운전, 등반 등)에 관계없이 학습은 인식, 동작, 자동의 세 단계로 구성된다.

· 인식 단계

이 단계는 어떤 운동에 대해 생각하고 설명을 듣거나 다른 유사한 행동과 비교하며 실제로 하면 어떨지에 대해 추측하는 단계다. 또한 근육의 운동감각이 어떤 느낌일지 기대하고, 앞으로의 목표나 원하는 결과를 그려보는 과정도 포함된다.

인식 단계의 초기 시도에서는 어색하고 비능률적이며 거친 행동으로 나타내며, 에너지와 근력을 낭비하는 방식으로 소진해 버린다. 처음 해보는 형태의 등반이나 특히 어려운 루트를 처음으로 시도할 때 경험하는 단계이다. 초기의 연습 단계에서는 바닥에서 루트를 보면서 동작과 휴식지점을 그려본 다음, 톱로핑 또는 볼트에서 볼트까지 선등을 하면서 등반을 시도한다. 이런 초기 시도의 결과는 대부분 불완전한 모습으로 나타나지만 계속 연습함으로써 등반 성과는 점점 나아진다.

인식 단계는 크게 지적 능력과 성격에 연관된 특성이 작용하며 체력적인 능력과는 크게 상관이 없다. 따라서 초반에 잘하는 사람들(선천적인 재능이 있는 사람들)은 제일 힘이 센 사람들이 아니라 지각력이 있고 머리회전이 빠르며 자신감이 있고 육체적으로 긴장되어 있지 않은 사람들이다. 실제로 처음 등반을 하는 초보 여성 클라이머가 비슷한 남성 클라이머보다 처음 며칠간은 등반을 더 잘 하는 것을 쉽게 볼 수 있다.

· 동작 단계

동작 단계는 지속적인 연습의 결과로 신경계와 뇌에 의해 등반의 효율성과 조직화가 증가하는 단계이다. 이것은 의식적인 노력과 생각의 산물이라기보다는 자동적으로 나아지는 현상이다. 신경회로는 수많은 시도와 더불어 피드백을 받아서 효율적으로 실행하게 될 때 발전된다. 에너지 소비가 감소하고 신체의 동작 효율성이 뚜렷하게 증가된다.

이 단계는 등반에서 동작과 클립을 알고 있는 레드 포인트 등반을 시도할 때 잘 나타난다. 이때의 목표는 효율성을 개발하고 고빗사위를 등반하기 위해 근력과 지구력을 보존하는 것이다. 여기서는 팔다리 동작의 정확성, 사소한 실수를 인지하고 수정하는 속도, 불안감이나 의심에 대한 민감성 등이 관계한다. 이러한 요소들은 의식적인 생각이 아니라 끊임없는 연습과 완벽함의 추구를 통해서 획득된다.

· 자동 단계

운동 학습의 마지막 단계는 자동 단계로 부른다. 이 시점에서는 동작이 자동적으로 이루어지며 거의 의식적인 주의를 기울일 필요가 없이 동작이 안정적이고 매끄러운 상태에 도달하게 된다. 이 단계에서는 완전한 몰입 상태가 되기도 하는데, 등반의 경우 끊임없이 반복적인 연습을 통해서만이 도달한다. 자신이 완전히 외우고 있는 루트를 수없이 반복할 때 이 상태를 경험할 수 있다. 또한 이러한 몰입 상태는 자신의 최대 등급보다 낮은 루트를 온사이트 할 때도 경험할 수 있다.

2. 습관적인 행동

등반기술은 바위의 모양과 종류에 따라 다르다. 따라서 능숙한 클라이머가 되려면 다양한 종류의 바위에 대한 경험이 필요하다. 습관적인 행동은 뇌와 척수에 의해 무의식적으로 개발되고 적용되는 일련의 과정이다. 이것은 어떤 조건이 주어졌을 때 동작이나 근력, 몸자세를 조정하는 방법이라고 할 수 있다. 등반의 조건들은 바위의 각도, 마찰력의 질, 사용하는 홀드의 형태 등에 따라 달라진다. 따라서 한두 종류의 벽에서만 등반한다면 바위, 마찰력, 홀드에 대해서 좁은 범위의 습관적인 행동을 하게 된다.

이때의 운동 프로그램은 아무리 잘 학습하더라도 비슷한 상황에서만 효력을 보이며, 심지어 같은 바위에서도 더 어려운 부분에서는 잘 적용하지 못한다. 더욱 나쁜 점은 다른 지역으로 등반 여행을 갔을 때 습관적인 행동 때문에 원래 능숙하게 했던 등급보다 더 어려워지거나 더 낮은 등급을 등반하게 된다는 점이다.

반대로 자주 여행하는 클라이머라면 수만 종류의 다른 동작, 자세, 홀드들을 자신의 습관적인 행동에 기록해 놓았을 것이다. 이런 엄청난 경험 덕분에 대부분의 바위 형태에서 상당히 높은 수준으로 등반할 수 있다. 기술이 뛰어난 스키선수나 서핑선수들이 어떤 슬로프나 파도에서도 잘하듯이 습관적인 행동을 개발하게 되면 지구상의 어느 바위에서도 높은 수준으로 온사이트 할 수 있는 클라이머가 될 것이다.

3. 새로운 기술의 학습

새로운 기술을 배우고 그것을 효율적이고 창의적으로 사용하기 위해서는 운동 학습의 세 단계를 거쳐야 한다. 기술의 난이도에 따라 배우는 과정은 느리고 어색하며 실망스러울지도 모른다. 따라서 훌륭한 기술을 배울 수 있다는 강한 믿음과 훈련이 필수적이다. 어설픈 클라이머는 그러한 과정을 기술을 통해서가 아니라 근력에 의존함으로써 돌파하려고 한다.

즉 새로운 동작, 기술, 몸자세를 배우면 더 효율적으로 할 수 있는 동작을 런지나 스윙 또는 돌아서 넘어가려고 한다. 또 다른 예는 실내 암장이나 페이스 클라이머가 처음 크랙 등반을 배우려고 할 때 고통스러운 끼우기나 또는 크랙의 다른 면을 미는 동작을 피하려는 경향이 흔히 나타난다. 결국 클라이머는 팔에 펌핑이 나고 루트가 실제 등급보다 더 어렵다고 주장하지만, 사실은 가장 효율적으로 그 루트를 등반하는 데 필요한 기술을 사용하지 않았기 때문에 어려웠던 것이다.

처음에 새로운 동작이 아무리 어렵게 느껴지더라도 집중적인 연습을 통해서 쉽게 실행할 수 있다는 확신을 가져야 한다. 또한 새로운 기술을 다양한 바위 종류나 각도에서 연습해 봄으로써 능숙해지도록 해야 한다. 또 한 가지 중요한 점은 피곤하고 무섭거나 급한 상황에서는 학습이 느리고 어려워지는 반면, 생생하고 확신에 찬 상태에서는 새로운 기술을 빨리 습득할 수 있다는 것이다.

어떤 특정한 종류의 등반을 위해 훈련하고 연습하는 최상의 방법은 없다. 사람들이 새로운 기술을 배울 때 심지어 아이들이 걸음마를 배울 때조차도 두뇌는 수많은 해답을 만들어낸다. 여러 가지 과정들을 시도하고 나서 성공적인 기술은 유지되지만 별로 효과가 없는 기술은 폐기된다.

또한 어떤 동작에 대한 창조적이고 독창적인 기술은 학습 과정에서 계속 창조되며 클라이머는 이 기술들을 인지하고 학습한다. 어느 시점까지는 힐 훅, 데드포인트, 피겨 4 자세와 같은 독특한 동작은 존재하지도 않았으며 배울 수도 없었다. 누군가 등반에 대한 학습 과정 중에 그런 동작들을 만들어 냈으며, 이제 많은 사람들은 이와 같은 동작들을 흔하게 사용하고 있다. 마지막으로 숙련된 클라이머가 되기 위한 가장 필요한 조건은 새로운 기술이 어색하고 재미없어 보이더라도 마음을 열고 호기심을 가지며 배우려는 의지를 갖는 것이다.

4. 향상 속도와 기술 수준

기술은 등반을 처음 연습할 때 바닥 수준으로부터 빠르게 향상되며 능력이 어떤 절대수준에 근접하면 천천히 약간씩 증가한다. 자동차 운전과 같은 단순한 일은 숙달될 때까지 몇 주밖에 걸리지 않는다. 이 기간을 지나고 나면 차를 수천 시간 운전한다고 해도 운전기술은 단지 약간 향상될 뿐이다.

골프나 등반 같은 복합적인 행위에 대한 학습 곡선을 보면 초반의 연습 결과로 기술이 빠르게 증가하지만, 기본적으로는 상당한 복잡하고 예민한 기술이기 때문에 수년 또는 수십 년 동안 계속 발전할 수 있다. 사실 등반보다는 골프가 기술적으로 더 어려운 스포츠인데, 몇몇 타고난 클라이머는 5년 이내에 정상급에 도달할 수 있지만, 타이거 우즈 같은 최고의 골프선수들은 정상급 수준에 도달하기까지 15년이 걸린다.

특정 형태의 등반에 연습을 집중하고 훈련함으로써 발전 속도를 최대로 높일 수 있다. 실내 볼더링 게임이나 오버행 루트 등반과 같은 특정 형태의 등반에서 높은 수준을 보여주는 클라이머는 오늘날 흔히 볼 수 있다. 그들은 그 등반을 잘하기 위해 필요한 습관적인 행동들의 개발에 연습을 집중했기 때문이다. 물론 단점은 습관적인 행동 때문에 다른 형태의 등반이 다소 어려워진다는 것이다.

숙달된 전천후 클라이머가 되려면 오랜 시간이 걸린다. 훈련에 대한 가장 현명한 접근법은 등반을 시작해서 처음 몇 년 동안 지독하게 힘을 기르는 방법보다는 기술 훈련에 중점을 두는 방법이다. 바위에서 타이거 우즈 같은 사람이 되고 싶다면 여러 해 동안 헌신적으로 연습할 자세를 갖고 확실한 전천후 기술자가 되도록 노력해야 한다.

5. 기술 개발 훈련

· 볼더링

볼더링은 근력을 개발하기에 제일 좋은 방법으로 알려져 있지만, 등반기술을 배우고 새로운 습관적인 행동을 획득하는 것이 더 효율적인 방법이다. 최근에 했던 볼더링 문제를 생각해보라. 아마도 어려운 문제를 몇 번이고 해서 결국은 성공한 적이 있었을 것이다. 여러 번 시도하면서 근력이 증가했기 때문에 성공했을까 아니면 연속적으로 시도하는 가운데 동작을 가장 효율적으로 하는 데 필요한 자세를 배운 것인가? 대답은 분명하다.

볼더링에서는 줄을 매고 등반하는 구속이 없기 때문에 특정 기술이나 연속 동작을 배우기 위해 반복적으로 시도해볼 수 있다. 일단 기술이 완성되고 나면 더 이상 얻을 부분은 없다. 추가적으로 더 학습하려면 새로운 기술을 연습하거나(예를 들어 새로운 동작과 자세의 볼더 문제) 어떤 요소(예를 들어 각도, 홀드 크기, 홀드 위치나 간격 등)를 수정해야 한다.

실내 암장은 이런 연습을 하기에 가장 이상적인 장소이다. 예를 들어 오버행에서 언더 홀드와 엉덩이를 돌리는 기술을 배우려 한다고 가정해 보자. 먼저 상대적으로 쉬운 언더 홀드와 힙 턴 동작이 있는 문제를 세팅하고 100퍼센트 마스터했다고 느낄 때까지 몇 번이고 연습한다. 다음으로 홀드 방향과 위치를 약간 바꾸어 문제를 새로 디자인하고 완전히 될 때까지 반복해서 연습한다. 그 다음에는 홀드 크기를 줄이고 연습을 반복한다. 이렇게 모든 경우의 수를 다할 때까지 이 과정을 반복한다.

이러한 연습 훈련을 완료하려면 하루 저녁이 걸릴 수도 있고 몇 주가 걸리기도 한다. 그러나 기간에 관계없이 최종적으로는 이런 동작과 관련된 습관적인 행동들을 익힐 수 있고 나중에 실제로 등반할 때 그런 기술을 재빨리 실행할 수 있게 된다. 따라서 광범위한 동작 형태와 각도로 야외에서 볼더링하는 것이 폭넓은 등반 기술을 쌓는 데 가장 좋은 방법이다.

· 트래버스 훈련

볼더링처럼 트래버스 훈련도 기술적 측면에 집중을 맞춘 훈련이다. 어떤 사람은 바위 아래쪽이나 실내 암장에서 즉흥적으로 가로지르는 것이 볼더 문제 다음으로 지루하다고 여길지도 모른다. 하지만 이런 훈련은 이미 등급이 매겨져 있는 볼더 문제에 비해서 중요한 장점들을 갖고 있다. 등급이 있는 볼더 문제를 할 때는 자신의 기술이 아무리 보잘 것없고 비효율적이라 하더라도 어떻게든 성공하고 싶은 마음이 자연스러운 일이다. 앞서 언급했듯이 성과를 위한 등반에서는 새로운 기술을 개발하기 어렵다.

반대로 기술과 동작 연습을 위한 트래버스 훈련에는 등반 성과를 내려는 압박감이 없어진다. 벽에서 떨어질 것인지 아닌지에 대해 신경 쓸 필요 없이 잡는 자세와 부드럽고 정확한 발동작, 다양한 몸자세 등을 실험해볼 수 있다. 이 훈련의 장점을 최대한 살려서 각각의 발 위치를 주의 깊게 두고서 발에 체중을 싣기 위한 정교한 기술과 어려운 연속동작에서 재빠르고 자신감 있게 움직이는 동작에 집중해본다. 마지막으로 항상 고요하고 긴장되어 있지 않는 상태를 유지하려고 애쓰고 균형을 잃을 때마다 발끝에 다시 집중하도록 노력한다.

트래버스의 장점을 혼합하여 다양한 훈련을 해볼 수 있다. 예를 들어 두 손가락(검지와 중지 또는 중지와 약지)만 이용해서 트래버스를 해보는 것이다. 이 훈련은 최대한 발에 체중을 싣도록 하며, 손가락 근력을 증가시키는 데도 좋은 방법이다. 또 다른 방법으로는 오픈 홀드 자세만 이용해서 완전한 트래버스에 도전해보는 것이다. 이것은 원래 클링 홀드를 선호하고 있었다면 특히나 어렵고 유용한 방법이다. 창조적으로 생각해서 다른 훈련들을 자꾸 개발해본다. 예를 들어 옆으로 당기는 방법만 쓰기, 언더 홀드로만 잡기 등의 훈련이 있다. 초급자와 중급자는 정기적으로 이런 훈련을 실시하면 많은 것을 얻을 수 있다.

· 톱로핑과 행도깅

톱로핑과 행도깅은 포켓 홀드나 크랙처럼 익숙하지 않은 지형에서 등반하거나 자신의 한계에 가까운 어려운 동작을 연습할 때 이상적인 방법이다. 앞에서 얘기한 것처럼 긴장되지 않고 스트레스가 낮은 환경이 새로운 기술을 배우는데 결정적인 요소이다. 톱로핑을 하거나 볼트와 볼트 사이를 선등하게 되면 스트레스가 낮은 상태가 되어서 심각한 추락이나 부상의 위험 없이 어려운 동작을 연습할 수 있다.

지속적으로 어렵거나 고빗사위가 여러 번 있는 루트를 시도할 때 더 작은 부분으로 나누는 것이 최선이다. 이렇게 하면 루트를 부분적으로 해결할 수 있어서 정신적 부담이 줄어든다. 행도깅에서는 볼더 문제를 푸는 것과 비슷하게 하나의 연속 동작을 반복적으로 하는 구간별 연습을 적용할 수 있다. 일단 한 문제가 해결되고 성공 확률이 높아지면 다음 구간으로 옮겨 가서 시도해볼 수 있다. 모든 구간을 해결하고 충분히 쉰 후에는 다음 목표로 그 구간들을 연결해본다.

· 스틱 게임

이 게임은 새로운 동작을 온사이트처럼 빨리 판단하고 실행하는 기술을 배우기에 좋은 방법이다. 실내 암장에서 적어도 두 명이 번갈아 가면서 즉흥적으로 볼더 문제를 찍어주면 된다. 한 사람이 홀드 두 개씩 내고 번갈아 가면서 볼더 문제를 푸는 방법이다. 추락하거나 문제가 끝날 때까지 계속 이런 방식으로 한다. 이 게임을 할 때는 보통 홀드만을 지정하고 발 홀드는 자유롭게 사용할 수 있도록 하는 것이 일반적이다.

· 뒤따라가기와 제거 훈련

이 훈련은 볼더링이나 톱로핑 등반할 때 실내에서 이용할 수 있다. 목표는 손으로 잡은 홀드에 발이 그대로 따라가는 것이다. 사다리를 올라갈 때처럼 오른손으로 잡은 곳에 오른 발을 디딜 수 있도록 훈련한다. 제거 훈련은 특정 홀드를 생략하는 것이다. 똑같은 루트를 계속해서 반복 연습해서는 얻을 것이 거의 없다. 그 루트에서 가장 큰 다섯 개의 홀드를 제거시킴으로써 스스로에게 도전해본다. 혹은 사이드 홀드나 언더 홀드로만 잡도록 제한하거나 두 손가락만 써서 등반하도록 해본다. 이렇게 하면 자기와 주위 사람들에게 꽤나 재미있을 뿐 아니라 기술 연습과 전체 실력을 향상시키는데도 훌륭한 방법이 된다.

· 다운 클라이밍

이 방법은 팔의 펌핑을 두 배로 나게 하는 효과 외에도 많은 장점이 있다. 루트를 다운 등반하려면 올라갈 때 훨씬 잘 관찰하게 되고 집중한다. 또한 이 연습은 발동작에 강한 집중을 요구하기 때문에 발동작이 좋지 못한 클라이머가 연습을 하면 많은 것을 얻을 수 있다.

처음으로 다운 등반을 해보면 상당히 어렵고 어색하며 심하게 펌핑이 나게 된다. 그러나 홀드에 대한 인지력이 향상되고 루트를 거꾸로 할 수 있게 되면 다운 등반이 처음 완등할 때보다 훨씬 더 쉽게 느껴질 것이다. 이것은 근력의 길이가 길어지는 수축 과정이 근육이 짧아질 때의 수축 과정보다 훨씬 강할 뿐만 아니라 내려갈 때는 발이 리드하기 때문에 발에 최대한 체중을 실어서 에너지를 보존하는 법을 배우기 때문이다. 이런 이유 때문에 진지한 클라이머라면 다운 등반 훈련을 간과하지 않는다.

· 스피드 훈련

바위의 경사가 심하고 동작이 어려울 때 빨리 정확하게 등반할 수 있는 것보다 더 중요한 일은 없다. 빨리 등반하는 것은 근력이나 파워의 문제가 아니라 일차적으로 기술의 문제이다. 사실 근력과 지구력이 부족할수록 빨리 등반하는 기술은 더 중요해진다.

동작이 흐트러지고 기술이 엉망이 되기 시작한다면 빨리 등반해도 얻을 점이 없다. 따라서 자기의 최대 능력에서 한두 단계 아래 등급의 루트에서 스피드 훈련을 하는 것이 가장 좋다. 루트를 몇 차례 등반하되, 등반 사이에는 휴식한다. 다시 할 때는 이전 등반보다 좀 더 빨리 등반해본다. 약 10퍼센트 정도 더 빨리 등반하려고 노력한다. 그러나 기술이 흐트러지는 신호가 오면 속도를 다시 낮추어라.

수개월 동안 일주일에 몇 번 정도 스피드 훈련을 실시한다. 그러면 온사이트 또는 레드 포인트를 할 때 자연스럽게 더 빨리 움직이는 자신을 발견하게 될 것이다. 이런 새로운 기술 하나만으로도 한 시즌 동안 레드 포인트 능력을 한 등급 이상 올릴 수 있다.

6. 문제 해결 능력

어렵거나 복잡한 루트를 할 때 즉각 문제를 해결하고 학습하는 기술을 발전시키기 위한 여섯 개의 정신적 전략을 제시하고자 한다. 이 전략은 정신적, 육체적 에너지를 보존하면서도 난해한 고빗사위를 재빨리 파악하는 기술이다.

· 등반 성과가 아니라 문제 해결에 집중하라

상급자들이 어려운 볼더 문제나 프로젝트 루트를 등반하길 좋아하는 이유는 복잡한 문제를 연구해서 아름답고 독특한 연속 동작이 점차 만들어지는 과정을 볼 수 있기 때문이다. 예를 들어 볼더 문제나 고빗사위 동작을 할 때 이런 바위 퍼즐의 아름다움에 깊이 빠져서 어려운 과정을 해나가는 즐거움을 느껴본다. 이런 식으로 하다보면 실패할 것 같은 마음가짐에서 벗어나서 문제에서 한 발 떨어져 해결책을 찾는 쪽으로 집중하게 된다. 뇌는 자신이 집중하고 있는 부분을 자연스럽게 증폭시킨다. 문제가 아니라 해답을 찾고 싶다면 항상 해결 지향적이어야 한다.

· 여유를 갖고 긍정적인 상태를 유지하라

문제 풀기와 운동 학습은 모두 스트레스와 불안이 없는 상태에서 가장 빨리 배울 수 있다. 따라서 깊은 숨을 쉬고 긍정적인 시각화를 하며 해결 지향적인 마음가짐을 유지함으로써 긴장을 컨트롤하는 것이 매우 중요하다.

또한 "루트를 완등해야 한다"거나 "이번 시도에서 레드 포인트로 올라야 한다"는 생각을 없애야 한다. 이런 생각은 자신에게 안 좋은 방향으로 작용하게 된다. 어떤 필요성을 마음에 두고 있으면 오히려 그것을 방해하는 스트레스와 불안감만이 생긴다. 대신 추락이 학습과정의 한 부분임을 깨닫고 각각의 추락은 루트에 대한 해결 단서임을 인정한다. 추락은 좀 더 다르고 낫게 할 필요가 있다는 것을 가르쳐 준다. 추락이 일어난다면 인정하기로 미리 다짐하고, 성공은 창의성, 노력, 인내와 함께 온다는 점을 믿도록 한다. 그렇게 할 때 가장 빨리 배우고 성공할 수 있다.

· 루트를 쪼개기

앞에서 언급했듯이 길고 어려운 루트를 짧은 문제들의 연속으로 쪼개면 등반이 더 수월하고 배우기에 더 쉬워진다. 또한 이런 짧은 문제들은 단기 목표가 될 수도 있다. 따라서 루트 전체를 며칠 동안 실패한다 하더라도 각각의 문제를 해결할 때마다 짧은 성공을 경험할 수 있다. 성공했다는 느낌 덕분에 계속 활력이 넘치고 긍정적인 상태로 계속 루트를 해나갈 수 있게 된다.

각각의 부분들을 등반할 때 하나에 얽매이지 않도록 한다. 여섯 개 조각 중에서 두 번째 조각을 계속 시도하게 되면 설령 문제를 풀게 되더라도 정신적, 육체적으로 지쳐서 다른 문제들을 시도하기 힘들게 된다. 따라서 "난 할 수 없어. 절대로 못할 거야."같이 판단을 하기 전에 얼른 다음 문제로 옮겨가는 것이 가장 좋다. 그런 판단을 무의식 속에 감춰두면 결국 현실로 될 가능성이 크다. 그보다는 루트의 나머지를 풀고 나서 그 문제로 되돌아오는 것이 더 낫다.

· 양쪽 두뇌를 모두 사용하라

잘 알다시피 두뇌는 좌뇌와 우뇌로 이루어져 있다. 좌뇌는 논리적이고 실용적인 영역, 언어, 수학 등과 관련되며 우뇌는 창조적, 예술적, 직관적인 영역의 문제들과 관련된다. 대다수의 사람들은 좌뇌에 치우쳐 있으며, 등반과 같이 많은 지식을 가진 복잡한 상황에서는 좌뇌를 주로 이용하게 된다. 많은 클라이머가 우뇌를 사용하지 않기 때문에 결정적인 순간에 문제 해결 능력이 떨어진다.

우뇌는 사람이 긴장하지 않은 상태일 때 가장 잘 작동한다. 따라서 우뇌가 등반하게 하려면 루트를 향해 돌진해서 완등을 위해 빨리 올라가는 식의 행동이 아니라 바닥에서 마음을 편안하게 갖고 천천히 워밍업하며 로프를 묶기 전에 등반을 천천히 연구하는 방식이 필요하다. 특히 좌뇌 쪽으로 많이 치우친 사람들은 관찰자의 입장에서 볼 필요가 있다. 등반의 큰 그림을 보고 가능한 모든 접근 방법과 연속 동작들을 상상해보는 습관을 들여서 스스로의 독창성을 기르도록 한다. 논리적이고 실용적으로 생각하는 것뿐만 아니라 직관적이고 창조적으로 생각하면서 문제를 해결한다.

・다양한 감각을 이용해서 학습하라

우리가 배우는 모든 것은 오감 중의 하나에서 비롯되며 더 많은 감각을 이용할수록 쉽고 빠르게 배우게 된다. 보통 클라이머는 바닥을 떠나기 전에 시각적 감각을 사용하며 등반을 시작할 때 촉각을 이용한다. 냄새와 맛은 등반 성과에 크게 기여할 수 없는 반면, 청각은 상당히 강력한 학습도구가 된다. 특히 어려운 연속 동작을 외우려고 할 때 그렇다. 중요한 홀드와 동작에 이름을 붙여주어라. 아주 작은 홀드에서의 불분명한 동작을 촉각이나 시각으로 기억하려고 할 때 "동전만한 홀드에 발을 높이 올리고 나서 감자칩 같은 홀드까지 데드포인트하기"처럼 말로 설명하면 기억하기 쉽다. 우습게 들릴지 모르지만 꽤 효과가 있다.

・우스꽝스러운 것을 시도해 본다

배움에서 가장 큰 걸림돌은 판단이다. "다른 사람은 이런 동작을 사용하니까 이것이 가장 좋은 방법일거야."라고 말하거나 새롭거나 불가능해 보이는 동작이 마음속을 스치고 지나갈 때 시도해 보지도 않는 것은 자기기만의 한 형태이다. 스스로를 이런 방식으로 제한하지 말아야 한다. 우리 뇌는 자신이 그것을 말하기 전까지는 할 수 있을지 없을지조차 알지 못한다. 가장 좋은 방법은 창조적이면서도 오픈된 마음을 갖는 사람이다. 그런 사람은 이미 알려진 동작과 전혀 다른 새로운 해답을 시도하는 데 결코 망설이지 않는다. 이러한 기술을 기르기 위해서 현재 자신에게 효과가 없는 해답을 무시해 버리고 몇 가지 완전히 다른 우스꽝스러운 동작을 시도해본다.

다양한 몸자세를 시도하고 벙어리 홀드, 사이드 홀드, 핀치 홀드 등의 좋지 않은 홀드를 무시하고 넘어가지 않도록 한다. 꼭 사용해야 할 홀드를 무시하거나 반대쪽 손으로 사용해본다. 초크 자국이 없지만 연속 동작을 해결해 줄지도 모를 홀드를 찾고 루트에서 벗어나 있는 발 홀드를 계속 찾도록 한다.

체력 훈련

　최근 몇 년간 암벽 등반처럼 산악인들의 평균 실력이 드라마틱하게 증가한 스포츠도 없을 것이다. 1980년대에는 존재하지도 않았던 5.12, 5.13같은 등급을 할 수 있는 아마추어 클라이머도 많다. 이처럼 엄청나게 향상된 이유는 암벽화의 발달과 스포츠 등반 기술의 발전 외에도 실내암장의 확산과 체력 훈련에 대해 관심이 증가한 때문이다.

　최상의 훈련 방법에 대해서는 여전히 논란의 여지가 많고 각종 훈련 정보들이 종종 상반된 내용을 말하고 있어서 혼란스러울 정도다. 그러나 5.14급 클라이머의 훈련방법에 대한 글은 평균 실력의 클라이머에게는 거의 도움이 되지 않고 종종 부상을 입게 될 수도 있다는 점은 분명하다. 헬스클럽에 가서 하중 운동을 하는 대부분의 클라이머에게는 거의 이득이 되지 않고 오히려 등반 성과를 방해할 수도 있다.

　이렇게 혼란이 있다 보니 많은 클라이머가 '등반을 위한 훈련으로 그저 등반하기'로 결심하게 된다. 이것은 초보자에게는 아주 좋은 전략이 되지만 중급 이상의 클라이머가 실력을 향상시키고 자신의 한계까지 도달하기를 바란다면 스포츠 등반에 고유한 근력 훈련을 할 필요가 있다. 그렇기 위해서는 우선 근력 훈련의 이론과 과학을 기본적으로 이해할 필요가 있다.

1. 근력과 운동 생리학

등반이 등반을 위한 훈련으로 가장 좋은 방법이 아닌 이유는 두 가지 목적이 서로 다르기 때문이다. 등반할 때는 팔과 전완 근육이 펌핑나기 전에 볼더 문제나 루트의 끝까지 도달하기를 원한다. 반대로 등반을 위한 훈련에서는 가능한 가장 높은 강도로 운동하고 몇 분 뒤에는 근육 펌핑이 일어나기를 원한다. 즉 등반할 때는 근육의 파괴를 최소화하며 훈련할 때는 오히려 근육을 파괴하는 상반된 목표를 추구하는 셈이다.

등반과 훈련의 차이를 보여주는 또 다른 예는 바위를 잡는 방식이다. 등반할 때는 홀드를 다양하게 잡으므로 한 가지 동작만을 최대한 사용할 수 없다. 그래서 개개의 잡는 방식(클링 홀드, 오픈 홀드, 핀치 홀드 등)을 위한 근력의 증가 속도가 느리다. 이런 이유 때문에 등반 중에는 무산소 지구력(근지구력)을 향상시킬 수 있지만, 최대 근력은 증가시키지 못하게 된다. 따라서 잡는 방식을 다양하게 하면 등반에서 지구력을 증가시키기에는 좋은 전략이 되겠지만, 최대 근력을 훈련하기엔 좋지 않다.

효과적으로 손가락 체력 훈련을 하려면 특정하게 잡는 방식으로 펌핑이 날 때까지 연습해야 한다. 다음은 체력 훈련의 과학을 살펴본 다음, 상당히 효과적인 훈련의 비법들을 알아보자.

· 근육의 움직임과 역할

동작을 할 때 근육들은 기본적으로 서로 다른 역할을 한다.

1) 구심성(단축성, Concentric) 수축

근섬유의 길이가 짧아진다. (예: 턱걸이에서 당길 때의 이두근)

2) 원심성(신장성, Eccentric) 수축

근섬유의 길이가 길어진다. (예: 턱걸이에서 내려올 때의 이두근)

3) 등척성(아이소메트릭, Isometric) 수축

근육의 길이가 변하지 않는 등반 (예: 홀드를 잡을 때의 전완근)

근육 이름

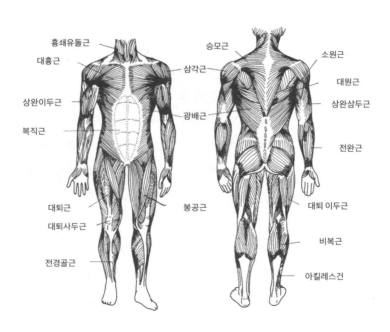

4) 주동근(Agonist)

동작이 일어나도록 하는 근육들 (예: 이두근과 광배근은 등반할 때 끌어당기는 동작을 하는 근육)

5) 길항근(Antagonist)

동작에서 주된 근육과 반대의 힘을 일으키는 근육들 (예: 고무링을 비틀 때 전완근의 앞쪽과 뒤쪽 근육은 서로 반대로 작용함.)

6) 안정근(Stabilizer)

주동근이 효율적인 동작을 만들어내도록 전체 구조를 안정화시키는 근육들 (예: 등반에서는 팔과 복근, 하체근이 주로 이런 역할을 함.)

· 근섬유 형태

근섬유에는 지근(Slow twitch)과 속근(Fast twitch)이라는 두 가지 형태가 있다.

1) 지근

전체 근육의 약 50퍼센트를 차지하는데 개인에 따라 20퍼센트에서 80퍼센트까지 차이가 있다. 이런 근육들은 저강도의 유산소 지구력 등반에서 일차적으로 이용된다.

2) 속근

고강도의 동작에 주로 이용된다. 피로에 강한 편이며 장시간의 고강도 등반에서 주로 기능을 발휘하고 긴 등반을 할 때 가장 자주 사용된다.

개인의 속근과 지근의 상대 비율은 유전적으로 결정되며 훈련을 하더라도 거의 변화가 없다. 선천적으로 근력이 강한 클라이머는 보통 속근 섬유의 비율이 더 높은 편이며, 마치 에너자이저 건전지 토끼처럼 꾸준히 갈 수 있는 등산가는 지근 섬유의 비율이 더 높은 편이다. 다행히도 지근 섬유는 특정한 훈련 방법을 통하여 속근 섬유처럼 활용될 수도 있다.

· 근육의 운동단위

같은 타입의 근섬유는 운동단위(Motor unit)로 조직되어 있다. 지근 운동단위는 10~180개의 섬유로 되어 있으며, 속근 운동단위는 800개까지 섬유가 분포되어 있다. 근육 수축이 시작될 때 운동단위는 최소한의 지근 운동단위로 시작하여 기본적으로 필요한 수준만 동원된다. 근육 긴장이 증가하면 더 많은 수의 지근 운동단위가 작용하며 긴장이 커질수록 더 많은 수의 속근 운동단위가 작용하기 시작한다. 근육 힘의 최대치는 지근과 속근의 모든 운동단위가 동작에 포함될 때 나타난다.

이러한 생리적 과정을 알고 있으면 근력을 더 키우려고 할 때 고강도와 최대 하중으로 훈련하는 것이 왜 중요한지 이해할 수 있다. 보통 강도의 동작에서는 일차적으로 지근 섬유를 쓰게 되며 어려운 동작을 만날 때만 속근 섬유를 쓰게 된다. 이처럼 속근 섬유는 역치가 높기 때문에 평소에는 동작에 잘 쓰이지 않으며 폭발적인 파워나 최대 근력을 필요로 하는 동작에서만 사용된다.

2. 근육의 적응

체력 훈련을 하는 목적은 다음 두 가지 기본적인 적응을 위한 것이다. 하나는 신경계의 적응이며, 또 하나는 근육계의 적응이다.

· 신경계의 적응

신경계는 세 가지 방식 즉, 운동학습, 동기화, 탈억제로 체력 훈련에 적응한다.

1) 운동 학습

첫 번째 신경 적응인 운동학습은 이전에도 언급된 용어이다. 새로운 운동을 할 때 초기에는 운동감각에 대한 느낌이 부족한 한계점을 보인다. 처음 몇 주일은 운동학습의 결과로 빠르게 향상되며 주동근과 길항근 사이의 협력도 증가한다. 하지만 그 이상의 근력을 얻으려면 다른 적응이 일어나야 한다.

2) 동기화

동기화는 근력을 증가시키는 두 번째 신경 적응이다. 주어진 운동을 하는 데 필요한 근육의 협력과 운동 기술을 터득했다고 가정하면, 초기 훈련에서는 운동단위를 다소 무작위적이고 불규칙적으로 사용한다. 그러나 계속적으로 훈련하면 운동단위의 동기화가 일어나서 근육이 동시에 사용되어 더 높은 근력과 힘을 발생시킨다.

3) 탈억제

마지막 신경 적응인 탈억제는 최대 근력과 파워를 얻으려는 중급 이상의 클라이머에게 가장 중요하다. 신경근육계는 피드백 메커니즘이 있어서 더 많은 힘을 발생시키는 동안 안전판으로 작용한다. 근육과 건의 연결부위에 위치한 골지건체(Golgi tendon organ)는 근육 긴장의 수위에 민감해서 큰 힘을 쓰는 경우에 그 이상의 운동단위가 쓰이지 않도록 방해하는 신호를 보낸다.

대부분의 개인에게 이러한 보호반응은 최대 근력을 쓰기 이전에 힘의 발생을 억제한다. 그것은 경주용 자동차가 최대 시속이 300킬로미터라도 200킬로미터 정도에서 제한되는 제어판과 마찬가지이다. 다행히 정기적으로 고강도의 훈련을 하면 골지건체의 민감성은 감소해서 새로운 수준의 최대 근력까지 올릴 수 있게 된다.

최대 근력과 최대 능력의 차이를 '근육 결손'이라고 한다. 연구결과에 의하면 근력을 큰 폭으로 획득하려면 이러한 신경 억제를 감소시키는 훈련을 해야 한다. 훈련하지 않은 개인은 45퍼센트까지 근육 결손을 보인다고 한다. 즉 신경 억제 때문에 최대 능력의 거의 절반 가까이 최대 근력이 감소됨을 알 수 있다. 반면 상급 선수들은 집중적으로 훈련하면 근육 결손을 단 5퍼센트까지 줄일 수 있다고 한다. 따라서 근력의 대부분은 더 크고 무거운 근육을 키우지 않고서도 그 이상의 능력을 발휘할 수 있다.

탈억제를 일으키는 가장 좋은 훈련법은 개인의 근육 결손의 크기에 따라 다르다. 상대적으로 더 큰 근육 결손을 보이는 중급 클라이머는 무거운 하중으로 훈련함으로써 가장 많은 이득을 볼 수 있다. 하지만 더 적은 근육 결손을 보이는 상급 선수들은 무거운 하중과 높은 속도의 조합을 통해서만 더 많은 개선을 이룰 수 있다.

4) 근육계의 적응

장기간에 걸쳐 근력을 획득하면 개별 근 섬유의 크기가 증가하게 된다. 이처럼 큰 근육을 키우는 과정을 하이퍼트로피(Hypertrophy, 근 비대)라고 한다. 근육의 크기와 근력 사이에는 밀접한 관련이 있기 때문에 장기적으로 강한 근력은 하이퍼트로피에 따라 결정된다.

다리, 가슴과 같이 잘못된 부위에 큰 근육이 있으면 클라이머에게는 약점이 된다. 심지어 등반에 중요한 당기는 근육들도 잘못된 방법으로 운동하여 지나치게 발달하면 좋지 않을 수 있다. 예를 들어 이두근을 키우는 훈련을 해서 야구공 크기의 이두근을 가지게 되면 바위에서 등반을 잘할 수도 없을 뿐만 아니라 팔 굽혀 끼우는데 방해가 될 것이다.

3. 에너지 시스템

등반에서 주로 사용되는 당기는 근육은 주로 ATP-CP 체계와 젖산 체계로부터 에너지를 생산한다. 젖산 체계는 산소의 유무(무산소 또는 유산소)와 관계없이 기능한다.

·ATP-CP 체계

ATP-CP 체계는 격렬한 볼더 문제나 굉장히 어려운 고빗사위 동작과 같이 짧고 강한 동작을 할 때 재빨리 에너지를 제공한다. 또한 훈련할 때는 캠퍼스 훈련이나 한팔 턱걸이처럼 지속시간이 15초 이하인 짧고 강렬한 운동에서 일차적인 에너지 원천이 된다. ATP와 CP는 모든 근육세포에 소량으로 존재하는 고에너지 인산 화합물로서 강도 높은 운동을 할 때는 단 몇 초 만에 공급이 소진된다.

· 젖산 체계

일반적으로 3분까지 지속되는 고강도 운동에는 젖산 에너지 체계가 동원된다. 이것은 긴 고빗사위 구간을 등반할 때 일차적인 에너지 체계가 된다. 글리코겐 형태의 탄수화물이 젖산 체계의 에너지가 되며 산소의 유무에 관계없이 기능한다.

1) 무산소

고강도 운동을 하면 근육은 산소가 없는 상태에서 에너지를 만들어 내며 젖산을 계속 생산해 낸다. 젖산이 축적되면 피로와 근육통을 느끼게 되며 곧 바로 근육이 더 이상 힘을 쓸 수 없게 된다. 이러한 무산소 에너지 생산의 한계 때문에 극히 어려운 동작을 계속하는 등반은 3분 이하로 제한된다. 결론적으로 길고 어려운 루트에 대해서는 휴식지점부터 다음 휴식지점까지 가능한 빨리 등반하는 전략이 가장 좋다.

무산소 역치(Anaerobic threshold)는 근육 사용에 의해서 생산되는 젖산이 신체가 젖산을 제거하는 능력을 넘어서게 될 때의 운동량 또는 산소 소모 레벨로 정의된다. 따라서 일단 이 시점을 지나게 되면 젖산의 양은 계속 증가하고 근육은 곧 힘을 쓸 수 없게 된다. 몸의 상태에 따라 무산소 역치는 최대 강도의 50~80퍼센트 운동 강도에서 나타난다. 부풀어 오르고 터질 것 같은 근육이 되면 무산소 역치를 지났다는 신호가 된다.

이러한 지식을 갖고 볼 때 고강도 등반을 위한 인터벌 훈련이 얼마나 중요한지 알 수 있다. 어려운 루트를 완등하려면 가능한 오랫동안 무산소 역치를 통과하지 말아야 하며, 일단 통과했다면 휴식지점이나 더 쉬운 부분까지 가능한 빨리 등반해야 한다. 그런 후 무산소 역치 아래로 다시 돌아 올 수 있으며 신체는 혈중 젖산 농도를 떨어뜨릴 수 있게 될 것이다. 혈중 젖산이 바닥으로 떨어지는데 소요되는 시간은 몸 속의 젖산 양에 따라 다르지만 20여분 정도 걸린다.

2) 유산소

3분 이상 계속되는 근육 운동에서는 에너지를 생산하기 위해서 산소의 사용이 필요하다. 무산소 에너지 생산에 의해 ATP-CP 저장이 고갈되고 근육과 혈액 내에 젖산수치가 올라가더라도 운동 강도가 약해지면 운동을 계속할 수 있다. 무산소 에너지 생산은 간이 혈액으로부터 젖산을 제거하는 능력에 비례한다. 하지만 유산소 에너지 생산은 산소가 탄수화물, 지방, 단백질을 분해함으로써 근육 운동에 힘을 보탤 수 있다. 유산소 에너지 생산은 젖산을 생산하지 않기 때문에 낮은 강도의 운동, 예를 들어 하이킹 또는 쉬운 벽 등반 같은 운동을 한두 시간 동안 지속할 수 있다.

4. 훈련 원리

중요한 훈련 원리를 기본적으로 이해하고 있으면 훈련에 투자하는 시간의 대부분을 효율적으로 만들 수 있다. 훈련과 관련하여 특정성, 개별성, 점진적 과부하, 변화, 휴식, 훈련 중지에 대한 중요한 원리를 알아보도록 하자.

· 특정성

훈련에서 특정성의 원리는 가장 중요한 개념이다. 등반에 유용한 근력을 얻기 위한 훈련은 여러 면에서 등반과 유사해야 한다. 훈련이 더 특정할수록 등반 성과에 대한 이득이 더 커진다. 이런 원칙이 훈련에 어떻게 적용되는지 몇 가지 예를 살펴보자.

서킷 훈련이나 하중 들기는 암벽 등반에서 근육을 사용하는 방식과 유사하게 훈련하는 것이 아니다. 결론적으로 헬스클럽 스타일의 하중 훈련은 유난히 기본 체력이 떨어지는 사람을 제외하면 모든 클라이머에게 시간낭비가 될 뿐이다. 고무공이나 악력기를 사용하는 방법도 클라이밍에 필요한 손가락 근력을 향상시키는 데는 비생산적이다. 잡는 근력은 손가락 자세(클링 홀드, 오픈 홀드, 핀치 홀드), 손목과 팔꿈치의 위치, 수축 강도, 수축 형태(등척성, 등장성) 등에 따라 완전히 다른 특정성을 갖고 있다. 최대 부하로 당기는 동안 홀드를 잡는데 실패한다면 같은 상황에서 똑같은 방식으로 훈련해야 한다. 결론적으로 고무공을 비트는 운동은 워밍업이나 부상회복에는 장점이 있을지 몰라도 훈련에는 거의 도움이 되지 않는다.

클라이머 사이에 가장 인기 있는 운동인 턱걸이는 어떨까? 분명히 그 동작은 등반과 유사하지만 몸자세, 신체 장력의 정도, 손과 팔의 정확한 위치 등은 바위에서 할 때만큼 다양하지 못하다. 또한 어떤 자세에서 버티기나 굽히는 능력은 단순히 당기는 동작보다도 등반에서 훨씬 중요하다. 따라서 턱걸이 훈련을 바위에 잘 적용하려면 모든 세트에서 방식을 바꾸어서 턱걸이를 해야 한다. 예를 들어 팔과 팔 사이의 거리를 바꾸거나 한 팔을 다른 쪽보다 낮게 쓰거나 다양한 팔의 각도에서 멈추는 방법 등이 필요하다. 이러한 접근 방식이 고정된 자세에서 그냥 턱걸이보다 훨씬 더 장점이 많다.

마지막으로 몇몇 사람들이 등반에 적용하려고 애쓰는 크로스 훈련의 개념에 대해 생각해 보자. 다른 스포츠를 수행하면 등반 성과가 향상될 것이라는 생각은 특정성의 원리와는 완전히 반대되는 개념이다. 사실 크로스 훈련이 유용해 보이는 유일한 스포츠는 철인 3종 경기 같은 유산소 지구력 스포츠라고 할 수 있다.

· 개별성

이 지구상의 어떤 클라이머도 자기와 똑같지 않다. 따라서 자신에게 가장 효과적인 훈련 프로그램은 다른 어떤 클라이머의 방식과도 다를 것이다. 그런데도 많은 클라이머가 동료의 훈련 프로그램을 따라서 하거나 더 나쁘게는 상급 클라이머가 하는 훈련을 모방하는 등 정말 어리석은 접근 방법을 취하고 있다.

가장 현명한 훈련 프로그램은 개인의 목표와 훈련할 수 있는 시간의 양 뿐만 아니라 개개인의 강점, 약점, 부상 경험 등을 고려해야 한다. 또한 훈련으로부터 회복되는 시간이 다른 사람보다 더 빠르거나 늦을 수 있기 때문에 최적의 휴식 시간을 위해서 운동 빈도도 달라질 수 있다. 결론적으로 자신에게 최적의 프로그램으로 생각되는 것을 개발하고 실행하면서 다른 사람의 훈련 방법을 무시해 버리는 게 현명하다.

· 점진적 과부하

점진적 과부하는 체력 훈련의 첫 번째 원리로서 근육의 힘을 증가시키기 위해서는 익숙한 수준 이상의 스트레스로 근육의 운동 능력을 증가시켜야 한다는 원리이다. 이러한 과부하는 강도, 운동량, 훈련 속도를 증가시키거나 연속적인 세트 사이의 휴식 간격을 줄임으로써 달성할 수 있다. 때때로 과부하 방법을 달리하는 것도 좋지만 장기적인 근육 적응을 유도하기 위해서는 강도를 증가시키는 방식이 가장 중요하다.

특히 더 큰 부하를 이용하여 강도를 증가시키는 연습 방식을 찾을 필요가 있다. 이렇게 하기 위해서는 무게를 달고 턱걸이를 하거나 핑거보드에 매달리기 등을 통해서 과중력(Hypergravity) 운동을 하는 것이 최선이다.

· 변화

모든 선수들이 가장 흔한 훈련 실수 중의 하나는 정기적으로 훈련 프로그램을 바꾸지 않는다는 점이다. 신체는 똑같은 방식으로 반복적으로 적용되는 훈련 자극에 익숙해지기 때문에 암장에 가서 매번 똑같은 기본 코스를 한다면 훈련을 잘했다고 느낄지 몰라도 근력과 등반 실력은 정체 상태에 이르게 된다. 과부하의 방식을 바꾸고 등반과 운동의 형태와 순서를 바꾸어 봄으로써 훈련에 변화를 주도록 노력한다.

변화의 또 다른 형태인 주기화(Periodization)는 시기별로 전체 운동 강도와 운동량을 바꾸는 것을 의미한다. 예를 들어 실내 훈련을 할 때 높은 운동량(무난한 수준의 많은 루트들), 높은 강도(어려운 볼더링), 고강도와 고운동량(가능한 어려운 루트를 많이 하기) 사이에서 자꾸 변화를 줄 수 있다. 또한 훈련 스케줄에 따라 몇 주 간격으로 운동에 변화를 줄 수도 있다. 변화의 원리를 훈련 프로그램의 초석으로 삼아라. 그러면 놀랄 정도로 좋은 결과를 얻게 될 것이다.

· 초과회복

앞에서 얘기한 근육 적응은 훈련 중이 아니라 훈련 사이에 일어난다. 충분한 휴식과 건강한 생활 습관(적절한 영향 섭취와 수면)이 훈련 자극에서 오는 근력의 증가를 최대화시키는 데 필수적이다. 일반적으로 완전한 회복을 위해서는 자극의 강도와 운동량에 따라 24시간에서 72시간까지 소요된다. 예를 들어 쉬운 루트 등반이나 하이킹같이 낮은 강도의 등반을 많이 한 경우는 회복하는 데 하루 정도가 걸리는 반면, 거의 한계에 가까운 루트를 많이 등반하거나 과중력 캠퍼스 훈련같이 고강도, 고운동량의 등반을 한 경우는 완전히 회복하는 데 3일 이상이 걸릴 수도 있다.

너무 자주 훈련하고 너무 적게 쉬면 결론적으로 등반 성과를 감소시키거나 부상으로 이어지기 때문에 휴식 원리를 꼭 지켜야 한다. 놀랍게도 이런 오버훈련 증상은 많은 클라이머에게 아주 흔한 일이다. 주위의 많은 클라이머가 성가신 부상 때문에 투덜거리거나 열심히 훈련하는 데도 더 강해지지 않는다고 불평하는 모습을 본 적이 있을 것이다.

오버훈련이나 너무 긴 회복시간으로 이어지는 또 다른 원인은 훈련 자극이 주로 신경근육계에 집중되기 때문이다. 운동 자극은 근육 신경을 피로하게 만들고 기능을 일시적으로 저하시킨다. 신체는 적당한 휴식을 통해서 운동 이전보다 더 높은 수준을 만들어 낸다. 특정 수준을 넘어서는 훈련은 근육 성장에 더 이상의 자극이 되지 못하며 오히려 더욱 심한 손상(근육 파열)을 초래하므로 고강도 훈련을 수행할 때 이런 점을 항상 염두에 두어야 한다. 캠퍼스 훈련을 10세트하더라도 5세트 할 때보다 더한 자극을 주지 못하며 회복하는 데 더 오랜 시간이 걸릴 수 있다. 마찬가지로 턱걸이 20세트나 펑거 보드에서 60분 훈련하는 것도 좋지 않다. 즉 일반적으로 고강도 훈련에서는 더 적은 세트일수록 더 좋다.

· 휴식

체력 훈련이나 등반을 중지하게 되면 10~14일이 경과하면서 근력이 조심씩 줄어들게 된다. 훈련을 새로 시작하지 않는다면 수주일 뒤에는 더 급격한 근력의 감소가 이어지게 된다. 매년 정신적인 이유 또는 부상의 이유로 쉬는 시간을 갖는 것은 좋지만 훈련에 자주 브레이크가 걸리면 장기적인 근력의 증가는 매우 어려워진다.

업무상 출장이 잦다거나 다른 이유로 1~2주 동안 훈련을 쉬어야 하는 경우라면 고강도 훈련 후의 초과회복 원리를 이용하여 휴식의 단점을 어느 정도 보완할 수 있다. 강도 높은 훈련 후에 회복하는 데 3~4일이 소요되므로 바로 전날 그런 훈련을 해줌으로써 며칠간은 훈련을 중지할 수 있다. 따라서 훈련 후 10일 이상이 지난 뒤에 다시 시작하더라도 최고 상태의 근력을 가질 수 있게 된다. 이처럼 극히 심한 훈련을 한 후 초과회복 시간이 길어지는 원리 때문에 평소에 강도 높은 훈련을 하던 클라이머가 1~2주 동안 쉰 후에도 새로운 수준에 도달할 수도 있다.

5. 훈련 방법

여기에서는 효과적인 체력 훈련에 중요한 개념과 방법들을 소개한다. 등반에서는 당기는 근육이 주로 사용되기 때문에 이런 부분의 훈련에 집중하기로 한다.

· 근력, 파워, 지구력

체력 훈련을 하면 더 높은 부하에서 근육이 작용할 수 있도록 신경과 근육의 적응이 이루어진다. 반면 근지구력 훈련을 하면 모세혈관과 미토콘드리아의 밀도를 증가시켜서 운동량을 증가시킬 수 있다. 두 가지 모두 클라이머에게는 이득이 되지만 체력 훈련에서 얻는 이득이 사실 더 중요하다. 즉 체력 훈련이 최고라고 할 수 있다.

이러한 개념은 근력을 키우면 지구력도 증가되는 사실에서도 확인된다. 왜냐하면 보다 강한 근육은 약한 동작을 할 때 최대 근력을 더 적게 이용할 수 있기 때문이다. 또한 강한 근육은 더 높은 지구력을 지닌 약한 근육에 비해 상대적으로 더 높은 무산소 역치를 가지게 된다. 반대로 지구력 훈련은 최대 근력을 조금도 증가시키지 못한다.

결국 가장 뛰어난 전천후 클라이머라면 장기간 훈련의 결과로 근력과 지구력을 모두 갖출 수 있다. 최대 체력 훈련에 집중을 맞춘 개인은 볼더 문제와 짧은 루트에 더 강한 반면, 고운동량 훈련을 강조하는 클라이머는 훨씬 긴 루트에서 등반할 때 더 강하다. 자신에게 최상의 훈련 형태를 결정할 때는 각자의 등반 목표를 항상 고려해야 한다.

근력(Strength)은 근육 그룹이 한 번에 최대 노력으로 낼 수 있는 힘으로 정의된다. 하나의 어려운 동작을 당겨 올리거나 작고 어려운 홀드를 잡는 능력이 바로 최대 근력이다. 파워(Power)는 보다 복잡해서 힘과 힘이 발생되는 거리의 산물이다. 따라서 파워는 근력과 스피드의 결과이며, 파워 = 근력 x 속도 (속도=거리/시간)으로 표현될 수 있다. 근력과 파워는 분명히 밀접하게 연관되어 있지만 힘이 적용되는 비율에서 다르다고 할 수 있다.

· 체력 훈련

훈련의 결과로 근력을 획득하는 속도는 현재 근력의 수준에 비례하여 감소한다. 즉 훈련 초기에는 아무리 형편없고 엉망인 훈련을 했더라도 근력이 증가하게 된다. 좀 더 강하고 숙련된 클라이머의 경우에는 적응이 더 천천히 일어나며 최상의 훈련 방법을 이용하지 않는다면 전혀 근력이 증가하지 않을 수도 있다. 수많은 중상급 클라이머가 더 이상 강해지지 않는다고 느끼는 이유가 여기에 있다. 그들이 근력을 더 강화시키고 싶다면 좀 더 심화된 훈련 기술을 이용하여 오랜 기간 정확하게 방법들을 적용해야 한다.

최대 체력 훈련의 경우에는 높은 강도와 무거운 중량으로 훈련하는 것이 가장 중요하다. 또한 근육에는 현재 익숙해져 있는 상태보다 더 많은 부하가 주어져야 한다. 하중 들기를 할 때는 높은 중량으로 5~10회 실시하면서 시간이 지남에 따라 횟수를 늘려가며 할 수 있다. 그러나 손가락 근력을 키울 목적이라면 이렇게 하기가 쉽지 않다. 예를 들어 각도가 센 벽에서 자신의 몸을 제어할 수 있을 만큼 근력이 있다면 손가락에 점진적으로 과부하를 주는 방법은 무엇일까? 흔히 생각할 수 있는 답은 '더 오래 등반하기'이며 실제로 많은 클라이머가 그렇게 하고 있다. 그러나 이런 전략은 손가락의 지구력을 개발하긴 하지만 최대 근력을 증가시키지는 못한다.

1) 체력 훈련을 위한 볼더링

더 좋은 전략은 거의 최대 근력을 써야 하는 어려운 볼더링 문제를 하는 것이다. 이런 방법의 단점은 떨어진 원인이 근육 실패 때문인지 동작을 제대로 풀지 못했기 때문인지 파악하기 어렵다는 점이다. 또한 홀드의 사이즈와 형태가 다양하여 각기 다른 잡는 자세를 사용하게 되면 훈련 효과는 더 희석된다. 다양한 자세는 지구력 전략으로는 좋지만 최대 근력을 키우기엔 좋지 않다. 볼더링을 통해서 근력과 파워를 키울 수는 있지만 변수가 너무나 많아서 가장 큰 근력을 쓰지는 않기 때문이다.

상체 체력 훈련을 위해서는 각도가 센 인공 암벽에서 볼더링하는 것이 더 좋다. 인공 암벽에서는 홀드의 크기와 거리를 조절할 수 있어서 기술적인 부분을 최소화할 수 있기 때문이다. 그러나 홀드간 거리를 증가시키거나 홀드 크기를 작게 하는 데는 한계가 있다. 근육이 더 이상 힘을 쓸 수 없을 때까지 5~10개 정도의 최대 근력 동작을 반복하는 것이 필요하며 양손으로 등반하는 경우에는 10~20개의 동작이 필요하다.

2) 과중력 훈련

위의 전략들을 모두 다 사용해 보았다면 과중력 훈련을 도입함으로써 더 심화된 훈련을 할 수 있다. 상급 단계의 훈련에서는 강도와 부하를 점점 더 증가시키는 것이 매우 중요하다. 이것은 특정한 동작을 할 때 몸에 추가 중량을 더하여 수행함으로써 가능하다. 결론적으로 손가락과 상체 근육들은 이전의 정상 체중에서 경험할 수 없었던 부하와 강도에 노출된다. 추가 중량은 정상 중력보다 더 큰 힘으로 당기는 것과 비슷하므로 이 기술을 과중력 훈련으로 명명하였다. 과중력 훈련을 하고 나서 바위에서 등반하게 되면 마치 달에서 등반하는 것처럼 느껴질 것이다.

이러한 방식을 이용하면 신경 적응과 근육 적응이 일어나기 때문에 근력이 획기적으로 증가하게 된다. 특히 그 전의 등반으로는 가능하지 않은 탈억제와 근육 발달의 수준이 더 높아지게 되며 지근 섬유가 속근 섬유처럼 등반하도록 만들기도 한다. 그러나 과중력 훈련은 컨디션이 좋고 부상 경험이 없는 상급 클라이머만 이용해야 한다는 점을 명심해야 한다.

3) 기능성 등척성 훈련

기능성 등척성 훈련이란 단축성, 신장성 운동이라는 등장성 동작에다 등척성 운동을 포함시킨 훈련이다. 이런 전략은 기존 운동에 비해 16 퍼센트 이상의 근력 증가를 가져올 수 있다고 알려져 있다. 등척성 수축을 하는 동안 더 큰 부하가 걸리므로 근육에 대한 자극이 더 커진다.

턱걸이와 홀드에서 몸을 고정하는 근력을 강화시키려고 할 때 이런 방법을 최대한 이용할 수 있다. 턱걸이를 1세트하는 중간에 홀드에서 등척성 수축을 사용하여 몸을 고정하는 훈련을 포함시키면 절대 근력을 놀라울 정도로 증가시킬 수 있다. 과중력 훈련과 달리 초급 클라이머도 안전하게 훈련할 수 있다. ILV 턱걸이는 기능성 등척성 운동의 대표적인 예이다.

· 파워 훈련

앞서 언급했듯이 파워는 근력과 스피드의 산물이다. 근력을 증가시키는 최첨단의 방법을 배웠으니 파워 등식의 또 다른 요소인 속도를 효과적으로 훈련하는 방법을 생각해보자.

먼저 힘과 속도사이에는 역비례관계가 있음을 알아야 한다. 즉 고부하의 체력 훈련에서처럼 최대 힘을 발생시키려면 상대적으로 낮은 속도에서만 가능하다. 반대로 빠른 속도로 운동하려면 상대적으로 가벼운 중량(작은 힘)을 사용해야 한다. 따라서 최대 파워를 훈련하기 위해서는 여러 가지 효과적인 방법이 있을 수 있다. 큰 힘과 낮은 속도를 사용하는 방법, 작은 힘과 높은 속도를 사용하는 방법, 중간 힘과 중간 속도를 사용하는 방법 등이 있다. 연구결과에 의하면 제일 나중 방법(중간 힘과 중간 속도)이 파워를 키우는 방법으로는 최상이라고 알려져 있다.

1) 파워 훈련을 위한 볼더링

어떤 볼더 문제는 중간 정도의 힘과 중간 속도(보통보다 빠른)의 동작을 요구하며 이런 문제가 파워 훈련에 이상적이라고 할 수 있다. 그러나 전형적인 볼더 문제는 그런 동작을 한두 개 정도 포함할 뿐이며 훈련에 필요한 반복 동작은 없는 경우가 많다. 따라서 실내 암벽에서 그런 동작을 계속 연결하는 문제를 디자인하는 것이 좋다. 이 전략을 통하여 얻는 파워는 일차적으로 등과 팔의 당기는 근육이다.

2) 턱걸이 파워 훈련

또 다른 좋은 파워 훈련으로 턱걸이를 좀 더 빠른 속도로 수행하는 방법이 있다. 워밍업 후에 이런 파워 턱걸이를 6~10회 실시하는 것을 한 세트로 팔의 위치와 거리를 바꾸어 가면서 여러 세트를 수행한다. 그러나 이 훈련은 적어도 보통 속도로 15개 정도의 턱걸이를 할 수 있을 정도의 근력이 있는 클라이머에게 효과적이다. 근력이 부족한 경우에는 두꺼운 고무줄 튜브를 이용해서 턱걸이하면 된다.

· 무산소 지구력 훈련

무산소 지구력 훈련은 어렵고 긴 루트나 길고 지속적인 볼더 문제를 하려고 할 때 매우 중요하다. 무산소 지구력 훈련은 상대적으로 긴 시간 동안 높은 근력 수준을 유지하는 능력이라고 말할 수 있다. 거의 100퍼센트에 근접하는 최대 근력은 단지 짧은 순간 동안만 유지될 수 있다. 무산소 지구력은 근육이 최대 근력에서 많이 떨어지지 않는 상태로 무산소 역치 이상에서 얼마나 오래 기능할 수 있는가? 하는 것이다. 물론 역치 이상에서 근육 등반을 하면 젖산이 빠르게 축적된다. 따라서 혈중 젖산 농도가 매우 높아져서 힘을 쓰고 있는 근육이 지치거나 훨씬 더 낮은 유산소 강도에서만 등반할 수 있다.

무산소 지구력 훈련 목표는 가능한 오랫동안 무산소 역치 이상에서 등반할 수 있도록 근육을 적응시키는 것이다. 반복적인 노출을 통하여 높은 젖산 수치에 대한 내성을 높이고 젖산 제거 속도와 대사 작용을 더 빠르게 하며 혈액 순환 효율이 더 증가되도록 근육을 적응시킬 수 있다. 정기적으로 전완근에 펌핑이 올 때까지 등반한다면 이러한 능력을 획득할 수 있다. 또한 어려운 루트를 여러 개 하면서 그 사이에 휴식 시간을 짧게 하는 것도 최상의 무산소 지구력 훈련 방법이 될 수 있다.

1) 반복 훈련

반복 훈련은 무산소 한계치 이상의 강도로 근육 운동을 수행하는 훈련이다. 이 한계점의 정확한 수준은 개인의 상태에 따라 다르긴 하지만 평균적으로 최대 강도의 70퍼센트 정도로 볼 수 있다. 반복 훈련에서의 목표는 이 한계점 이상의 강도에서 가능한 오랫동안 등반하거나 운동하는 것이다. 무산소 지구력 훈련에서 적당한 강도를 찾아내는 감각은 개인이 스스로 개발해야 한다. 일반적으로는 1분 이하에서 근육이 지쳐버린다면 너무 높은 강도의 훈련이며, 반대로 4~5분 이후에도 계속 등반할 수 있다면 강도가 너무 낮은 수준이다. 무산소 지구력 훈련은 젖산의 축적이 빠르게 일어나므로 힘이 들고 때로는 고통스러운 훈련 방법이다.

암벽에서 훈련하기 어려운 상황이라면 턱걸이 바, 펑거 보드 등을 이용하여 등반에 고유한 방식으로 무산소 지구력 훈련을 훈련할 수 있다. 그런 경우에는 약 1~3분 동안 훈련하기에 적당한 강도로 저항을 줄여서 운동할 수 있다. 전완근 훈련을 위해서는 턱걸이 바나 핑거 보드에 가능한 오래 매달리려고 하는 것도 좋은 방법이다. 근육이 힘을 못 쓰는 상태가 되면 1~2분 동안 쉬었다가 반복한다. 짧은 휴식시간 동안 아주 소량의 젖산만 제거되기 때문에 다음 세트는 더 어렵고 고통스러울 것이다. 장기간 반복 훈련하면 자연 바위에서 잘 적응이 될 것이다. 또한 두꺼운 고무줄 튜브를 이용해서 턱걸이를 체중보다 가볍게 하여 반복 훈련을 여러 세트 하는 방법도 좋다. 이 경우에는 중간 정도의 하중과 속도에서 30~50회 반복을 목표로 한다.

2) 인터벌 훈련

인터벌 훈련은 어려운 루트에서 등반하는 방식과 매우 유사하기 때문에 무산소 지구력 훈련의 훌륭한 표준이라고 할 수 있다. 즉 대부분의 어려운 등반은 상당히 어려운 구간들과 그 사이의 좀 더 쉬운 구간들 그리고 한두 개의 휴식 지점으로 이루어져 있다. 실내 암장에서는 이와 유사하게 시나리오를 구성할 수 있는데, 예를 들어 1~3분 동안 무산소 역치 이상에서 등반하다가 1~3분 동안 좀 더 쉬운 동작을 등반하기를 반복하면 된다. 사실 이 훈련 방법은 달리기 선수들이 100, 200, 400미터 간격으로 빠르게 뛰기, 느리게 뛰기를 반복하는 인터벌 훈련 방식을 모방한 것이다. 인터벌 등반은 다른 스포츠에서 사용되는 훈련 방식을 등반에 성공적으로 적용시킨 방법이라고 할 수 있다.

· 순수 지구력 훈련

순수한 지구력과 최대 근력은 근력 스펙트럼의 양 극단에 해당한다. 따라서 최대 근력과 최대 지구력을 동시에 최상으로 훈련할 수는 없으며, 두 방면에서 모두 뛰어나기를 기대할 수도 없다. 100미터 달리기와 마라톤에서 모두 금메달을 딴 사람이 없는 것과 마찬가지로 어느 클라이머라도 V14급을 볼더링하고 에베레스트를 무산소로 등반한다는 것은 거의 불가능한 일이다.

자신의 일차적인 등반 목적에 가장 적합하게 훈련 시간을 투자해야 한다. 자신의 집중이 볼더링, 스포츠 등반이나 여러 피치의 자유 등반에 있다면 최대 근력과 무산소 지구력 훈련이 훈련 프로그램의 중심에 있어야 한다. 반면 골수 알파인 클라이머라면 순수 지구력 훈련에 많은 시간을 보내야 한다.

순수 지구력을 개발하는 최상의 방법은 길고 느린 루트에서 유산소 훈련이다. 등반에 적용하자면 적어도 30분 이상(이상적으로는 1~2시간)동안 지속되는 중, 저 강도의 운동을 많이 수행하는 방법이다. 대체로 쉬운 벽에서 여러 피치를 등반하면 지구력을 증가시키기에 어느 정도 자극이 되긴 하지만 실용적이지도 않고 그리 효과적이지도 않다. 순수 지구력을 개발하려면 심장 박동, 운동량과 폐활량의 증가, 근육 내 모세혈관 밀도의 증가와 같이 순환기 계통에 적응이 일어나야 한다.

결국 평균적인 클라이머는 많은 양의 지구력 훈련을 해서 얻는 이득이 크지 않으며 과체중이 아니라면 주당 20분 이상의 유산소 등반은 그리 필요하지 않다. 지구력과 체력 훈련은 상반된 것이므로 과다한 유산소 훈련은 최대 근력을 추구하는 사람에게는 방해가 될 수도 있다.

· 복합 훈련

마지막으로 복합 훈련이라는 흥미로운 개념을 소개하고자 한다. 복합 훈련은 근력과 파워 훈련의 첨단 방법론으로서 현재 수많은 스포츠에서 상급 선수들이 사용하고 있다. 등반에 적용하자면 복합 훈련 방법은 지금까지 알려진 훈련 중에서 가장 파워풀한 훈련 개념이라고 할 수 있다.

복합 훈련은 고강도와 저속도 운동을 중강도와 중속도 운동과 결합한 훈련이다. 전자의 운동은 최대 근력을 개발하는 반면, 후자의 운동은 파워를 키우기에 집중하는 운동이다. 연구결과에 의하면 이들 두 가지 서로 다른 운동을 연이어(체력 훈련 다음에 파워 훈련) 운동하면 각각의 운동을 따로 할 때보다 훨씬 더 많은 근력과 파워를 얻게 된다고 한다.

클라이머를 대상으로 한 연구는 없었지만 수직 점프 능력을 향상시키기 위해 복합 훈련을 사용한 결과 크게 향상되었다는 보고가 있다. 이 연구 결과에 의하면 6주간의 체력 훈련으로 수직 점프에서 3.3센티미터가 증가되었으며 6주간의 파워 훈련을 한 후에는 3.8센티미터가 증가된 반면 6주간 복합 훈련을 한 그룹에서는 무려 10.7센티미터만큼 증가하였다.

두 가지 운동을 결합하는 것이 왜 서로 상승효과가 있는지 이해하려면 근육신경계가 어떤 방식으로 부하를 받는지 알아야 한다. 일단 고강도 체력 훈련으로 시작하면 근육은 거의 최대치의 운동 단위가 동원되며, 두 번째 단계에서는 이미 동원된 근육을 더 높은 스피드로 기능하게 한다. 이러한 방법을 통하여 복합 훈련은 근육 섬유를 신경계와 연계시켜 지근섬유가 마치 속근 섬유처럼 기능하도록 자극시킨다. 결론적으로 복합훈련은 그저 평균 정도의 속근 섬유를 지닌 평균적 클라이머를 위한 '마법의 탄환' 같은 운동이 될 수 있다.

복합 훈련을 자신의 운동 프로그램에 포함시키려면 여러 가지 방식으로 할 수 있다. 기억해야 할 것은 최대 근력 운동 바로 다음에 파워 운동을 결합시켜야 한다는 점이다. 즉 중급 클라이머는 가벼운 과중력 훈련을 한 다음 한쪽 팔 트래버스 훈련과 결합할 수 있다. 또는 손가락 끝으로 하는 어려운 볼더 문제 몇 개를 한 다음 펌핑이 일어난 상태에서 곧바로 한쪽 팔 런지 동작을 몇 세트 할 수도 있다.

복합 훈련은 상당히 스트레스를 주는 훈련이므로 과거에 부상 전력이 없는 좋은 컨디션의 클라이머만 사용해야 한다. 빈도는 4일에 한번으로 제한해야 하며 격주로 실시해야 한다. 또한 복합 훈련에서 완전히 회복되는 데는 3~5일이 소요되므로 초과회복 기간 동안 다른 심한 훈련이나 등반을 하면 그 장점이 모두 헛수고가 된다.

6. 훈련 프로그램

오늘날 대부분의 열성적인 클라이머는 추가적인 훈련을 하며 수많은 초보자와 중급 클라이머도 더 어려운 등반을 하기 위해서 훈련한다. 따라서 일반 클라이머는 실력 향상을 최대화하면서 부상 위험을 최소화하는 훈련 프로그램을 할 필요성이 커진 것이다. 이번에는 현재 수준의 몸 상태와 등반 실력에서 가장 효과적인 훈련 프로그램을 짜도록 하자.

· 자신의 약점을 목표로 하라

많은 클라이머에게 가장 약한 부분은 주로 기술과 정신력 컨트롤이다. 똑똑하지 못한 클라이머는 신체 근력 강화를 위해서만 훈련하지만, 가장 좋은 방법은 자신의 약점을 훈련하는 것이다. 기술과 정신력, 신체 근력을 훈련하는 데 투자하는 시간의 양은 스스로 자신을 평가한 결과와 현재의 능력 수준에 따라 달라진다.

일반적으로 초, 중급 클라이머는 훈련 시간의 70퍼센트를 기술과 요령, 정신력 향상에 써야 하며 나머지 30퍼센트만 신체 훈련에 투자하는 것이 좋다. 반면에 상당히 정교한 기술을 소유하고 있는 상급 클라이머는 최대 근력과 파워의 향상에 훨씬 더 많은 시간을 투자하는 것이 현명하다.

· 훈련을 정기적으로 수정하라

이전에 언급한 것처럼 훈련을 정기적으로 수정하는 것이 중요하다. 안타깝게도 많은 사람들이 매주 마다 똑같은 기본 운동을 하면서 더 이상의 실력 향상이 없다고 실망한다. 또한 매번 똑같은 훈련이나 주말 등반을 하다 보면 자신을 한계 이상으로 밀어붙이면서 열심히 하려는 동기 부여도 서서히 약해지게 된다.

훈련 프로그램을 잘 설계하려면 훈련과 등반을 정기적으로 변화시켜야 한다. 실내 암장에서는 운동 강도와 양, 운동시간, 세트 사이의 휴식 등을 세밀하게 변화시키는 것이 중요하다. 바위에서는 새로운 형태의 등반을 시도하려는 의지와 비례하여 동기 부여와 성취도 커지게 되므로 새로운 암장을 방문하여 자신이 한계가 어디까지인지 시험해본다.

· 등반이나 경기에 맞추어 최대한의 효과를 내도록 하라

프로 선수들은 중요한 이벤트나 경기 일정에 맞춰서 최대 효과를 낼 수 있도록 자신의 훈련 스케줄을 설계한다. 그러나 상당수의 클라이머는 최대 효과를 내기 위해서 세밀하게 훈련을 계획하지 않는 것 같다.

어려운 루트에 대한 등반 시점에 최고의 컨디션에 도달하도록 운동 일정을 짜는 일은 어렵지 않다. 현재 일주일에 3~4일 정도 등반하고 있다면 가장 힘든 부분을 이미 하고 있는 것이다. 이제 필요한 것은 특정 가이드라인에 따라 강도, 양, 휴식의 빈도를 조절하고 훈련 노트에 기록해 가는 것이다.

· 운동일정을 구조화하라

이상적인 결과를 얻기 위해서 몇 주 또는 몇 개월, 1년에 걸친 운동 스케줄을 짜는 방법은 다음과 같다. 스포츠 과학자들의 말에 따르면 중요한 시간 단위는 단기, 중기, 장기 훈련주기라고 한다.

1) 단기 훈련주기

일주일 훈련 방향의 구조와 내용은 프로그램의 효율성을 결정하는 가장 중요한 요인이다. 단기 훈련주기에서는 무엇을, 얼마나, 많이 훈련할지 선택하기 때문에 이것은 훈련 스케줄에서 가장 핵심적인 부분이다.

많은 클라이머의 프로그램은 시작부터 잘못되어 있는데, 일주일의 코스 중에 훈련의 우선순위를 제대로 정하지 못하기 때문이다. 효과를 극대화하려면 올바른 방식으로, 올바른 순서에 따라 훈련할 필요가 있다. 충분히 워밍업 한 후 가장 최상의 훈련 순서는 ① 기술 전략과 정신력, ② 최대 근력과 파워, ③ 무산소 지구력, ④ 길항근, ⑤ 순환기계 지구력의 순서로 한다.

매일같이 다섯 종류의 영역을 효과적으로 훈련할 수는 없다. 대신 단기 훈련주기 동안 자신이 집중할 수 있는 단기 목표를 개발해야 한다. 이 영역들 중 몇 가지를 훈련하든 위의 순서에 따라 훈련해야 한다. 예를 들어 초보자들은 기술과 전략을 훈련하고 순환기계 지구력 운동을 해야 한다. 마찬가지로 상급 클라이머는 기술과 정신력을 훈련하기 위해 볼더링 문제를 한 다음에 최대 근력과 파워를 키우기 위한 운동을 한다. 이 순서를 뒤바꿔서 운동하게 되면 훈련의 질과 등반 성과가 떨어지게 된다.

단기 훈련주기 동안 두 번의 중요한 휴식기간이 있다. 운동 중의 휴식과 운동 사이의 휴식이 그것이다. 열정적인 클라이머는 휴식 부족의 덫에 빠지기 쉽다. 따라서 자신이 원하거나 필요하다고 느끼는 것보다 더 많이 쉬는 것이 현명하다.

개별 운동과 세트 사이에 쉬는 휴식시간은 훈련 자극에 중요한 역할을 한다. 1~2분 이하로 쉬게 되면 혈액 중 젖산의 농도가 높아져서 무산소 지구력을 훈련하게 된다. 이러한 형태는 상당히 효과적인 인터벌 훈련 전략이 된다. 반대로 세트 사이에 2분 이상 쉬면, 더 많이 회복할 시간을 주기 때문에 훈련의 질과 강도를 높일 수 없다. 더 오래 쉬는 것은 기술 훈련이나 최대 체력 훈련할 때뿐이다.

하루의 운동이 끝난 후의 적절한 휴식 시간은 측정하기에 더 어렵다. 훈련의 강도에 따라서 24시간에서 72까지 걸릴 수 있다. 저강도의 일반 운동이나 쉬운 등반은 일주일에 5~6일까지 할 수도 있다. 하지만 최고 강도의 훈련(복합 훈련 또는 과중력 훈련)에서 완전히 초과 회복되려면 최대 96시간이 필요하므로 일주일에 2회 정도로 제한해야 한다. 두 양극단 사이의 훈련이라면 주당 3~4일 정도면 적당하다.

2) 중기 훈련주기

변화의 원리에 따르면 장기 훈련의 정체 현상을 피하기 위해서 운동을 정기적으로 변화시켜야 하며 그러한 목적으로 스케줄을 조절하는 주기가 바로 중기 훈련주기이다.

체력 훈련의 경우에는 1~4주마다 집중을 변화시키는 것이 가장 효과적이다. 말하자면 훈련의 집중을 지구력에서부터 최대 근력과 파워 훈련으로 또는 무산소 지구력 훈련으로 몇 주마다 바꿔나가야 한다. 4-3-2-1 훈련 주기가 이상적인 형태이다.

4-3-2-1 훈련 주기는 대부분의 중급 클라이머에게 적당한 방식이다. 이 주기는 4주간의 지구력훈련 - 3주간의 최대 근력과 파워 훈련 - 2주간의 무산소 훈련 - 마지막으로 1주일의 휴식으로 이루어진다.

4주간의 등반 지구력 기간에는 그저 많이 등반하면 된다. 등반은 실내나 야외 등반 또는 두 종류의 혼합일 수도 있다. 이 기간에는 최대한으로 등반하기보다는 여러 다른 장소의 다양한 루트에서 많은 등반을 해야 하며, 이러한 점이 다른 기간과의 핵심적인 차이가 된다. 이렇게 4주간 훈련하고 나면 기술과 요령이 늘고 새로운 등반 기술을 배우게 되며 팔과 상체, 가슴의 지구력이 발달하게 된다. 일주일에 4일 등반이 대부분 적당하다.

그 다음 단계는 3주간의 최대 근력과 파워 훈련이다. 어려운 볼더링, 과중력 훈련, 캠퍼스 훈련, 복합 훈련 등을 최대 강도, 최대 스피드, 최대의 노력으로 하도록 한다. 결론적으로 볼더 문제나 운동, 훈련, 일 사이에 더 많이 휴식해야 한다. 이틀 연속으로 운동하지 않는 것이 좋다. 격일 훈련 또는 하루 훈련과 이틀 휴식이 가장 이상적인 형태이다. 따라서 전체 훈련 일수는 주당 2~3일 정도가 적당하다.

2주간의 무산소 지구력 기간은 가장 힘들고 고통스러운 일정이다. 적당히 높은 강도로 훈련하면서 운동 사이에 휴식을 줄이게 되면 몸과 마음의 의지를 시험하는 극심한 펌핑과 젖산 축적을 경험하게 된다. 인터벌 훈련은 무산소 지구력을 개발하는 기본 운동법이다. 말하자면 90

분간 가능한 많은 어려운 루트를 등반하는 훈련이 바로 무산소 지구력 훈련이다. 불행히도 많은 클라이머가 이 방법을 과용해서 부상을 초래 하거나 훈련 정체 현상을 가져온다.

2주간의 무산소 지구력 훈련은 하루 운동과 이틀 휴식 또는 이틀 운동과 이틀 휴식 방식으로 적용한다. 10주간의 주기 중 마지막 단계 는 7일간 등반을 전혀 하지 않는 것이다. 하루나 이틀 동안 완전히 휴 식한 다음 나머지 기간 동안은 가벼운 등반을 한다. 이렇게 일주일간 쉬는 것은 다른 운동만큼이나 중요하다. 이 기간 동안 신체 근력과 동 기부여가 새로운 수준으로 다시 만들어지기 때문이다. 또한 학습 직후 보다 일정시간이 지난 후에 더 기억이 잘나는 현상으로 인해 등반기술 이 새로운 경지에 도달하게 된다.

상급 클라이머는 매우 정교한 기술과 풍부한 경험을 보유하고 있 기 때문에 4-3-2-1 주기 중 4주간의 등반에서 별로 얻을 부분이 없다. 5.12급 이상의 클라이머에게는 보다 높은 수준의 최대 근력, 파워, 무 산소 지구력을 획득하는 것이 더 높은 그레이드로 올라가기 위한 열쇠 가 된다. 물론 어떤 클라이머도 근력의 증가가 더 어려운 등반을 위한 유일한 해답이라는 식의 닫힌 마음자세를 가져서는 안 된다. 자신의 약점(체력, 정신, 기술)을 부단히 관찰해야 한다.

어쨌든 최상의 클라이머는 기술이나 지구력 훈련보다는 최대 근력 과 파워 훈련에 훨씬 더 많은 시간을 쓸 필요가 있다. 3-2-1 훈련 주기 에서는 4-3-2-1 주기의 두 번째 단계부터 따르면 된다. 즉 3주간 최대 근력훈련, 2주간 무산소 지구력훈련, 나머지 1주일간 휴식한다.

3) 장기 훈련주기

장기 훈련주기는 시즌 및 비시즌의 훈련과 등반에 대한 연간 계획을 의미한다. 일반적으로 스포츠에서 장기 훈련주기는 경기 일정에 맞추어 주요 대회에서 최고의 컨디션이 되도록 계획하지만, 등반에서는 최고의 등반에서 최고의 효과를 내기 위해서 훈련을 계획하게 된다.

우선 달력에 등반 계획이나 경기 일정이 있는 달을 표시하고 비시즌의 훈련 기간과 일 년 중 훈련을 쉬는 때도 표시하여 대략적인 맵을 만든다. 휴식기간은 자신의 동기부여를 다시 고취하고 긴 등반기간 동안 입었을지 모르는 부상을 치료하기 위하여 반드시 필요하다는 점을 기억한다. 많은 클라이머는 보통 12월을 휴식기로 하는데, 이것은 1년간의 부단한 훈련과 엄격한 식이요법에 대한 멋진 보상이 되기도 한다.

· 선호하는 등반에 따라 훈련을 달리하라

자신이 선호하는 등반 형태에 따라 훈련 내용을 달리 하라는 SAID 원칙을 소개한 바 있다. 볼더링부터 알파인 등반까지 등반 종류에 따라 요구되는 훈련이 다르다. 훈련의 효과를 최대로 하려면 등반 종류에 맞춰서 매일 운동을 세팅해야 한다.

예를 들어 SAID 원리에 따르면 알파인 클라이머는 볼더링을 하거나 핑거 보드에 매달리기보다는 고-운동량의 지구력 훈련과 달리기를 하면 훨씬 더 이득이 된다. 물론 빅월 또는 알파인 클라이머에게 가장 고유하고도 효과적인 훈련은 바로 최고난도 이하의 등반을 많이 하는 것이다. 반대로 실내 암장에 가는 것은 볼더, 스포츠 클라이머 또는 멀티피치 클라이머에게 가장 좋다.

또한 훈련을 할 때도 선호하는 등반 스타일에서 요구되는 등반 성과와 비슷하게 해야 한다. 볼더링을 주로 하는 사람은 중기 훈련주기 중에 최대 근력과 파워 훈련을 많이 해야 하며, 멀티 피치 클라이머는 중기 훈련주기에서 무산소 지구력과 부분 지구력 훈련에 더 많은 시간을 할애해야 한다. 고도의 기술을 지니고 있는 스포츠 클라이머라면 최대 근력과 무산소 지구력을 번갈아 가며 집중하는 것이 최선이 된다.

최상의 훈련 프로그램은 자신의 기술적 능력과 신체 근력, 약점에 따라 변해야 한다. 이러한 이유로 정기적으로 자기평가를 하고 목표를 다시 설정하는 훈련프로그램을 만들어야 한다.

· 가정 내 암장이나 실내 암장의 중요성

자기 능력과는 상관없이 연중 가장 효율적으로 훈련을 하기 위해서는 실내 등반을 따라올 것이 없다. 다행히도 요즘엔 집이나 직장 근처에 좋은 상업 시설들이 많이 생긴 편이다. 그렇다면 암장에 가서 적어도 일주일에 두 번 이상 이용한다. 이것이 자신의 등반 실력과 적절한 체력을 향상시키는 최고의 방법이다. 그러나 우리들 중에는 가까운 곳에 실내 암장이 없는 경우도 있는데 그때는 집안에 벽을 세울 수 있으면 좋다.

공간이 협소하다면 단순히 가로, 세로 2미터의 45도 오버행을 하나 세워라. 이 벽은 분명히 한계가 있긴 하지만 훌륭한 상체 운동을 할 수 있을 뿐만 아니라 등반 동작과 몸자세에 대한 감각을 향상시키는 데 도움이 될 것이다. 좀 더 넓은 공간을 이용할 수 있다면 루프와 약간 오버행(10~25도 각도)으로 이루어진 벽과 45도 각도의 벽을 만들면 좋다. 천장이 높은 창고가 좋으며 여름, 겨울에 온도를 조절할 수 있다면 가장 이상적이다.

Almost
Everything
of the Sports
Climbing

7장 영양,
피로,
회복

체지방 비율

식생활이 등반 성과에 얼마나 큰 영향을 미치는지 정확히 얘기하기는 어렵지만, 클라이머가 영양 섭취를 개선하기 위해 충분히 노력한다면 전반적인 등반 성과에서 10~20퍼센트 정도는 향상될 수 있을 것으로 본다.

1980년대 후반에는 고탄수화물 식이요법이 대유행이었으며, 1990년대 초반에는 고단백질 식이요법이 유행이었다. 가장 최근에는 고지방, 저탄수화물 식이요법이 유행되는 듯하다. 흥미롭게도 이런 모든 식이요법에는 과학적인 연구결과들이 뒷받침되고 있는데 어느 정도까지는 체중 감량을 할 수 있다고 주장하고 있다. 그러나 체형이 그리 나쁘지 않은 선수라면 그런 다이어트를 굳이 할 필요가 없으며 장점도 없다. 등반 성과를 위한 영양섭취는 그리 복잡한 주제는 아니며, 그저 올바르게 먹는 것이 중요하다.

이상적인 몸이 안 되는 클라이머는 근력을 증가시키기보다 체중을 줄임으로써 가장 빨리 근력 대 체중 비율을 증가시킬 수 있다. 자신의 대략적인 체지방 비율을 알면 체중을 얼마만큼 줄여야 하는지 알 수 있다. 대부분의 헬스클럽에는 체지방을 측정할 수 있는 기구가 있으므로 쉽게 자신의 체지방을 알 수 있다.

남자 스포츠 선수들의 경우 레슬링 선수는 4퍼센트, 달리기 선수는 8~12퍼센트, 축구 선수는 16퍼센트 정도가 적당하며 상급 선수들의 평균은 12퍼센트 이하라고 한다. 여자 선수들의 경우 8~25퍼센트 사이가 적당하며, 상급 선수들의 평균은 15퍼센트이다. 따라서 상급 수준 정도의 체지방 비율(남자는 12퍼센트, 여자는 15퍼센트)이 대부분의 클라이머에게는 좋은 목표가 될 수 있다.

정확한 체지방을 측정하기 어렵다면 집에서 할 수 있는 경제적인 방법도 있다. 즉 자기 엉덩이 위의 피부를 한 겹 꼬집어서 2센티미터 이상이 잡힌다면 체지방을 좀 더 줄일 필요가 있다. 1~2센티미터 사이의 두께라면 클라이머로서는 약간 체중이 많은 편이라고 할 수 있다. 만일 1센티미터 이하라면 우리가 추구하는 목표와 비슷하거나 좀 더 적다고 할 수 있다.

체지방 비율 최적화뿐만 아니라 근육의 크기와 위치를 고려해야 한다. 예를 들어 클라이머가 헐크같은 다리 근육을 갖고 있으면 허리에다 자동차 타이어를 두른 것보다도 더 나쁘다고 할 수 있다. 근육은 지방보다 단위 부피당 무게가 더 크기 때문이다. 등반에서는 다리 근육이 절대 가장 약한 부분이 아니므로 다리 근육의 사이즈를 키우는 훈련 방법에는 '안녕'을 고해야 한다. 또한 신체의 다른 부위에서도 근육 부피를 키우는 하중 운동을 하지 말아야 한다.

체지방 최적화

훈련과 식이요법을 통하여 자신의 체지방을 변화시키는 데는 유전적인 제한이 있기 마련이다. 어떤 사람들은 원래부터 체지방이 약간 더 많으며, 어떤 사람들은 본래 체격이 크고 근육도 크다. 그러나 많은 초급 클라이머는 등반에 도움이 되는 방식으로 자신의 체지방을 상당히 변화시킬 수 있다. 이때 가장 중요한 두 가지 전략은 식사와 유산소 훈련을 하는 것이다.

영양에 대해서는 6장에서 깊이 다룰 예정이지만, 여기에서는 분명한 사실 한 가지만 얘기하고자 한다. 체지방 감소는 며칠 내지 수 주간에 걸쳐서 칼로리 부족 상태가 되기만 하면 가능하다는 점이다. 즉 소모하는 것보다 더 많은 칼로리를 연소시키면 신체는 저장된 지방을 태우기 시작한다. 급격한 식이요법은 건강에 좋지 않을 뿐만 아니라 위험하다. 대신 매일 최대 500칼로리까지 부족한 상태가 되도록 노력한다. 1주일이 지나면 3500칼로리 부족이 되며, 이것은 체지방 500그램을 제거하는 효과와 같다. 체중계를 보면 체중이 더 많이 줄어든 것으로 나타나겠지만, 추가적인 체중 감소는 물과 글리코겐의 손실인 경우가 많다. 이렇게 지방이 아닌 부분의 중량 감소는 다음번에 열량을 초과해서 먹게 되면 글리코겐이 다시 채워져서 원래 상태로 회복하게 된다.

매일 칼로리가 부족한 상태로 만들기 위해서는 열량 섭취를 줄이고 열량 사용을 증가시키면 된다. 다시 말해 우리 몸에서 입력보다 출력을 크게 하면 된다. 지방을 연소시키기 위해서는 달리기, 자전거, 수영 같은 유산소 운동이 가장 좋다. 등과 무릎이 건강하다면 다리 근육을 키우지 않는 달리기가 가장 좋은 선택이 된다. 다음으로 좋은 방법은 천천히 수영하기와 평지에서 자전거를 타는 것이다. 산악자전거는 다리 근육을 키우기 때문에 좋은 운동 방법이 되지 못한다. 어떤 방법을 선택하든 일주일에 최소한 4일 이상, 중간 정도의 강도로 30분 이상 꾸준히 운동해야 된다.

너무 바빠서 일주일에 2시간 이상 시간을 내기 힘들다면 좀 더 짧은 시간동안 고강도의 인터벌 훈련을 함으로써 비슷한 효과를 볼 수도 있다. 예를 들어 3분 정도 가볍게 조깅한 다음, 전력 질주와 조깅을 1분씩 번갈아 하고 12분 동안 달리기하는 방법이 있다. 이렇게 15분간 격렬하게 인터벌 훈련을 하면 실제 훈련하는 동안 연소되는 지방은 더 적지만 신진대사가 빨라져서 하루 중 남은 시간 동안 더 많은 열량을 연소하게 된다. 어떤 방식을 택하느냐에 관계없이 아침에 식사를 하기 전에 운동하는 것이 가장 효과적이다.

원하는 체지방 비율에 도달하게 되면 유산소 훈련을 줄이고 다른 쪽으로 노력을 집중하도록 한다. 열량 섭취를 조금씩 증가시키면서 허리둘레와 체중을 관찰해서 최종적으로는 매일 섭취하는 열량과 사용하는 에너지양이 같도록 하고 체중을 일정하게 유지시키도록 한다.

체지방에 관한 문제는 체중 대비 근력을 강화시켜야 하는 스포츠에서는 가장 중요한 문제이지만 그것이 전부는 아니다. 어떤 클라이머는 거의 굶는 수준으로 식사량을 줄여서 체지방 비율을 최소화시키기도 한다. 이런 사람들 중 극소수는 정신력과 기술 덕분에 상당히 높은 수준으로 등반하기도 하지만, 결과적으로 영양부족 상태가 되면 더 힘든 등반을 할 수 없게 된다. 극단적인 식이요법과 과도한 유산소 운동은 암벽 클라이머에게 좋은 훈련 전략이 되지 못한다.

주영양소

클라이머에게 완벽한 단일 훈련 프로그램이 없는 것과 마찬가지로 완벽한 단일 식이요법은 존재하지 않는다. 자신에게 가장 좋은 음식의 형태와 양은 선호하는 등반에 따라 어느 정도 다르다. 예를 들어 알파인 클라이머는 영양과 에너지 측면에서 볼더링하는 사람들과 상당히 다른 모습을 보인다. 영양 측면에서 먼저 살펴보아야 할 것은 단백질, 지방, 탄수화물의 세 가지 주영양소이다.

클라이머에게 이상적인 영양소의 비율은 등반의 형태에 따라 다르다. 볼더링이나 자연바위처럼 고강도의 단속적인 등반에서는 탄수화물, 단백질, 지방에 대해 65:15:20의 비율이 가장 좋다. 느리고 지속적인 등반을 하는 알파인 클라이머는 하루에 요구되는 총 열량이 다소 높으며 지방이 좀 더 많은 식사가 적당하므로 55:15:30 비율이 더 적절하다.

1. 단백질

단백질은 신체 조직을 만드는 기능, 면역 체계의 주요 성분으로 작용하는 기능, 신체 내의 모든 반응을 촉진하는 효소를 만드는 기능 등 체내에서 많은 기능을 담당하고 있다. 연구에 의하면 청소년은 새로운 조직을 많이 만들어야 하기 때문에 성인보다 더 많은 단백질을 필요로 한다고 한다. 건강한 성인은 상당한 양의 단백질을 갖고 있으므로 체내의 다른 기능을 수행하도록 여러 번 단백질을 재활용될 수 있다. 따라서 성인의 일일 단백질 요구량은 평범한 수준이며, 이것은 근육량을 증가시키려고 훈련하는 사람에게도 마찬가지이다. 성공적인 식이요법은 많은 단백질을 소모하는 일보다 적절한 훈련을 하고 훈련을 뒷받침해 줄 충분한 탄수화물을 섭취하는 데 달려 있다.

· 일일 요구량

대부분의 클라이머에게는 매일 체중 1킬로그램 당 1.2~1.5그램의 단백질이 적당하다. 즉 70킬로그램의 개인은 매일 84~105그램 정도 섭취하면 된다. 이 수치는 미국식품의약국(FDA)에서 주로 앉아서 일하는 사람에게 권고하는 양인 0.8~1.0그램보다 높은 수치이다. 몇몇 연구 결과에 의하면 선수들의 경우에 근육량을 늘리기 위해서가 아니라 운동 후 회복을 촉진하고 장시간의 강한 운동으로 인한 조직 소모를 보상하기 위해서 약간 더 많은 요구량이 필요하다고 한다.

· 최상의 단백질원

탈지 우유나 요구르트 같은 저지방 유제품과 저칼로리의 닭고기, 생선, 육류 등은 칼로리에 비해서 좋은 단백질을 제공하고 있다. 예를 들어 저지방의 육류 약 85그램은 열량이 단지 180칼로리임에도 불구하고 질 높은 완전 단백질 25그램을 보유하고 있다. 한 컵의 탈지 우유에는 10그램의 완전 단백질이 들어 있으며 지방은 거의 제로이다. 불완전 단백질(필수 아미노산 20종류를 모두 포함하지 않은 단백질)도 조합해서 섭취하면 유용하다. 이것은 단백질 부족이 되기 쉬운 채식주의자의 경우에는 특히 중요하다.

2. 지방

대부분의 사람들이 너무 많은 지방을 섭취하여 심장질환, 암, 고혈합, 비만 등의 발병률이 높은 것은 이미 알고 있는 사실이다. 그러나 너무 적은 지방을 섭취해도 똑같이 심각한 영향을 미친다. 지방은 우리 몸에 필수적인 지방산의 원료로 기능하는데, 지방산은 면역 체계 기능과 호르몬 생산과 같은 필수적인 생리과정에 관여하고 있다. 또한 우리 몸의 세포막은 대부분 인지질로 구성되어 있는데, 이것이 없으면 근육 세포를 비롯하여 새로운 건강한 세포를 만들 수 없다. 여자에게 지방 결핍은 생리불순을 유발하여 뼈 조직의 발달과 유지에 악영향을 미친다고 알려져 있다.

· 일일 요구량

평균적으로 지방의 최소 요구량은 일일 15~25그램이다. 보통 지방 섭취 권장량은 매일 소비되는 총 열량의 퍼센트로 표현된다. 클라이머의 경우에는 선호하는 등반 종류에 따라 총 열량의 15~30퍼센트를 지방에서 섭취해야 한다.

암벽 등반과 볼더링에서는 체지방 비율이 낮은 쪽이 바람직하고 주로 무산소 에너지가 요구되므로 지방의 섭취도 15~20퍼센트로 한정되어야 한다. 그러나 알파인 클라이머의 경우에는 총 열량의 30퍼센트 이상을 지방에서 얻는 것이 좋다. 알파인 클라이머는 스포츠 클라이머에 비해 좀 더 큰 근육(예를 들어 다리 근육)을 많이 사용하므로 훨씬 더 많은 에너지를 소비해야 한다. 지방은 탄수화물과 단백질보다 칼로리 함유량이 높으며, 긴 시간동안 천천히 유산소 등반할 때 좋은 에너지원이 된다.

· 지방의 네 가지 형태

지방은 포화, 단일불포화, 다중불포화, 트랜스 지방산으로 분류되며 지방의 일일 요구량을 섭취할 때 어떤 형태의 지방이 좋고 나쁜지 아는 것이 중요하다. 각 지방은 그램당 9칼로리의 같은 열량을 갖고 있지만 등반과 관련해서 똑같은 역할을 하지 않는다. 결론적으로 적정량의 지방을 섭취하는 것뿐만 아니라 각 지방산의 적절한 비율을 유지하는 것도 중요하다.

포화 지방은 우유와 유제품, 육류, 가금류 같은 동물성 식품에 가장 많으며 견과류에도 상당량 포함되어 있다. 포화지방을 과다하게 섭취하면 혈중 콜레스테롤 중에서도 나쁜 종류의 콜레스테롤(LDL)이 증가하지만 호르몬과 인지질과 같은 신체 성분을 만들기 위해서는 일정량 필요하다.

단일불화 지방산은 카놀라, 올리브, 땅콩, 아보카도 같은 야채류와 유지류에 많다. 이러한 단일 지방산은 좋은 콜레스테롤(HDL)을 감소시키지 않고 LDL을 낮추는 능력이 있기 때문에 심장질환을 예방하는 데 가장 좋다고 알려져 있다.

다중불포화 지방산은 참치, 고등어, 연어, 송어와 같은 생선류와 옥수수유, 해바라기유, 콩기름 등에 많이 함유되어 있다. 어류에서 주로 발견되는 오메가-3 지방산은 관절염을 비롯한 염증 질환과 편두통, 심장질환을 치료하는 기능이 있다고 알려져 있다.

트랜스 지방산은 거의 모든 지방에 미량 함유되어 있으나 대부분은 주로 경화유로부터 섭취하게 된다. 기름이 굳는 동안 액체상태의 식물성 기름은 수소원자와 결합하여 고체로 바뀌게 되는데, 마가린과 쇼트닝이 대표적인 경화유이다. 결론적으로 경화 과정은 트랜스 결합을 형성함으로써 불포화 지방산을 포화 지방산으로 전환시킨다. 최근의 연구에 따르면 이러한 트랜스 지방산은 포화 지방과 비슷한 영향을 끼치며 암을 일으킬 수도 있다고 한다.

대부분의 뛰어난 선수들은 매우 건강한 콜레스테롤 분포를 보이지만, 어쨌든 트랜스 지방산의 섭취를 제한하는 것이 현명한 일이다. 불행하게도 경화유와 부분 경화유는 다양한 종류의 식품에 포함되어 있어서 피하기가 어렵다. 예를 들어 슈퍼에서 사는 거의 모든 빵, 쿠키, 과자류에는 이들 해로운 오일이 상당량 포함되어 있다.

식품의 라벨을 자세히 읽어보면 자신이 얼마나 많은 트랜스 지방산을 먹고 있는지 알고 놀라게 될 것이다. 시판되고 있는 대부분의 튀김류는 트랜스 지방산을 함유한 기름으로 조리된다. 결국 이런 음식들을 완전히 피할 수는 없지만 가능한 덜 섭취하는 것이 중요하다. 지방산의 기능이 다양하므로 포화지방, 단일불포화, 다중불포화 지방산을 동일한 양으로 섭취하는 것이 가장 좋으며, 트랜스 지방산의 섭취를 최소화하는 것이 좋다.

3. 탄수화물

지방과 단백질도 에너지를 생산하긴 하지만 탄수화물은 근육과 뇌를 위한 가장 효율적이고 효과적인 에너지원이 된다. 또한 고탄수화물 식사는 단백질 보충 효과 때문에 선수들에게 중요하다. 탄수화물을 충분히 섭취하지 않는다면 근육을 구성하는 단백질이 에너지원으로 쓰이기 때문에 근육이 분해된다.

탄수화물에는 당과 녹말이라는 두 가지 형태가 있다. 당 종류의 음식에는 과일, 설탕, 소다, 쨈, 꿀, 당밀과 같은 것이 있고 녹말 종류는 빵, 쌀, 시리얼, 면 종류들이다. 이런 식품들은 고강도의 트레이닝과 등반에는 최적의 에너지원이 되기 때문에 아마도 충분한 양의 식품들을 이미 섭취하고 있겠지만 모든 탄수화물이 같은 효과를 내는 것은 아니다. 탄수화물에 따라 서로 다른 속도로 혈액 속에 당을 내보내기 때문이다.

· 혈당지수

최근까지 영양학자들은 탄수화물을 단순탄수화물(당)과 복합탄수화물(녹말) 두 종류로만 구분했다. 단순 탄수화물은 혈당 수치를 올리고 빠른 에너지를 내는 반면, 복합 탄수화물은 느리고 일정한 에너지를 내는 것으로 알려져 있다. 일반적으로는 이런 개념이 맞지만 최근의 연구에 따르면 음식물 섭취 후의 혈당의 변화는 두 그룹에서 상당히 다양하게 나타난다고 한다.

탄수화물의 대사를 좀 더 정확하게 구분하기 위하여 혈당지수라는 개념이 만들어졌다. 혈당지수는 특정 음식의 섭취가 포도당의 직접 섭취에 비해 혈당에 어떤 영향을 주는지를 말해준다. 높은 혈당지수를 가진 식품은 혈당을 빠르게 증가시키며 인슐린 반응성이 크다. 낮은 혈당지수의 식품은 좀 더 약한 변화를 보인다. 클라이머도 혈당지수의 지식을 이용해서 에너지 레벨을 조절하고 운동 후의 회복속도를 빠르게 할 수 있다.

하루 종일 등반하거나 훈련이 길어질 때처럼 긴 시간 등반할 때는 안정적인 인슐린 레벨이 필요하다. 또한 전문가들은 지속적인 인슐린 커브는 근육 성장을 촉진하고 지방 축적을 막아준다고 말한다. 따라서 클라이머에게는 대부분의 상황에서 혈당지수가 낮은 음식이 바람직하다고 할 수 있다. 높은 혈당지수의 음식은 혈당치와 인슐린 수치를 크게 증가시키기 때문이다.

특정 식품의 혈당지수는 생각보다 알기 어렵다. 예를 들어 단순 탄수화물로 분류되는 대부분의 식품(시리얼, 캔디, 과일, 주스 등)은 혈당지수가 높다. 그러나 감자, 백미, 빵 같은 복합 탄수화물도 역시 높은 혈당지수를 갖고 있다. 혈당지수가 낮은 식품에는 채소류, 전곡류(도정이 덜 된 곡식), 현미, 우유 등이 포함된다.

일반적으로 가공이 더 많이 되고 쉽게 소화되는 식품일수록 혈당지수가 높은데, 예를 들어 액상 형태의 식품이 고형 상태의 식품보다 혈당지수가 더 높다. 섬유질이 많은 식품은 인슐린 반응을 느리게 하므로 상대적으로 낮은 혈당지수를 갖는다. 마지막으로 탄수화물과 더불어 단백질과 지방을 포함하고 있는 식품은 혈당지수가 대부분 낮다.

따라서 혈당지수를 외워서 활용할 재간이 없다면, 탄수화물을 먹을 때 단백질과 지방도 같이 먹도록 하여 전체 혈당 반응을 낮출 수가 있다. 따라서 바위에서 하루 종일 등반할 때 탄수화물뿐만 아니라 단백질과 지방도 어느 정도 함유하고 있는 에너지 바를 챙기도록 한다.

사탕, 주스, 탄산음료, 스포츠 음료같이 혈당지수가 높은 식품을 소비하기 적당한 때는 운동이나 등반을 마쳤을 때다. 강도 높은 운동을 하고 나면 근육은 글리코겐 형태로 에너지를 축적하려고 한다. 혈당지수가 높은 식품을 먹기에 가장 적당한 시간은 운동 후 2시간 이내이며, 그 이후에는 느리고 지속적인 재충전을 위해 낮은 혈당지수의 식품이 더 좋다.

· 일일 요구량

매일 요구되는 열량의 3분의 2정도는 탄수화물로 섭취해야 한다. 이것은 접시의 3분의 2정도가 면, 밥, 감자, 야채류와 같은 식품으로 채워져야 하며, 나머지 3분의 1은 지방이 적고 단백질이 풍부한 식품이 되어야 한다는 의미이다. 간식을 먹을 때도 똑같은 규칙이 적용된다. 빵이나 과일과 같은 탄수화물은 탈지우유나 요구르트와 같은 단백질과 함께 먹도록 한다. 단백질은 탄수화물의 소화를 느리게 하기 때문에 에너지를 더 오래 지속시켜 준다.

자신의 체중에 따라 필요한 탄수화물의 양을 대충 계산해 낼 수 있다. 매일 2시간씩 운동한다면 체중 1킬로그램당 7그램 정도의 탄수화물이 대충 필요할 것이다. 예를 들어 체중이 70킬로그램이라면 약 500그램의 탄수화물이 필요한데, 탄수화물이 그램당 4칼로리의 에너지를 내므로 약 2000칼로리에 해당된다. 그러나 두 시간 훈련이 아니라 하루 종일 등반할 때는 체중 킬로그램당 10~14그램의 탄수화물이 필요하다.

물

물은 등반에 가장 중요한 영양소이지만 아직도 많은 클라이머가 만성적으로 물 부족 상태에 있는 것 같다. 연구에 의하면 물이 1~2퍼센트만 부족해도 등반에 문제를 일으킨다. 약한 탈수 증세의 초기 증상은 집중력이 떨어지고 피로감이 증가한다. 물이 3퍼센트 부족하면 두통, 경련, 현기증이 일어난다. 또한 최근의 연구에 의하면 체중에서 단 1.5퍼센트만 수분이 적어져도 최대 근력에 심각한 저하 현상이 일어난다고 한다.

또한 등반같이 스트레스가 심한 스포츠에서는 탈수증상은 관절이나 건의 손상 위험을 증가시킨다. 적절한 수분을 공급해 줌으로써 세포에 영양소를 운반하는 과정을 촉진시키고 조직을 부상으로부터 보호하며 관절의 유연성을 유지할 수 있다는 것을 명심한다. 따라서 훈련이나 등반 중의 부상 방지를 위해서는 적절한 워밍업만큼 수분 공급도 중요하다.

운동이나 등반하러 가기 전에 큰 컵으로 두 컵의 물을 마시는 것이 좋다. 매 시간마다 적어도 약 200밀리리터의 물을 마시도록 한다. 이렇게 하면 등반을 하는 8시간 동안 총 1.6리터의 물을 마시게 된다. 이것은 거의 최소량으로서 땀이 거의 나지 않는 추운 날에 적당한 정도이며, 땀이 많이 나는 습하고 더운 날에는 거의 두 배 정도 마셔야 한다. 즉 8시간 등반을 위해서 약 5리터의 물을 갖고 가야 한다. 물론 그 정도 양의 물을 준비하는 클라이머가 얼마나 될지 모르지만, 대다수의 클라이머는 약한 탈수 증상 때문에 자기도 모르는 사이에 등반 성과가 떨어진다.

미량영양소와 스포츠 보충제

미량영양소와 스포츠 보충제에 대한 주제는 너무 광범위해서 깊이 있게 논의하기에는 불가능하다. 그러나 스포츠에서 비타민 보조제와 기능성 식품의 사용은 흔한 일이어서 간단하게 논의하고자 한다. 비타민과 스포츠 보충제의 판매는 이미 커다란 산업을 형성하고 있어서 끊임없는 광고로 우리를 공략하고 있다. 체중 감소와 근력 증강에 대한 광고도 가끔 눈에 띠지만, 과학적인 연구결과로 뒷받침되는 광고는 거의 없다.

1. 필수 비타민

비타민과 무기질은 필수적으로 섭취해야 하는 영양소이다. 이런 영양소들은 단백질이나 탄수화물에 비하면 아주 적은 양만 필요하지만, 근육 성장과 에너지 대사부터 신경 전달과 기억에 이르기까지 거의 모든 신체 기능에 핵심적인 기능을 한다. 최근의 연구에 의하면 일반적으로 우리가 먹는 식사 중의 3분의 2정도는 필수 비타민과 미네랄의 함량이 일일 권장량보다 낮은 결과를 보였다.

고강도 운동을 하게 되면 체내의 신진대사가 매우 활발해질 뿐만 아니라 많은 양의 활성산소가 생성되어 회복이 느려지고 질병의 위험도 커진다. 이러한 활성산소를 없애주는 항산화제가 바로 비타민 C와 비타민 E이며, 영양권장량보다 더 많은 양을 섭취하는 것이 좋다.

연구결과에 의하면 비타민 E를 1200IU(국제단위) 섭취하여 활성산소 생산을 조절하면 무거운 하중, 훈련 후의 근육 손상을 줄일 수 있다고 한다. 비타민 C도 마찬가지로 근육 손상을 줄일 뿐 아니라 콜라겐(피부와 근육에서 연결 조직을 만드는 물질)의 형성에도 꼭 필요하며 면역 체계를 지원하기도 한다. 따라서 식사를 통해서 얻는 양 외에 비타민 C와 비타민 E를 추가로 더 섭취하면 좋다. 비타민 C는 1~2그램, 비타민 E는 400~800IU 정도를 매일 2회(아침과 저녁)에 나누어 섭취하는 것이 좋다. 일반적으로 고른 영양소를 갖춘 식사를 하고 종합 비타민제를 먹어주면 충분한 양이라고 할 수 있다.

2. 주요 미네랄

마그네슘과 아연은 대다수 사람들이 권장량보다 적은 양을 섭취한다. 선수들의 경우에 이들 미네랄이 부족하면 훈련에 대한 반응이 충분히 일어나지 못한다. 최근의 연구결과에 의하면 마그네슘과 아연을 충분히 섭취한 선수의 근력이 그렇지 않은 선수에 비하여 더 증가했다고 한다. 또한 고강도의 체력 훈련을 하던 클라이머가 아연을 섭취함으로써 이득을 볼 수 있었다고 한다.

또 다른 중요한 미네랄은 셀레늄으로서 주로 항산화제로 알려져 있다. 비타민 C와 E를 추가적으로 섭취하고 있다면 셀레늄 100~200마이크로그램을 더 섭취하면 좋다. 칼슘과 철은 클라이머에게 종종 부족한 미네랄이다. 채식주의자들은 철분이 결핍되기 쉬우며 여자들도 철과 칼슘을 식사에서 충분히 얻지 못한다. 종합 비타민제가 가장 좋은 방법이며 비타민 C는 미네랄의 흡수를 증가시켜준다. 여자들이 칼슘을 더 섭취하고 싶다면 칼슘 영양제를 섭취하거나 탈지 우유를 매일 몇 잔씩 마시면 좋다.

3. 단백질 파우더

선수들의 경우에는 격렬한 운동으로 인해 단백질 순환이 높기 때문에 일반 사람들보다 단백질 일일 요구량이 더 많다. 엄청난 양이 필요하지는 않지만 70킬로그램의 클라이머는 매일 84~105그램의 단백질을 필요로 한다. 이 정도의 양은 식사를 잘한다면 충분히 섭취할 수 있지만 닭고기, 생선, 육류 등을 먹지 않는 사람이라면 충족시키지 못할 수도 있다.

단백질의 품질을 측정하는 다양한 방법들이 있는데, 생물가(Biological Value, BV; 음식에 들어있는 단백질의 영양효과를 나타냄)는 흔히 사용되는 방법 중의 하나이다. BV는 섭취한 단백질이 실제로 몸 안에서 얼마나 흡수되고 이용되는지를 평가한다. BV가 높을수록 신체가 우리 몸이 실제로 사용할 수 있는 단백질의 양이 더 많다.

BV가 처음 개발되었을 때 계란은 완전한 단백질원으로 생각되었고 BV가 100으로 가장 높은 위치를 차지하고 있었다. 그 이후로 새로운 기술들이 개발되면서 지방은 하나도 없이 몸에 유용한 슈퍼단백질이 탄생하였다. 유청(우유가 엉겨서 응고된 뒤 남은 액체 또는 치즈를 만드는 과정에서 나오는 맑은 액체)은 현재 제1의 BV를 가진 슈퍼 단백질이다. 따라서 선수들의 단백질 요구량을 만족시키기 위해서는 생선이나 쇠고기, 닭고기, 콩보다 유청 단백질이 더 좋다고 할 수 있다.

4. 스포츠 음료

1970년대 초반에 게토레이가 나온 이후 스포츠 음료는 거대한 산업으로 성장했다. 이제는 에너지를 재충전하기 위해서 스포츠 드링크를 마시지 않는 선수를 찾기가 힘들 정도이다. 사실 모든 스포츠 음료가 똑같지는 않다. 그저 설탕물인 종류도 있고 전해질이나 비타민, 미네랄, 허브 등이 포함되어 있거나 영양소가 포함되어 있는 종류도 있다. 스포츠 음료의 중요한 활성 성분에는 전해질과 에너지를 공급해주는 두 가지 종류가 있다.

· 전해질

칼륨, 마그네슘, 칼슘, 나트륨, 염소와 같은 것으로 집중력, 에너지 생산, 신경 전달, 근육 수축에 필수적이다. 운동 중 전해질의 손실은 상당히 느리게 일어나므로 하루 종일 등반하더라도 심각할 정도로 부족하지는 않다. 식사를 잘하고 종합 비타민을 섭취한다면 일상의 훈련이나 하루 정도의 등반에 필요한 전해질은 모두 충족할 수 있다. 그러나 빅월이나 알파인 등반처럼 며칠간 이어지는 등반에서는 음식만으로는 부족할 수 있으므로 스포츠 드링크가 도움이 된다.

· 에너지

주로 탄수화물 종류로서 포도당, 설탕, 과당 같은 것들이다. 포도당과 설탕은 게토레이와 같은 오리지널 스포츠 음료에 들어있는 주요 에너지원이다. 하지만 등반과 같이 단속적인 스포츠에서는 에너지를 사용함에 따라 혈당이 급격히 상승했다가 다시 떨어지게 된다. 이렇게 혈당이 떨어지는 작용 때문에 드링크를 마신 후가 마시기 전보다 더 피로한 상태가 된다. 결론적으로 물 다음으로 많은 성분이 포도당이나 고과당의 콘시럽으로 표시되어 있는 음료수는 마시지 말아야 한다. 아니면 과당(고과당 콘시럽과는 다름) 성분으로 표시되어 있는 파우더 형의 스포츠 음료를 마시면 탄수화물의 방출도 더 천천히 일어난다.

근육과 간에서 탄수화물(글리코겐) 부족은 90분 이상의 장시간 등반할 때 피로의 일차적인 원인이 된다. 이렇게 90분 이상 지속되는 등반에는 추가적인 에너지원이 필요하며, 이런 경우에 스포츠 음료가 도움이 된다. 따라서 과당이 들어 있는 스포츠 음료는 하루 종일 등반할 때 에너지를 유지하는 데 도움이 된다. 반대로 1~2시간의 볼더링이나 암장 운동에는 스포츠 음료가 별로 도움이 되지 않는다.

5. 에너지 바

1980년대 후반 파워바가 히트한 이후로 에너지 바는 많은 클라이머에게 꾸준히 인기를 끄는 식품이 되었다. 원래 사이클이나 달리기 같이 지구력을 필요로 하는 선수들을 위해 나왔는데, 혈류 속으로 당을 빠르게 내보내는 역할을 한다. 따라서 에너지 바는 대부분 상당히 높은 혈당지수를 보이며(60이상), 주요 구성 성분은 고과당 콘시럽이다. 혈당지수 72인 베이글이나 78인 게토레이보다는 지속적인 에너지를 필요로 하는 클라이머에게는 혈당지수 60이하의 식품이 더 낫다.

최근에 시판되는 에너지 바들은 보통 40 60의 혈당지수를 가지고 있다. 이들 바에 포함되어 있는 단백질과 지방의 양이 많을수록 당이 혈류 속으로 분비되는 속도를 늦춰준다. 주 영양소 비율이 40:30:30이면 글리코겐의 보존뿐만 아니라 여러 날 등반할 때 에너지로 사용될 근육 단백질을 비축하는 데 도움이 된다. 결론적으로 에너지 바 두 개와 많은 양의 물을 함께 마신다면 에너지의 유지, 근육 단백질의 비축, 탈수를 예방하기 위한 최상의 조합이 될 것이다.

6. 근육 및 근력 보강제

근육을 만들어 주고 근력을 증가시켜 준다는 수많은 스포츠 보충제가 있다. 사실 대부분은 쓸모없는 종류지만 크레아틴은 근력의 증가에 기여한다고 한다. 그러면 클라이머가 반드시 섭취해야 하는 보충제일까? 반드시 그렇지는 않다. 좀 더 자세히 살펴보도록 하자.

크레아틴은 현재까지 시판되는 가장 효과적인 스포츠 보충제이다. 많은 연구들에서 폭발적인 근력 증가를 보여준다는 결과를 보였을 뿐 아니라 많은 양을 섭취할 때 근육이 더 크고 단단해 지는 현상을 실제로 볼 수도 있다. 크레아틴은 가장 많이 팔리는 스포츠 보충제가 되었으며 축구선수와 야구선수, 역도선수, 바디 빌더를 비롯하여 수많은 운동선수들이 사용하고 있다.

크레아틴은 우리 몸에 원래 존재하는 화합물이며 근육에서 ATP 생성을 보조하기 위해 사용된다. 크레아틴은 적색 육류 같은 동물성 식품에도 포함되어 있지만, 평소 식사에는 아주 작은 양(하루 2그램 정도)이 섭취된다. 5~6일 동안 매일 크레아틴을 20그램 정도 섭취하면 단기간에 단거리 달리기, 역도와 같은 고강도 운동에서 성과를 향상시킬 수 있다고 알려져 있다. 이러한 크레아틴 섭취 방법은 대부분의 선수들이 이용하고 있지만 클라이머에게는 잘못된 방법이다.

크레아틴 섭취의 두 가지 부작용은 체중 증가와 근육 증대효과(근육세포 부피가 커지는 현상)이다. 두 가지 효과 모두 크레아틴이 근육에 저장될 때 물과 결합되기 때문에 일어난다. 60일 이상 섭취를 계속하면 근육 속에 점점 더 많은 크레아틴이 축적되고 물의 양도 증가한다. 이렇게 되면 바디 빌더들이 원하듯이 큰 근육이 생긴다. 이런 섭취 과정은 대부분의 사람들에게 몇 킬로그램 이상의 물 무게를 증가시키는 결과가 된다. 이것은 체중과 스피드가 장점으로 작용하는 스포츠 분야에서는 유리하다. 그러나 체중 대비 근력 비율이 높아야하는 스포츠에서는 부정적인 영향을 줄 수 있다.

몇몇 클라이머는 크레아틴 덕분에 더 강해진 근육은 그 과정에서 증가된 체중도 쉽게 끌어올릴 수 있다고 주장해 왔다. 그러나 문제는 등반 근육뿐만 아니라 신체의 모든 근육에 크레아틴이 쌓인다는 점이며, 그 중에서도 가장 큰 근육인 다리에 더 많이 쌓이게 된다. 다리 근력의 증가는 클라이머에게 나쁜 일이다. 또한 근육 증대가 부분적으로 근육 속의 모세혈관을 막아서 혈류를 느리게 만들기 때문에 결국 빠른 펌핑을 가져온다. 등반할 때의 목표는 완전한 펌핑이 일어나는 시점을 가능한 오래 피하도록 하는 것이다.

피로의 원인

　등반 성과를 높이고 싶다면 회복 촉진에 신경 써야 한다. 피로를 제한하고 회복을 빨리하는 방법을 아는 것이 등반 기술을 배우는 방법을 아는 것만큼이나 중요하다. 능동적으로 회복 과정을 이행하지 못한다면 결국 훈련도 최선으로 한 게 아니고 등반에서 실력 발휘를 다 하지도 못한 것이다.

　잘 알다시피 육체적인 피로는 훈련이나 등반의 성과를 떨어뜨리는 주요한 요소이다. 따라서 회복의 촉진이란 등반 중에 손을 털거나 등반 사이에 휴식하는 동안 더 빨리 원래 상태로 돌아올 수 있다는 의미이다. 또한 훈련 사이에도 회복을 빨리 할 수 있으면 적당히 쉬고 과도하게 훈련할 위험도 없이 장기적으로 근력을 더 많이 획득할 수 있다.

　훈련이나 등반할 때 나타나는 피로에는 몇 가지 요인이 있다. 이 요인들은 근육 에너지의 고갈, 대사 부산물의 축적, 글리코겐의 고갈, 낮은 혈당, 근육 경련(통증을 동반하는 근육 수축), 미세 파열, 신경 피로 등이 있다.

1. ATP-CP의 고갈

ATP와 크레아틴 인산(CP)은 에너지가 풍부한 인산 화합물로서 근육 세포에 소량으로 저장되어 있다. ATP와 CP는 최대 강도의 등반(짧고 어려운 볼더 문제, 한 팔 턱걸이, 100미터 달리기 등)에 대해 에너지를 공급한다. 그러나 이들 에너지의 공급은 단지 5~15초 사이로 제한된다.

이렇게 최대한 에너지를 낼 수 있는 상태가 제한되기 때문에 발 없이 하는 캠퍼스 훈련을 15초 이상 할 수 없다. 따라서 최대한 어려운 동작을 15초 이상 등반할 수 없는 것이다. 15초 이상 운동을 지속하려면 강도를 낮추어서 젖산 에너지 시스템이 에너지 생산을 하도록 하는 수밖에 없다. 다행히도 ATP는 근육에서 지속적으로 생산되며 3~5분간 충분히 휴식하면 ATP는 다시 충전된다.

2. 대사 부산물의 축적

15초에서 3분 사이의 적당히 강도 높은 등반은 일차적으로 글리코겐의 무산소 대사 작용을 통하여 에너지가 공급된다. 이러한 에너지 생산에서 주요한 대사 부산물인 젖산으로 인해 근육의 불편함이 유발되며 결국엔 근육의 피로로 이어진다. 젖산 농도가 올라가는 동안 얼마나 오랫동안 운동할 수 있는지는 개인의 젖산 역치에 달려 있다. 즉 젖산 처리 능력을 넘어설 만큼 젖산 농도가 높아지기 전에 얼마나 높은 강도로 운동할 수 있는지 문제가 된다.

무산소 지구력 훈련은 무산소 역치를 증가시킬 뿐 아니라 젖산에 대한 저항도 증가시켜 준다. 휴식 없이 지속적으로 고강도 운동을 하면 젖산 농도는 폭발적으로 증가하며 3분 이내에 근육 피로가 일어난다. 이런 현상 때문에 자신의 최대 등급에 가까운 길고 어려운 고빗사위 동작에서는 등반이 3분 이내에 끝나 버린다. 3분 이전에 쉬어야 하며 그렇지 못하면 젖산의 바다에 빠져서 헤어 나올 수 없다. 휴식하는 동안 젖산 제거에 소요되는 시간은 10분에서 30분사이로 다양한데, 젖산 농도가 얼마나 되는지와 휴식이 능동적인지 수동적인지에 따라 달라진다.

3. 글리코겐의 고갈

지속적으로 장시간 운동을 하면 90분 내지 2시간 만에 글리코겐이 소진된다. 글리코겐이 바닥나면 마라톤에서 흔히 얘기하는 'hitting-the-wall 현상'(마라톤에서 약 30킬로미터 정도 달렸을 때 글리코겐 고갈로 인해 마치 벽에 부딪히는 것 같은 극도의 체력 저하가 일어나는 현상)이 일어난다. 등반으로 말하자면 하루 종일 등반하고 그 다음날에 등반을 못하는 이유가 바로 여기에 있다.

다행히 등반은 쉬었다가 올라가는 동작을 반복하는 등반이기 때문에 글리코겐이 두 시간동안 충분히 공급된다면 거의 하루 종일 등반을 지속할 수 있다. 또한 에너지(스포츠 음료와 음식물)를 추가로 섭취해 줌으로써 글리코겐 공급량을 비축해 놓을 수도 있다. 연구결과에 따르면 운동하는 동안 탄수화물을 섭취하면 글리코겐 공급을 25~50퍼센트까지 늘릴 수 있다고 한다.

처음 시작할 때의 글리코겐 수위가 얼마나 오랫동안 등반할 수 있는지를 결정하는 중요한 요소이다. 2~3일 연속으로 등반하려면 틀림없이 90분 내지 2시간 정도의 글리코겐 공급량을 가지고는 안 될 것이다. 왜냐하면 글리코겐 저장고가 완전히 채워지려면 24시간이 걸리므로 저녁 식사를 잘하고 잘 자는 것만으로는 충분하지 않기 때문이다.

따라서 이틀 이상 연속으로 등반할 때는 글리코겐 비축을 위해서 하루 종일 많은 열량을 섭취하는 것이 중요하다. 그렇게 하더라도 글리코겐은 첫째 날보다는 둘째 날에 더 빨리 고갈된다.

4. 낮은 혈당 수치

혈당은 운동 중인 근육에서는 여러 가지 에너지 공급원 중의 하나일 뿐이지만 두뇌와 신경계통에서는 유일한 에너지가 된다. 장시간 등반하면서 글리코겐 공급이 줄어들 때 근육은 점점 더 혈당을 필요로한다. 혈당 수치가 떨어지면 빨리 지치고 정신적으로도 피로하게 된다. 앞서 언급했듯이 탄수화물을 섭취하면 혈당 수준이 적절히 유지되어 이러한 피로를 늦출 수 있다.

5. 근육 경련과 미세 파열

근육 경련과 미세 파열도 근육 피로의 원인이 되는데 시기는 조금 다르다. 근육 경련은 보통 등반의 마지막 시기쯤에 일어난다. 예를 들어 길고 힘든 손 끼우기 구간 다음이나 긴 루트 중간에서 완전히 지쳤을 때 등이나 팔 근육에 경련이 일어나기도 한다. 그런 경우에는 20~30분간 휴식하고 가벼운 스트레칭과 마사지를 해주거나 음료를 마시면 경련을 완화하고 정상적인 근육 기능을 회복할 수 있다.

미세 파열은 흔히 지발성 근육통의 일차 원인이다. 이런 근육통은 격렬한 운동 이후 24~48시간이 지나서 나타나는데 근육의 미세 조직이 파열되어 당기고 붓기 때문에 발생한다. 보통 2~5일 통증이 지속되며 그 동안은 근력이 감소하게 된다.

6. 신경 피로

격렬한 운동을 하고 나면 근육 피로뿐만 아니라 중추신경계에도 부정적인 영향이 발생한다. 신경 피로는 집중력, 어려운 동작 기술을 행하는 능력을 떨어뜨린다. 런지나 캠퍼스 훈련 같은 고강도 동작의 반복은 중추신경계에는 가장 힘든 일이다. 또한 특정 훈련(턱걸이, 핑거 보드 등)을 지나치게 많이 하거나 똑같은 볼더링 문제를 계속해서 하는 경우에도 신경 피로가 올 수 있다.

심각한 신경 피로는 다른 피로보다도 회복하는 데 오랜 시간이 소요된다. 신경 세포의 회복에는 근육 세포의 회복보다 7배 더 긴 시간이 필요하다. 물론 보통 즐기는 수준의 클라이머는 심각한 신경 피로를 경험할 일이 없다. 그러나 등반이든 훈련이든 자신의 한계까지 밀어붙이는 상급 클라이머의 경우에는 종종 신경 피로를 경험하기도 한다. 며칠간 계속 휴식한 후에도 회복되지 않는다고 느껴진다면, 아마도 신경 피로를 경험하는 것일 수도 있다. 완전히 회복하기 위해서는 5~10일 정도 더 쉬는 것이 좋은데, 쉬고 난 후에는 오히려 등반 성과가 더 좋게 나타나기도 한다.

회복주기

회복은 직선형이 아니라 기하급수적으로 일어난다. 예를 들어 힘든 고빗사위 동작을 한 후 초기에는 빨리 회복된다. 회복기의 첫 3분의 1 기간 동안 약 70퍼센트 정도가 회복되며, 다음 3분의 2기간 동안 약 90퍼센트가 회복된다. 회복은 재충전, 음식 섭취, 재구성이라는 세 가지 중요한 과정이 회복기에 적용된다.

1. 재충전(단기 회복)

첫 번째 회복기는 근육 운동 후 10초 내지 30분 정도에 해당한다. 예를 들어 고빗사위 동작 중간에 10초간 팔을 터는 시간이라든가 등반 중간에 5~30분 정도 쉬는 시간을 의미한다. 재충전 시간에는 ATP 재합성과 함께 운동 중인 근육으로부터 젖산 제거 과정이 진행된다. ATP 재합성에는 5분 이내가 소요되며, 젖산이 완전히 제거되는 데는 30분 정도가 소요된다. 그러나 원래 상태의 90퍼센트까지 회복하는 데는 총 휴식 소요시간의 3분의 2가 필요하다. 따라서 대부분의 ATP

재합성은 초기 3분 만에 일어나며, 29분이면 젖산도 약 90퍼센트가 제거되는 셈이다.

초기 회복기 동안은 어떤 음식을 섭취하더라도 바로 이어지는 운동에 별다른 영향을 미치지 못한다. 물은 위장에서 빠져나가려면 적어도 15분이 걸리며, 스포츠 드링크나 음식 종류는 더 오래 걸린다. 따라서 그날 하루 등반이나 훈련을 할 계획이라면 초기 30분의 휴식이 장기 회복을 촉진하는 데 상당히 중요하다.

2. 음식 섭취(중기 회복)

음식 섭취에 의한 회복 기간은 운동이 끝난 후 30분부터 2시간 사이에 일어난다. 등반 중 제일 더운 한낮에 2시간 정도 쉬는 시간이나 훈련 또는 등반 후의 저녁시간이 중기 회복기에 해당된다.

처음 30분 동안 ATP가 재합성되고 젖산이 완전히 제거되고 난 후 중기 회복기에는 혈당과 글리코겐이 다시 채워지고 경미한 조직 손상이 치유된다. 음식 섭취가 중기 회복의 특징이라고 할 수 있는데, 회복 과정을 촉진하려면 적절한 탄수화물을 많이 섭취해야 한다. 이틀 연속 등반할 때 총 회복시간의 3분의 2에 해당하는 16시간동안 약 90퍼센트가 회복되기 때문이다.

3. 재구성(장기 회복)

근육 성장과 신경근육 적응은 보통 격렬한 운동 후 1시간에서 4시간 사이에 일어난다. 지발성 근육통의 정도는 운동할 때 근 섬유가 얼마나 손상을 받았느냐에 따라 달라진다. 가벼운 근육통은 48시간 내에 가라앉지만 심한 통증은 근육의 재구성에 4일 이상이 걸린다.

하루 정도 쉬면 근육이 재충전되고 에너지가 공급될 수 있지만 근육이 운동 전보다 더 강한 수준으로 재구성되는 초회복이 완전하게 일어나려면 신경근육 체계가 회복되도록 긴 시간의 휴식이 필요하다. 따라서 하루 정도 쉬고 나면 상당한 수준으로 다시 등반할 수 있지만, 재구성 과정이 생략되었기 때문에 근력이 완전히 회복되지 않는다. 장기적으로 볼 때 휴식을 충분히 하지 않는 상태가 오래 지속되면 등반 성과는 감소하고 부상을 입을 수 있으며 심지어 질병의 위험까지 있다.

단기 회복

격렬한 등반 뒤에 10초 내지 30분간 지속되는 재충전 기간에는 특별한 회복 메커니즘이 작동한다. 이 시기의 목표는 재충전 과정을 촉진시키는 것이다. 우선 피로의 크기를 최소화해야 하며 지톡스(G-Tox)와 적극적인 휴식을 통한 전완근 회복, 적당한 수분 보충, 젖산 완충액의 섭취 같은 방법이 있다.

1. 효율적인 등반을 통하여 피로 회복하기

단기 회복을 촉진하는 가장 간단하고 강력한 방법은 경제적인 동작과 적절한 등반 기술을 통해서 근육을 가능한 피로하지 않게 하는 것이다. 근육의 수축 강도를 낮추고 부하 시간을 줄일 수 있다면 당연히 ATP와 CP를 적게 사용할 뿐 아니라 젖산도 적게 만들게 된다. 이런 방식으로 즉시 피로의 크기를 줄일 수 있으며 빨리 원래의 근력으로 돌아올 수 있다.

사실 대부분의 클라이머는 너무 천천히 동작하며 별로 좋지 않은 기술을 사용한다. 또한 장비를 설치하기 위해서 시간을 지체하기도 하고, 다음 휴식 지점까지 밀어붙여야 할 때는 머뭇거리며 멈추기도 한다. 경험과 기술적 능력도 제한 요소이긴 하지만 천천히 등반하고 머뭇거리게 되면 결국 근력의 부족이 일차적인 문제라고 믿게끔 된다.

2. 지톡스를 이용한 전완근 회복 촉진

팔을 늘어뜨리고 터는 동작은 지친 전완근의 회복을 돕기 위해 흔히 사용하는 기술이다. 몇 초 또는 몇 분간 팔을 털면 어느 정도 회복되긴 하지만 종종 충분하지는 않다. 완전히 펌핑되면 회복하는 데 오래 걸리며, 휴식 지점에 매달려 있을 때조차도 한 쪽 팔이 회복되는 동안 다른 팔은 그만큼 에너지를 더 사용한다. 결국 전체적으로는 회복 효과가 없으므로 등반 성과를 향상시키지 못한다. 그런 상황에서는 휴식을 하지 않고 등반을 계속하는 편이 더 나을 수도 있다.

다행히 전완근을 재충전할 수 있는 더 효과적인 방법이 있는데, 대부분의 클라이머는 무시하거나 잘 알지 못한다. 팔을 늘어뜨린 자세와 머리 위로 올리는 자세를 번갈아 하며 회복 속도를 증가시키는 방법을 '지톡스(G-Tox)'라고 부르는데, 그 이유는 피로해진 근육의 독성을 제거하고 회복을 촉진하기 위해 중력을 사용하기 때문이다.

등반하는 동안 전완근에 느껴지는 고통과 펌핑은 젖산의 축적과 혈류의 저해 때문이다. 앞에서 얘기했듯이 젖산은 최대강도의 50퍼센트 이상으로 수축할 때 사용되는 글리코겐의 무산소 대사의 부산물이다. 최대강도의 20퍼센트로 수축하면 모세혈관의 혈류가 저해되며, 50퍼센트 강도의 수축에서는 혈류가 완전히 멈추게 된다. 결론적으로 저강도로 수축하거나 완전히 쉬고 있을 때 혈류가 다시 돌기 시작하는데,

그때까지 젖산 농도는 급격히 증가한다.

또한 팔을 늘어뜨리고 흔들면 초기에는 펌핑이 더 증가하는 느낌을 경험할 수 있다. 이것은 근육이 이완되면서 혈액이 근육으로 들어가지만 오래된 혈액이 나오는 과정은 느리게 일어나기 때문이다. 이런 혈액의 교통 정체는 펌핑을 지속시키고 회복을 늦춘다. 결국 많은 클라이머가 팔을 늘어뜨리는 자세를 계속하면서도 펌핑이 지속된다고 불평하게 된다.

지톡스 기술은 정맥 혈액이 심장으로 빨리 돌아가도록 촉진시키는 역할을 한다. 팔에서 혈액이 더 빨리 빠져나가도록 함으로써 젖산의 제거를 촉진하고 혈중 젖산농도도 더 빨리 없앨 수 있다. 자세를 번갈아 하지 않고 팔을 올린 자세만 취하면 어떨까? 팔을 올리면 상완근 어깨와 가슴 근육을 수축해야 하므로 오랫동안 올린 자세만 유지하면 근육들이 피로해져서 등반 성과를 감소시킬 수 있다. 결론적으로 회복에 가장 좋은 방법은 두 팔의 위치를 5~10초간 번갈아가며 바꾸는 것이다.

3. 적극적인 휴식

잘 사용하지 않지만 매우 효과적인 회복 전략으로 지톡스 외에 적극적인 휴식이 있다. 지톡스는 등반 중 휴식 지점에서 회복을 촉진시키는데 큰 효과를 보이지만, 적극적인 휴식은 등반과 등반 사이에 젖산 제거 속도를 증가시키는 효과적인 전략이다.

최근의 연구결과에 의하면 적극적인 휴식은 흔히 사용하는 소극적인 휴식에 비해 혈중 젖산 농도를 더 많이 감소시킬 수 있다고 한다. 한 과학자가 20미터의 5.12b루트를 레드 포인트로 시도하는 15명의 클라이머를 대상으로 연구를 진행하였다. 그 중 8명은 등반한 후에 적극적인 휴식(천천히 자전거타기)을 하고 나머지는 7명은 소극적인 휴식을 취하도록 했다. 혈중 젖산 농도를 주기적으로 측정해 본 결과, 적극적 휴식 그룹은 20분 이내에 등반 전의 수준으로 떨어졌다. 하지만 소극적 휴식 그룹은 원래 상태로 돌아오는데 30분이 소요되었다. 따라서 저강도의 적극적 휴식을 하면 젖산 제거 속도가 거의 35퍼센트만큼 촉진되었다.

연구결과를 바위에 적용하는 것은 아주 간단하다. 힘든 루트나 레드 포인트 시도를 한 후에 그냥 앉아서 담배를 피우는 대신, 물병을 들고 가볍게 20분 정도 걸어라. 이렇게 하면 젖산을 더 빨리 제거할 수 있을 뿐 아니라 정신적인 휴식도 취할 수 있다.

또 다른 연구에서는 네 개 그룹으로 나누어 최대 근력의 회복을 비교하였다. 소극적 휴식, 적극적 휴식, 마사지, 마사지와 적극적 휴식 등 네 그룹으로 나누어 15분 휴식 후에 젖산 농도를 측정하였다. 그 결과 마사지와 적극적 휴식을 병행한 그룹에서 젖산이 가장 많이 제거되었다. 이것은 적극적인 휴식과 더불어 전완근과 상완근 근육에 대해 마사지를 해주면 더 효과가 크다는 것을 보여준다.

4. 탈수 방지와 젖산 완충 용액

운동하기 전이나 운동 중에 음식을 섭취하는 것은 단기 재충전에는 거의 아무런 영향을 미치지 않지만, 충분히 수분을 보충하고 젖산 완충액을 섭취하면 회복 과정을 촉진시킬 수 있다.

물은 근육의 70퍼센트 이상을 차지하며 영양분과 대사물질의 수송, 세포의 기능에 중요한 역할을 한다. 수분이 부족하게 되면 등반 성과가 떨어지고 회복이 늦어진다. 따라서 운동이나 등반을 할 때는 두 시간 전부터 약 200밀리리터의 물을 마셔서 수분을 미리 보충해 주어야 한다. 등반을 하는 중에도 매시간 최소한 200밀리리터의 물을 조금씩 계속 마셔주어야 한다. 날씨가 더울 때는 물의 양을 두 배로 한다.

1950년대 이후 스포츠 과학자들이 연구한 바에 따르면 중탄산염과 인산염 화합물을 섭취하면 운동 성적이 향상될 수 있다고 한다. 나트륨 중탄산염은 혈액을 알칼리성으로 만들어서 강도 높은 운동을 할 때 발생하는 젖산을 완화시킬 수 있다고 알려져 있다. 또한 나트륨 인산염도 무산소 역치를 증가시켜서 등반 성과를 향상시킬 수 있다.

중기 회복

중기 회복은 운동 이후 24시간 이내에 일어나는 회복을 의미한다. 이 회복 기간을 어떻게 보내느냐에 따라 등반 후반부까지 하룻밤의 휴식으로 얼마나 회복이 될 수 있는지가 달라진다. 특히 하루 온종일 등반하거나 다음날에도 연이어서 등반할 계획이라면 아주 중요한 문제가 된다.

중기 회복은 에너지 충전 기간이라고도 할 수 있다. 운동 후 30분에서 24시간 동안은 혈당 수준이 정상으로 회복되고 글리코겐이 재충전되는 시간이기 때문이다. 결론적으로 적당한 때 적절한 탄수화물을 섭취하는 것이 회복을 촉진시키는데 가장 중요하다. 또한 스트레칭과 마사지를 통한 기분전환 운동도 회복 속도를 높여 줄 수 있다.

1. 등반하는 동안 음식을 자주 섭취하라

클라이머가 가장 많이 실수하는 회복 전략은 등반 중과 등반 후에 열량의 섭취를 지연시키는 것이다. 등반을 하다보면 먹고 마시는 것을 쉽게 잊어버리게 되는데, 그 이유는 격렬한 운동을 하면 배고픔이 억제되기 때문이다.

하루 내내 열량을 섭취하면 혈당이 유지되어서 글리코겐의 사용을 늦출 수 있다. 그렇기 위해서는 등반을 시작한 후 1~2시간 사이에 음식을 섭취해야 한다. 자연 암벽을 등반하고 있다면 첫 번째 등반을 마친 후 과일 한 조각이나 에너지 바 한 개 또는 스포츠 음료 한 컵 정도를 마셔야 한다. 그 후로는 2시간마다 음식을 조금씩 계속 먹어야 한다. 하루 종일 등반할 경우에 음식의 양은 과일 두 조각과 에너지 바 두 개, 물 몇 리터 정도가 될 것이다.

반나절 등반하거나 볼더링을 할 경우에는 음식량을 반으로 줄이는 것이 좋다. 그러나 하루 종일 힘든 등반을 하고 그 다음날 등반을 위해서 회복을 빨리 하고 싶다면 적어도 600~800칼로리를 섭취해야 한다.

적당한 때 적절한 종류의 음식을 고르는 것은 혈당지수와 관련이 있다. 혈당지수가 높은 음식은 혈당을 빨리 증가시켰다가 떨어뜨리며, 혈당지수가 낮은 음식은 에너지를 혈류로 내보내는 속도가 더 느리다. 등반과 같이 단속적인 스포츠에서는 혈당을 일정하게 유지해야만 에너지와 집중력을 지속적으로 유지할 수 있다. 따라서 등반을 하고 있는 중에는 혈당지수가 낮은 식품을 섭취하는 것이 좋다. 그러나 등반이나 운동이 끝난 다음에는 혈당지수가 높은 음식을 섭취하는 것이 가장 좋다. 최근의 연구결과에 의하면 운동 후 30분 내에 무엇을 섭취하느냐가 얼마나 빨리 회복되느냐에 가장 결정적인 요인이 된다고 한다.

2. 등반과 훈련 후에 글리코겐의 충전을 빨리 시작하라

믿기 어려울지도 모르겠지만 운동 후 2시간이 지나서 탄수화물을 섭취하면 운동 직후 섭취할 경우에 비해서 글리코겐의 재충전이 50퍼센트 가량 감소된다는 연구결과가 있다. 따라서 다음날 등반할 계획이라면 음식 섭취가 늦어지게 될 경우에 다음 날 등반 성과에 큰 지장을 초래할 수 있다. 또한 훈련 후에 음식 섭취가 늦어지면 회복과 재구성 과정이 늦어져서 완전한 회복을 지연시킬 수도 있다. 그러면 등반이나 훈련할 때 가장 좋은 에너지충전 전략이 무엇인지 살펴보자.

· 등반 후 첫 30분

운동 직후에 혈당지수가 높은 음식을 섭취하면 근육의 글리코겐 교체속도가 빨라진다. 또한 단백질과 탄수화물을 함께 섭취하면 인슐린 반응이 더 커져서 글리코겐 합성이 40퍼센트 더 빨라진다는 연구결과도 있다. 결론적으로 글리코겐 재충전을 촉진시키려면 탄수화물과 단백질 섭취 비율을 4:1로 하는 것이 가장 좋은 방법이다.

고체 음식은 액체보다 더 천천히 혈류 속으로 들어가기 때문에 운동 후에는 가능한 빨리 탄수화물과 단백질의 혼합액을 마시는 것이 좋다. 예를 들어 70킬로그램의 클라이머라면 약 100그램의 탄수화물과 25그램의 단백질을 섭취하면 된다. 게토레이나 포도당, 액상 과당 같은 스포츠 음료 1리터를 마시면 혈당지수가 높은 탄수화물을 거의 100그램 섭취하는 셈이다. 탈지우유 두 컵, 고단백질 에너지 바, 유청 단백질은 약 25그램의 단백질과 같다. 훈련이나 등반 직후에 이런 식품들을 섭취하면 당장 회복을 시작할 수 있다.

· 등반 2시간 후

운동 후 30분 이내에 탄수화물과 단백질을 섭취했다고 가정하면 다음 2시간 이내에는 제대로 된 식사를 해야 한다. 영양소 비율이 65:15:20(탄수화물:단백질:지방)인 식단이 가장 바람직하다. 예를 들어 면과 닭가슴살, 샐러드나 야채종류를 같이 먹는 것이다. 운동 직후에는 혈당지수가 높은 식품이 좋지만 2~24시간 사이에는 혈당지수가 중간 이하인 식품을 섭취하는 것이 더 이익이 된다. 그런 음식들은 포도당이 혈류 속으로 들어가는 과정이 느리고 길게 지속되어 글리코겐 재합성을 도와준다.

· 취침 전

잠자기 전 30분 이내에 탄수화물과 단백질을 약간 섭취하면 글리코겐 재합성과 조직 재구성을 더욱 보완할 수 있다. 취침 전에는 탈지 우유가 가장 좋은데 그 이유는 혈당지수가 낮은 탄수화물, 고품질의 단백질, 필수 아미노산인 트립토판, 세로토닌 전구물질이 들어 있기 때문이다. 잠자기 전에 전곡 시리얼을 우유와 함께 먹거나 탈지 우유 한 컵을 마시는 것이 좋다.

3. 근육 스트레칭과 마사지

앞에서 적극적 휴식과 마사지를 같이 하면 젖산이 효과적으로 제거되어 회복을 촉진할 수 있다고 했다. 스포츠 마사지는 등반 전 워밍업에도 좋지만 중장기 회복을 촉진하기에도 효과적인 방법이다. 특정한 스포츠 마사지를 이용하면 등반 성과를 20퍼센트까지 향상시킬 수 있고 부상의 위험을 줄여줄 뿐만 아니라 회복도 촉진할 수 있다.

전통적인 마사지는 근육에 산소를 공급하고 혈류를 증가시키는데 사용된다. 그러나 이러한 표면적인 마찰 효과는 등반 성과에는 거의 영향을 주지 못한다. 그에 반해 스포츠 마사지는 근육 깊숙한 곳까지 충혈(혈류의 확장과 팽창)을 일으킨다. 또한 충혈 상태는 마사지가 끝난 후에도 오래 지속되어서 등반에 도움이 된다.

여러 가지 방법이 있지만 가장 효과적인 것은 '크로스 파이버(cross-fiber)' 마찰이다. 이 방법은 손가락을 아래위로 겹쳐서 사용하는데, 단순히 근육을 가로질러서 앞뒤로 밀어주는 방법이다. 짧고 리드미컬하게 마찰을 계속하면서 압력을 점차 높여주어 근육 깊숙한 곳까지 열이 침투하도록 한다.

스포츠 마사지는 모든 근육에 적용할 수 있지만 주로 상체에 사용하는 것이 좋고, 특히 손가락 굴근과 신근(전완근), 이두근과 삼두근(상완근)에 집중해서 활용하는 것이 좋다. 워밍업할 때 스트레칭과 더불어 5~10분간 마사지를 해주면 운동이나 등반을 더 잘할 수 있다.

신체는 원래 특정한 스포츠 동작을 계속할 때 과부하가 일어나는 약점이 있다. 등반에서는 과부하를 받는 부분이 전완근과 상완근 그리고 등 부분이다. 이 근육들은 제일 먼저 지치고 회복은 가장 느리다. 하지만 같은 동작으로 인해 특정한 부하를 받는 지점에 스포츠 마사지를 하면 피로를 완화시키고 회복을 촉진할 수 있다.

부하를 받는 지점을 잘 알려면 근육이 어떻게 작용하는지 이해해야 한다. 수의근의 양 끝은 건에 의해 뼈에 부착되어 있다. 한쪽 끝은 고정된 부착점이며 다른 쪽 끝은 움직이는 부착점이다. 예를 들어 이두근의 고정된 부착점은 어깨 쪽에 있으며 움직이는 부착점은 팔꿈치 바로 아래쪽에 있다. 운동신경은 두 지점 사이에 두꺼운 근육 부분으로 둘러싸여 있다. 두 지점에서부터 모든 수축이 시작되며 더 강한 수축이 필요할 때 근육의 양끝으로 퍼져 나간다. 따라서 근육이 최대로 수축

할 때만 근육의 양쪽 끝 지점에 분포된 근 섬유가 기능한다.

이러한 이유로 보통 강도의 워밍업은 전체 근육을 움직이지 않는다. 근육 끝 쪽의 섬유는 워밍업 과정에서 생략되기 쉬우며, 고강도 운동을 할 때 충분한 힘을 내지 못하게 된다. 또한 이 지점은 부하를 받는 경향이 강해서 경련도 자주 일어난다. 등반 전에 이 부분에 대해 스포츠 마사지를 해주면 최대 근력을 쓸 때 저항도 줄이고 부상의 위험도 감소시킬 수 있다.

직접 압박으로 건과 뼈를 이어주는 근육에 스포츠 마사지를 적용해본다. 15~60초간 손가락으로 누르고 있으면 된다. 이렇게 하면 미세 경련을 풀어주고 기능하기 어려운 근섬유를 데울 수 있다. 하지만 건이나 관절에 부상을 입은 조직에는 스포츠 마사지 기술을 적용해서는 안 된다.

장기 회복

　며칠간의 회복 기간은 격렬한 운동이나 등반을 한 후 장기적인 회복이 일어나는 시기이다. 등반의 강도와 운동량에 따라 완전한 회복에는 1일에서 4일 정도의 시간이 걸린다. 아침에 일어날 때 근육이 아프다면 미세한 부상을 입었다는 신호이며, 회복을 위해서는 적어도 24시간이 필요함을 의미한다.

　이런 경우에 두 가지 선택사항이 있다. 하나는 근육 통증에도 불구하고 다시 등반하거나 훈련하는 것인데, 등반 성과가 떨어지고 부상 위험이 증가한다. 다른 하나는 신경근육계가 훈련 전보다 높은 수준으로 회복되도록(초과회복) 하루 내지 이틀을 쉬는 것이다. 주말을 이용한 등반 여행에서는 근육이 아프더라도 연속해서 이틀 등반하고 싶은 상황이 된다. 이때는 영양 섭취를 잘하고 워밍업을 충분히 해서 신중하게 등반하는 것이 좋다.

1. 자주 먹고 소식하라

하루에 세 끼를 먹는 대신 적은 양의 식사를 여섯 끼로 나누어서 먹으면 회복을 빨리 촉진할 수 있다. 이때 혈당지수가 높은 음식을 피해야 하는데 그런 음식들은 운동 후 처음 2시간 동안의 회복에 덜 효과적이기 때문이다. 따라서 혈당지수가 낮은 음식을 식사 때마다 섭취하고 하루 종일 적어도 열 컵의 물을 마시면 된다.

적어도 세 끼 이상은 단백질을 충분히 섭취해야 한다. 예를 들어 아침 식사에는 계란 두 개나 탈지 우유 또는 유청 단백질을 포함시킨다. 점심 식사에는 요구르트나 탈지 우유, 참치 한 캔 정도의 음식을 포함하도록 한다. 저녁에는 지방이 적은 육류, 닭고기, 생선 한 조각을 먹는 것이 좋다.

각 식사에는 탄수화물이 어느 정도 포함되어 있어야 하며, 지방이 많은 튀김 종류와 경화유가 포함된 스낵류는 반드시 피해야 한다. 매 끼니는 영양소의 비율을 65:12:20으로 지키도록 노력한다. 나머지 다른 세 끼는 약 200칼로리 정도가 적당하며 혈당 수준을 유지하고 회복 과정을 지속하는 데 중요하다. 혈당지수가 높지 않은 음식이 가장 좋으며 과일 한 조각, 에너지 바, 탈지 우유 한 컵 정도가 이상적이다.

2. 충분한 수면을 취하라

하루 종일 일하고 일주일에 며칠씩 훈련하고 주말에 등반하는 클라이머에게 가장 중요한 회복 기술은 바로 충분한 수면이다. 대부분의 신경근육 재생은 잠자는 동안 일어난다. 수면은 실력을 극대화하고 싶은 열성적인 클라이머에게는 아주 중요한 부분이다. 최소한 7~8시간의 수면이 필요하며 격렬한 훈련이나 하루 종일 등반한 다음에는 9~10시간 자는 것이 가장 좋다. 그러나 바쁜 현대에는 희생해도 좋은 유일한 것이 잠인 것처럼 보인다. 그렇더라도 TV나 웹 서핑같이 덜 중요한 일 대신 잠을 포기하지 않는다면 나중에 큰 보상을 받게 될 것이다.

3. 적극적인 휴식을 취하라

격렬한 운동 후에 회복을 촉진하는 방법으로 적극적인 휴식이 좋다는 연구결과가 있었다. 장기 회복의 관점에서도 적극적인 휴식은 유용한데, 그 이유는 손상된 근육에 혈액 순환을 증가시키고 경직된 근육을 풀어주는 효과가 있기 때문이다. 클라이머에게 가장 좋은 적극적 휴식은 하이킹, 조깅, 가벼운 산악자전거 등이다. 그러나 이런 휴식을 숨이 찰 정도로 해서는 안 되며 약간 땀이 날 때까지 하는 것이 중요하다. 적극적인 휴식은 30~60분으로 제한해야 하며, 휴식 이상의 운동이 되지 않도록 노력해야 한다.

4. 항상 긍정적이고 고요한 태도를 유지하라

회복을 위한 마지막 팁은 모호하지만 상당히 강력하다. 긍정적이고 여유가 있으며 낙관적인 태도를 가지면 등반 성과가 더 좋아질 뿐만 아니라 회복도 증가하고 근육 성장에도 도움이 된다. 격렬한 운동을 하거나 스트레스가 심한 운동에서는 여러 종류의 화학물질과 호르몬이 혈류 속으로 분비된다.

성장 호르몬 같은 어떤 호르몬은 장기적으로 긍정적인 효과를 낸다. 그러나 에피네프린이나 코르티솔 같은 호르몬은 만성적으로 분비되면 부정적인 영향을 끼친다. 특히 코르티솔은 근육을 분해하는 작용을 한다. 이런 관점에서 상급 선수들은 성장 호르몬의 분비를 증가시키고 코르티솔을 억제하는 데 관심을 가져왔다. 그리고 바로 이런 이유 때문에 어떤 선수들은 신체에 동화작용을 하는 스테로이드를 사용하기도 한다.

다행히도 적절한 훈련과 휴식을 통해서 성장호르몬과 코르티솔을 조절할 수 있는데, 생활방식을 바꾸는 것도 좋은 방법이다. 예를 들어 원래 공격적인 성향을 보이는 사람은 코르티솔 수치가 높으며 성장 호르몬 수치는 낮다. 그러나 행동을 바꾸고 정신적인 스트레스를 줄이면 이런 효과를 거꾸로 할 수 있다. 따라서 등반을 좀 더 여유롭게 접근하고 유머러스한 생활 태도를 가지면 훈련 적응과 등반 성과의 질을 높이는데 매우 긍정적인 영향을 끼칠 수 있다.

8장 **부상의
치료와
예방**

유연성 훈련

사실 등반은 부상의 위험이 상당히 높은 스포츠이다. 모든 클라이머 중에 75퍼센트가 부상을 겪은 적이 있다는 연구결과도 있다. 다행히 그중에서 추락에 의한 급성 외상은 극히 일부분이며 나머지는 근육과 관절의 부상으로서 손가락, 팔꿈치, 어깨에 가장 자주 일어난다. 근육의 부상은 생명을 위협하지 않는 반면, 자신도 모르는 사이에 몸을 약하게 하고 만성 통증이 되기도 한다.

근육 부상을 줄이는 가장 좋은 방법은 미리 인지하는 것이며, 통증을 무시하고 저절로 낫기를 바라면 항상 만성적인 부상이 되어서 수개월 동안 고생할 것이다. 따라서 훈련과 등반에서 위험한 상황을 인식하고 항상 조심하는 것이 부상을 예방하는 최선의 처방이다. 수많은 클라이머가 부상을 당한 후에 자가 치료를 하며 계속 등반하려는 경향이 있다. 이러한 접근 방법은 문제를 더 악화시키며 장기적으로는 불필요한 침체기를 만든다. 등반에서는 아주 뛰어난 유연성을 필요로 하지는 않는다. 최상급 클라이머조차 나무토막처럼 뻣뻣한 사람들도 있다.

루트에 따라서 극단적인 벌려 오르기(stemming) 자세가 요구되거나 서커스처럼 몸자세를 해야 하는 경우도 있지만 대부분의 등반에서는 그렇지 않다. 따라서 스트레칭의 일차적인 목표는 등반과 훈련에 신체가 적응하고 회복 과정을 돕는 것이다. 스트레칭의 두 번째 목표는 하체의 운동 범위를 확대시켜주는 것이다. 하지만 그저 많이 등반하기만 해도 하체는 충분히 스트레칭이 되며 시간이 지날수록 유연성도 눈에 띄게 좋아지게 된다. 상체의 경우에는 가벼운 스트레칭 운동이 워밍업과 쿨다운에 좋지만 과도한 스트레칭은 오히려 부상의 가능성을 높여준다.

스트레칭

등반과 훈련의 워밍업으로서 스트레칭은 항상 약한 정도여야 하며 고통스럽지 않아야 한다는 점을 명심한다. 스트레칭이 근육에서 혈액 흐름을 증가시키고 워밍업에 도움을 주는 반면, 차가운 근육을 강제로 스트레칭하면 근육을 파괴할 수도 있다. 결론적으로 스트레칭 전에 몇 분 동안 가벼운 유산소 운동을 해주는 것이 가장 좋다. 예를 들어 몇 분간 조깅을 하거나 가볍게 점프를 하기만 해도 심장 박동이 빨라지고 근육이 눈에 띄게 더워진다. 야외에서 등반할 때는 바위 밑까지 걸어 가기만 해도 등반 전의 스트레칭을 위한 충분한 준비가 된다.

1. 스트레칭을 할 때 주의할 점
- 처음에는 약한 스트레칭부터 천천히 시작하고 근이 느슨해진 것을 느낀 다음 더 깊이 있는 스트레칭을 한다.
- 편안한 자세로 스트레칭을 한다. 근에서 느껴지는 긴장은 스트레칭을 계속하면 조금씩 가라앉는다.

· 숨을 쉴 때는 천천히, 길게 그리고 자연스럽게 들이마시고 앞으로 굽히면서 숨을 내쉬도록 한다. 숨을 쉴 수 없을 때까지 스트레칭을 해서는 안 된다.

· 스트레칭을 하면서 절대 반동을 주지 않는다. 반동을 주면 스트레칭을 하려고 하는 근육이 뭉쳐 효과가 떨어진다.

· 스트레칭하고 있는 근육에 생기는 긴장을 느껴야 한다. 만일 스트레칭을 할 때 긴장이 더 커지면 지나치게 스트레칭하고 있는 것이다.

2. 스트레칭 자세와 방법

· 어깨와 팔 스트레칭

어깨 바깥쪽 근육과 관절 그리고 팔 근육을 펴는 스트레칭이다. 손바닥이 바깥쪽을 향하도록 깍지를 낀 다음 팔꿈치를 구부리지 않고 두 팔을 될 수 있는 대로 반듯하게 펴준다.

· 옆구리 스트레칭

옆구리를 중심으로 몸 옆면을 펴주는 스트레칭이다. 몸을 옆으로 굽힐 때 윗몸이 앞뒤로 기울지 않도록 해야 한다. 허리를 쑥 내밀고 몸무게를 기울이는 반대쪽 발에 싣는 것이 좋은 방법이다.

· 어깨 스트레칭

어깨 근육과 팔 관절을 모두 펴주는 스트레칭이다. 될 수 있는 대로 머리가 앞으로 숙여지지 않게 가슴을 앞으로 쑥 내미는 느낌으로 등을 반듯하게 펴야 자세가 좋아진다. 팔꿈치를 뒤로 뺄 때는 조금 힘을 주면 효과가 있다.

· 등, 어깨, 팔 스트레칭

팔과 어깨 그리고 늑골 바깥쪽에 있는 근을 펴기 위한 스트레칭이다. 팔을 머리 위로 뻗고 두 손바닥을 붙여서 조금 뒤쪽으로 스트레칭하도록 한다. 다음에 왼손을 등 뒤로 돌려서 오른손으로 왼손 손목을 오른쪽 아래로 잡아당기면서 왼쪽 팔과 어깨, 그리고 등을 스트레칭한다. 마지막으로 팔과 어깨, 등을 스트레칭 하는 데 아주 좋은 방법이다. 두 발을 넓게 벌리고 서서 의자나 책상을 두 손으로 짚고 윗몸을 앞으로 숙인다. 등과 얼굴을 조금 아래로 내리듯이 하고 허리를 뒤로 빼는 것처럼 자세를 잡아야 긴장을 많이 느낄 수 있다.

· 배 스트레칭

두 팔을 머리 위로 곧게 펴고 윗몸을 뒤로 크게 젖혀준다. 이때 배 근육을 펴주는 것에 마음을 써야 한다.

· 허리와 어깨 스트레칭

허리와 어깨 관절을 펴주기 위한 스트레칭이 다. 무릎을 구부리지 않도록 주의하고 등을 반듯하게 세운 채로 얼굴은 위를 보도록 한다. 가슴이나 넓적다리 근육을 펴주는 효과도 있다.

· 종아리 스트레칭

뒤로 뻗은 발의 무릎을 구부리지 않도록 하고, 발꿈치를 바닥에서 떼지 않은 채로 앞에 있는 발의 무릎을 될 수 있는 대로 깊이 구부린다. 더구나 뒤에 있는 발은 아킬레스건 스트레칭에 도 효과가 있다.

· 넓적다리 안쪽과 골반 스트레칭

다리 관절을 넓히고 넓적다리 안쪽에 있는 근을 펴준다. 두 다리를 될 수 있는 대로 넓게 벌려서 무릎을 구부리고 앉은 자세로 두 손을 무릎 위에 올린다. 다음에 한쪽 어깨를 안쪽으로 비틀면서 그 손으로 한쪽 무릎을 바깥으로 밀어 준다. 반대쪽 손은 균형을 잡고 등을 곧게 편 자세로 윗몸을 되도록 세워야 한다.

· 다리관절을 부드럽게 하는 스트레칭

다리관절을 부드럽게 하는 스트레칭이다. 스트레칭을 조금 세게 하면 넓적다리 근육도 펴주는 효과가 있다. 두 발을 되도록 넓게 벌리고 앞으로 내민 발의 무릎 각도가 90도를 넘지 않도록 해야 하고 두 발끝은 반듯하게 앞으로 놓는다. 다음에 바로 앞의 스트레칭 방법을 조금 달리한 자세다. 윗몸을 앞으로 굽히고 두 손으로 바닥을 짚어 몸을 받쳐 준다. 마지막으로 오른발을 곧바로 옆으로 벌리고 왼쪽 무릎을 굽혀 두 손으로 균형을 잡는다.

· 장딴지와 허벅지 뒤쪽을 펴주는 스트레칭

다리 뒤쪽에 있는 근육들을 펴주면서 등이나 허리 근육도 펴주어
몸이 앞으로 잘 굽혀진다. 두 발을 가지런히 모아 무릎을 굽히고 손바
닥을 바닥에 댄다. 다음에 손바닥을 바닥에 댄 채 천천히 무릎을 편다.
이때 무릎을 구부리지 않도록 하고 허리를 끌어올리는 기분으로 천천
히 스트레칭을 한다. 마지막으로 종아리를 두 팔로 감싸 안고 얼굴을
될 수 있는 대로 무릎에 붙인다. 단 반동을 주면서 스트레칭해서는 안
된다.

· 아킬레스건 스트레칭

아킬레스건과 넓적다리 근육을 펴주는 스트레칭이다. 윗몸을 앞으로 굽혀주면서 가슴으로 무릎을 눌러준다. 이때 발꿈치가 조금이라도 바닥에서 뜨면 아킬레스건을 펴주는 효과가 없어지므로 발바닥이 잘 닿아 있도록 해야 한다.

· 넓적다리 안쪽과 골반 스트레칭

발을 될 수 있는 대로 넓게 벌려 넓적다리 안쪽과 골반에 긴장을 느끼도록 한다. 엉덩이가 바닥에 닿고 무릎이 곧게 펴지도록 하는 것이 가장 좋은 방법이지만, 많이 펴지지 않는다고 해서 반동을 주거나 고통을 느낄 정도로 해서는 안 된다. 두 손을 바닥에 대고 균형을 잡으면서 천천히 윗몸을 내린다.

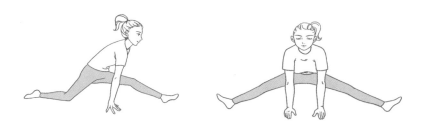

· 팔뚝과 팔목 스트레칭

두 무릎을 바닥에 대고 손가락이 무릎과 일직선이 되도록 바닥에
놓는다. 팔뚝 근육을 스트레칭 하기 위해 손바닥이 바닥에서 떨어지지
않도록 하면서 몸을 천천히 뒤로 빼준다.

· 등 스트레칭

무릎을 바닥에 대고 앉은 자세로 두 손을 멀리 뻗어 바닥을 짚고 엎
드린다. 손을 앞으로 뻗은 채로 허리를 뒤로 빼서 등에 긴장이 느껴지
도록 얼굴과 가슴을 바닥에 붙인다.

· 넓적다리와 골반 스트레칭

주로 넓적다리 안쪽에 있는 근육을 펴주면서 무릎을 부드럽게 하는 스트레칭이다. 발꿈치가 넓적다리에 닿도록 당겨 잡고 등을 곧게 편 채로 무릎이 바닥에 닿도록 노력한다. 무릎이 바닥에서 많이 떨어지면 두 팔꿈치로 무릎을 눌러 준다.

· 허리와 넓적다리 스트레칭

두 발을 가지런히 해서 앞으로 뻗은 다음 오른쪽 발을 왼쪽 넓적다리 너머로 엇갈리게 해서 무릎을 세운다. 왼손으로 왼발 무릎을 잡고 팔꿈치로 오른발 무릎을 왼쪽으로 밀어주면서 윗몸을 오른쪽으로 비튼다. 균형을 잡기 위해 오른손으로 바닥을 짚고 목을 오른쪽으로 돌려서 목 근육도 같이 스트레칭을 한다. 주의해야 할 것은 윗몸을 비틀 때 등을 반듯하게 편 채로 해야 한다.

· 넓적다리 스트레칭

앉은 자세에서 한쪽 다리를 곧게 펴고 한 손으로 발목 바깥쪽을 잡으면서 반대쪽 손과 팔뚝으로는 굽힌 다리를 감싸 잡는다. 넓적다리 뒤 근육에서 약한 스트레칭을 느낄 때까지 다리를 가슴 쪽으로 부드럽게 당긴다. 중요한 것은 무릎에 긴장을 느끼면 스트레칭을 잘못하고 있다는 점이다.

· 발 뒤쪽과 허리 스트레칭

왼쪽 발을 곧게 펴고 오른쪽 발바닥을 왼쪽 넓적다리 안쪽에 붙인다. 두 손으로 왼쪽 발바닥을 감싸 잡고 윗몸을 앞으로 굽힌다. 좀 더 깊이 있는 스트레칭을 원한다면 가슴이 왼쪽 무릎에 닿도록 윗몸을 더 깊게 숙이고 팔꿈치가 바닥에 닿도록 당긴다. 두 발을 앞으로 가지런히 뻗고 발목을 세운 다음 두 손으로 발끝을 가볍게 잡아 가벼운 긴장을 느끼도록 한다. 등을 곧게 편 채 허리를 굽히고 두 손으로 발끝을 잡아당겨 좀 더 효과적으로 스트레칭을 한 다음, 두 손으로 발목을 감싸 잡고 가슴을 되도록 무릎에 닿도록 한다.

· 등과 허리 스트레칭

무릎을 세우고 앉아서 팔을 종아리 아래
로 돌려 발목을 가볍게 쥐고 윗몸을 굽힌다.
두 무릎 사이에 윗몸을 끼워 넣는 기분으로
하되 될 수 있는 대로 등을 둥글게 해서 허
리부터 목까지 근육을 펴준다.

· 다리관절과 넓적다리 스트레칭

무릎이 굽혀지지 않도록 두 다리를 천천히 벌려 앉는다. 두 손으로
두 무릎을 벌리듯이 해서 넓적다리 안쪽과 다리 관절에 가벼운 긴장
이 느껴지도록 한다. 두 팔을 머리 위로 편 채 숨을 들이마시고 천천히
숨을 내쉬면서 윗몸을 앞으로 숙인다. 두 다리는 너무 아프지 않을 정
도로 넓게 벌리고 좀 더 깊이 있는 스트레칭을 하기 위해 가슴과 손을
바닥에 붙인다.

· 허리와 다리관절 스트레칭

두 다리를 바깥쪽으로 넓게 벌려 앉은 다음 두 손으로 한쪽 발끝을 쥐고 몸 쪽으로 잡아당긴다. 정면을 향한 채 윗몸을 곧바로 옆으로 기울이고 왼손은 오른쪽 넓적다리 쪽으로 향하게 해서 오른손으로 왼쪽 발끝을 잡도록 노력한다. 이때 윗몸이 앞으로 숙여지지 않도록 하면서 옆구리를 펴준다.

· 허리 스트레칭

허리둘레의 근육을 펴주기 위한 스트레칭이다. 오른손으로 오른쪽 발꿈치를 누르면서 오른쪽 허리를 바닥에서 조금 띄우고 허리를 왼쪽 앞으로 밀어주는 기분으로 비틀어 준다. 허리를 비틀 때 발끝을 뒤쪽으로 향하게 하지 않으면 스트레칭 효과가 줄어든다.

· 사두근 스트레칭

오른손을 등 뒤로 해서 발끝을 잡고 가벼운 긴장이 느껴질 때까지 왼쪽 뒤꿈치를 엉덩이 가운데로 당기면서 엉덩이 앞부분을 아래로 천천히 내린다.

· 허리 스트레칭

편안히 누운 자세에서 한쪽 다리를 굽혀 두 손으로 감싸 잡는다. 굽힌 다리 무릎을 가슴에 닿을 때까지 잡아당긴다. 이때 될 수 있는 대로 발끝을 세우면 스트레칭 효과가 더 커진다.

다음에 위를 보고 누운 자세에서 두 팔을 옆으로 넓게 벌린다. 손과 어깨가 바닥에서 떨어지지 않도록 주의하면서 한쪽 발을 구부려 반대쪽으로 넘긴다. 반대쪽 손으로 구부린 다리를 감싸 잡고 비틀어진 허리에서 긴장을 느끼도록 한다.

· 넓적다리 앞쪽 스트레칭

한쪽 다리를 펴고 앉은 자세에서 두 손을 뒤로 짚고 천천히 윗몸을 뒤로 젖혀 넓적다리 앞쪽 근육을 스트레칭을 한다. 구부린 다리의 무릎이 바닥에서 떨어지지 않도록 하고, 발을 엉덩이 옆으로 놓아 발꿈치가 엉덩이에 닿도록 한다. 다음에 두 발을 구부리고 앉은 자세에서 두 손을 뒤로 짚고 천천히 몸을 뒤로 눕혀 윗몸과 머리가 바닥에 닿도록 한다. 몸이 부드럽지 못한 사람은 팔꿈치로 윗몸을 받쳐 알맞은 긴장을 느끼도록 한다.

· 발 스트레칭

옆을 보고 누워서 한쪽 다리를 위로 곧게 올린다. 손으로 종아리를 감싸 잡아 머리 쪽으로 조금 당긴다. 약한 스트레칭을 느낀 다음 발끝을 잡아 천천히 머리 쪽으로 당긴다. 될 수 있는 대로 무릎을 곧게 편 채로 스트레칭 하는 것이 더 효과가 있으며, 바닥에 있는 발은 무릎을 조금 굽혀 주는 것이 균형을 잡기에 좋다.

· 다리, 발, 발목 스트레칭

머리를 팔로 괴고 옆으로 누운 자세에서 다른 쪽 손으로 발끝과 발목 관절 사이를 잡는다. 발목과 넓적다리 앞부분을 스트레칭하기 위해 뒤꿈치를 엉덩이 쪽으로 부드럽게 당긴다. 다음에 넓적다리 앞부분을 스트레칭하기 위해서 발을 잡고 있는 손을 곧게 펴고 발을 걷어차듯이 해서 엉덩이를 스트레칭을 한다.

· 목과 등 스트레칭

등과 어깨, 그리고 목둘레의 근육을 풀어주는 스트레칭이다. 무릎을 세운 채 두 손으로 깍지를 껴 머리를 당기고 목 뒤쪽과 등 위를 스트레칭 한다. 주의할 것은 배에다 힘을 주지 말고 목과 등, 어깨에서 긴장을 느껴야 한다.

· 배와 등 스트레칭

두 손을 허리에 대고 몸무게를 어깨에 실리게 해서 허리를 될 수 있는 대로 높게 올린다. 배와 등이 곧게 펴지도록 하고 허리에 댄 손에 힘이 너무 많이 들어가지 않도록 한다.

· 목과 등, 어깨 스트레칭

두 손으로 허리를 받치면서 두 다리를 머리위로 치켜 올려 물구나무 서기 자세를 한다. 몸무게가 목과 어깨를 누르도록 해서 약한 스트레칭을 느낀다. 발을 그대로 머리 위쪽으로 넘겨서 발끝이 바닥에 닿도록 한다.

· 배와 가슴, 등 스트레칭

엎드려 누운 자세에서 두 팔을 뒤로 뻗어 발목을 감싸 잡는다. 팔을 곧게 편 상태로 무릎을 펴주듯이 하면서 몸을 둥글게 만든다. 배와 가슴, 그리고 등에서 긴장을 느끼면서 천천히 팔을 당긴다.

부상의 종류

등반과 훈련을 하다 보면 광범위한 종류의 부상이 발생한다. 부상에 대한 조사 결과를 보면 등반과 관련된 부상 중 대다수는 추락이 아니다. 부상 경험이 있는 클라이머라면 누구나 잘 알고 있듯이 손가락, 어깨, 팔꿈치가 가장 흔한 부상 부위다.

1. 손가락 부상

등반할 때 손가락에 걸리는 엄청난 부하를 고려한다면 손가락이 가장 흔한 부상 부위라는 사실은 당연할지도 모른다. 불행히도 손가락 부상은 정확히 진단하기 어렵고 초기 단계에서는 무시되는 경향이 있어서 더 악화되기도 한다. 손가락 하나가 부상당하더라도 다른 아홉 개의 손가락이 건강하고 거의 최대 근력 수준까지 힘을 쓸 수 있다는 논리로 등반을 계속하려는 클라이머가 많다. 그러나 부상당한 손가락으로 계속 등반을 하면 부상이 더 심각해지고 회복에 필요한 시간이 2~3배 이상 증가하게 된다.

가장 흔한 부상을 이해하려면 손에 대한 해부학적 지식이 필요하다. 우선 손가락에는 근육이 없다는 사실을 알아야 한다. 손가락과 손목을 굽히는 힘은 전완근에서 만들어지며 전완근은 팔꿈치 안쪽 중간에서 시작하여 건에서 끝난다. 건은 손가락의 중간마디 뼈와 끝마디 뼈에 부착되어 있다.

2. 팔꿈치 부상

팔꿈치 관절 주위의 건염은 클라이머에게 흔한 만성질환으로 팔꿈치 뼈 안쪽 또는 바깥쪽 팔꿈치의 꼭대기 부분에 나타날 수 있다.

· 내상과염(골프 엘보우)

팔꿈치 뼈 안쪽 주위의 건염은 골프 엘보우 또는 클라이머 엘보우라고 부르는데, 말 그대로 이런 스포츠를 하는 사람들에게 가장 흔히 일어난다. 이것은 전완 굴근과 팔꿈치 안쪽의 울퉁불퉁한 곳을 연결하는 건에서 염증이 일어나는데, 보통 등반 중이나 후에 쑤시는 듯한 통증이 점차 심해지는 증상으로 나타난다. 간혹 급성으로 나타나는 경우도 있는데 그런 경우에는 격렬한 볼더 문제나 한 팔 턱걸이 같이 어려운 동작을 하는 중에 격심한 통증이 생기게 된다. 이것은 미세 파열이 누적되어 있다가 한 번의 파열로 큰 손상을 받은 경우이다.

대부분의 경우 내상과염은 너무 자주 어렵게 등반하고 휴식을 하지 않는 경우에 전완근의 불균형이 생겨서 일어난다. 손가락을 굽히는데 사용되는 모든 근육은 내상과에 연결되어 있음을 기억한다. 또한 손바닥을 아래로 해서 바깥으로 돌릴 때 사용되는 근육도 내상과에서 나온다.

회외 동작(손바닥을 위로 향해서 비트는 동작)할 때는 이두근 수축이 일어나지만, 바위를 잡을 때는 일반적으로 회내 동작(손바닥을 아래로 향해서 바깥으로 돌리는 동작)이 필요하다. 이두근을 당기는 회외 동작과 더불어 바위를 잡고 유지할 때 필요한 회내 동작을 하게 되면 평소에 단련되지 않았던 전완근의 회내 근육과 내상과에 긴장이 유발된다.

이러한 요인들 때문에 내상과에 부착된 건은 강한 스트레스 부하를 반복적으로 견뎌야 하고 결국은 미세 파열로 이어진다. 근육의 미세 파열이 초과 회복되면 새롭고 강한 근육이 만들어 질뿐 아니라 건도 강력해지고 더 강한 스트레스 부하를 견딜 수 있게 된다. 그러나 손상과 회복 과정은 근육보다는 건에서 더 천천히 일어난다. 따라서 근육은 더 강해지지만 건은 건염으로 이어지기 쉽다.

다른 부상 치료처럼 내상과염도 초기 단계에서 부상을 인지하고 예방 치료를 한다면 쉽게 관리할 수 있고 회복 속도를 빠르게 할 수 있다. 일찍 치료를 시작하면 6주간 등반을 쉬어야겠지만 계속 등반하면 6개월간 등반을 쉬어야 할 것이다.

내상과염 치료는 두 단계로 나누어진다. 1단계는 통증 해소이며 2단계는 회복과 재발 방지이다. 1단계에서는 일단 모든 훈련을 포함해서 등반을 중단하고 항염증 치료를 병행해야 한다. 매일 두 번씩 10~15분간 팔꿈치에 얼음을 대고 항염증제를 사용하면 염증과 통증이 점차 약해진다. 의사들 사이에는 다소 이견이 있지만 만성적이거나 심한 경우에는 코르티손 주입도 도움이 되는데 회복 과정에는 좋지 않다고 알려져 있다. 부상 정도에 따라서 1단계 치료는 2주부터 몇 개월까지 소요될 수 있다.

2단계 목표는 스트레칭과 강화 운동을 통해서 손상된 조직을 재훈

런하고 회복시키는 것이다. 전완근의 불균형이 부상의 일차적인 원인이기 때문에 전완근에서 약한 부분을 강화시키는 운동이 중요하다.

스트레칭과 강화 운동을 시작하기 전에 워밍업 운동을 하거나 찜질 패드를 팔꿈치에 대어서 따뜻하게 해주는 것이 중요하다. 처음에는 전완근을 하루 두 차례씩 스트레칭 해준다. 전완근 운동으로 동작 범위가 정상으로 돌아오고 통증이 없을 경우에는 덤벨 운동으로 강화 운동을 해준다. 하중 훈련 운동은 천천히 발전시켜 나가야 하며 통증이 오면 즉시 중단해야 한다. 매일 스트레칭 운동을 하고 하중 훈련은 일주일에 3일간만 한다.

통증이 없는 상태로 3~4주간 훈련한 후에 등반을 점진적으로 시작한다. 낮은 각도와 쉬운 루트로 시작해서 1~2개월 후에 원래 수준까지 회복하도록 한다. 클라이머로 활동하는 한 스트레칭과 강화 훈련을 지속해야 예방할 수 있다. 회복에 실패하면 수술이 필요하다.

마지막으로 팔꿈치 건염의 치료 또는 예방으로 X자 모양으로 테이핑하거나 상완근 주위를 테이핑 하는 방법이 있다. 내상과염 예방을 위해 특별히 디자인한 X자 모양의 테이핑은 조직에 힘을 분산시킴으로써 근육을 편안하게 해준다. 이러한 테이핑은 적절한 회복 요법을 대체할 수는 없으며 충분히 회복한 후에 재발 방지를 도울 뿐이다.

· 외상과염(테니스 엘보우)

흔히 테니스 엘보우로 부르는 외상과염은 전완 신근과 손 외전 근육을 팔꿈치 바깥쪽의 외상과에 연결하는 건에 염증이 일어난 상태를 말한다. 전완 신근은 바위를 잡을 때 자주 사용하는 전완 굴근의 길항근이다. 신근은 굴근에 비해 약하기 때문에 이 근육을 정기적으로 강화 훈련을 해주는 것이 부상을 예방하는 데 중요하다.

통증은 점진적으로 진행되고 힘든 등반을 한 후에 처음 나타나는 것이 보통이다. 치료를 하지 않으면 상태가 점점 나빠져서 등반이 점점 고통스러워지고 일상생활도 지장을 받게 된다. 심각한 경우에는 등반을 쉰 상태에서 6개월 이상의 회복 기간이 필요하기 때문에 부상을 조기에 완화시키는 것이 아주 중요하다.

외상과염의 치료법은 기본적으로 내상과염의 경우와 같다. 등반 중지는 필수적인 사항이다. 항염증제를 사용하여 냉찜질을 해주면 초기의 통증과 염증을 진정시키는데 도움이 되지만 그렇더라도 등반을 계속해서는 안 된다.

통증과 부종이 가라앉으면 앞에서 나왔던 스트레칭 운동을 매일 해주어야 한다. 스트레칭 전에 찜질 패드를 몇 분 동안 사용한 다음 10~15분간 냉찜질을 한다. 전완근 강화를 위하여 점차적으로 덤벨 운동을 추가하고 몇 주에 걸쳐서 조금씩 중량을 증가시킨다. 염증이 약한 경우에는 이런 회복 과정을 거친 후 6~8주 만에 등반을 다시 시작할 수 있다. 팔꿈치 바로 아래쪽에 X자 모양으로 테이핑을 해주면 등반을 다시 시작할 때 도움이 된다.

앞서 얘기했듯이 염증이 심각한 경우에는 치료와 회복에 6개월 이상 소요되므로 가능한 일찍 치료를 시작해야 한다. 모든 보존적 치료가 실패하면 최후의 수단으로 수술하는 방법이 있다. 가장 보편적인 수술 방법은 건에서 병리조직을 떼어내고 건을 뼈에 다시 붙이는 것이다. 환자의 85~90퍼센트는 3개월 만에 치료되고, 10~12퍼센트는 운동할 때 약간의 통증을 느끼는 정도로 회복되며, 2~3퍼센트만 치료되지 않는다.

3. 어깨 부상

어깨 관절은 등반할 때 많은 부하를 받는 부위인데 특히 아주 어려운 볼더링이나 각도가 센 벽 훈련을 할 때는 더욱 그렇다. 건염이나 회전근개 파열에서부터 어깨 관절의 탈골까지 다양한 부상이 일어날 수 있다. 어깨 관절이 상당히 복잡하기 때문에 진단이 어려우며 회전근개의 파열이나 미세한 부상을 찾아내려면 MRI를 이용해야 한다.

클라이머가 가장 흔히 겪는 어깨 부상은 어깨가 느슨하거나 불안정해지는 현상일 것이다. 이것은 클라이머가 펑거 보드에 너무 장시간 매달려 있었거나 상체 스트레칭을 너무 과하게 해서 어깨가 불안정해지기 때문이다. 여러 날을 연속해서 오버행 루트에서 등반하거나 적절한 휴식과 길항근 훈련을 하지 않고 어려운 볼더링과 훈련을 하면 어깨가 느슨해질 수 있다. 직접적인 원인이 무엇이든 간에 인대와 건을 지속적으로 늘이고 근육의 불균형이 심해지면 어깨 관절이 탈골되고 부상당하기 쉬운 상태가 되며 나중에는 수술이 필요하게 될 수도 있다.

가장 흔한 부상 부위는 어깨 관절이 불안정해져서 어깨 등 쪽 깊은 곳에서 통증을 느끼게 된다. 격렬한 동작을 하는 동안 팔꿈치가 몸 뒤쪽으로 가 있는 상태에서 어깨 관절의 위치가 앞으로 튀어나오게 된다. 관절이 지렛대 역할을 하면서 받는 힘은 팔을 팔꿈치 뒤로 펼 때 더 커진다. 즉 높은 역방향 홀드를 잡을 때나 오버행 바위에서 길게 뻗는 동작을 할 때 관절이 받는 힘이 커진다.

어깨부상 치료는 2단계 과정으로 이루어지는데 우선 통증이 사라질 때까지 휴식한 다음 어깨 회전근개를 강화하기 위한 회복 운동을 시작한다. 회복 과정 중에는 등반을 현저하게 줄이거나 하지 않아야 하며 머리 위로 팔을 드는 동작이나 기타 어깨에 통증이 오는 동작은 피해야 한다. 하루 2회 항염증제 복용과 냉찜질을 해주면 초기 통증과 부종을 가라앉히는데 유용하다.

일반적인 치료과정은 부드러운 스트레칭과 어깨 강화운동으로 시작하지만 어깨를 위로 올리는 운동은 삼가야 한다. 회복 과정은 물리치료사의 도움을 받는 것이 가장 좋으며, 등반을 다시 시작하기까지는 보통 2~6개월 정도 걸린다.

불행하게도 어깨 부상 환자 중 상당수는 수술이 필요하다. 수술 과정은 손상된 조직을 제거하고 약한 파열을 복구하며 인대와 건을 조이는 것이다. 수술 후에는 장기간 물리치료를 해야 하며 수술이 성공적이었다면 6~12개월 후에 등반을 시작할 수 있다.

4. 무릎 부상

등반에서의 무릎 부상은 새로운 추세로서 실내 등반 및 스포츠 등반이 활성화되는 것과 직접적인 연관성이 있다. 무릎을 꺾는 새로운 등반기술은 1990년대 이전에는 인기가 없었지만, 오늘날에는 가파른 벽에서 동작할 때 일반적으로 사용된다. 강한 부하를 준 상태에서 무릎을 꺾는 동작을 반복적으로 하게 되면 무릎의 반월상 연골이 파열될 수 있다.

반월상 연골은 대퇴골과 경골 끝 사이에 있는 거친 섬유질의 연골이다. 이 연골은 뼈의 말단에서 관절 표면을 보호할 수 있도록 충격 흡수제 역할을 한다. 두 개의 분리된 C자형 연골이 있어서 한쪽은 무릎 안쪽 반(내측 반월)을 차지하고 다른 쪽은 바깥쪽 반(외측 반월)을 차지한다. 반월상 연골이 파열되는 현상은 발이 고정된 상태에서 무릎에 힘을 가해 돌릴 때 발생한다. 등반에서 이러한 파열은 극단적인 드롭니

자세를 취할 때 가장 흔히 일어난다. 또한 완전히 힙을 튼 상태에서 하이 스텝을 쓰거나 볼더 문제에서 점프할 때도 일어날 수 있다.

이런 동작을 반복적으로 하면 부분 파열이 점차 발달하거나 한 번에 갑자기 파열될 수도 있다. 파열은 아주 일부만 일어날 수도 있고 연골의 완전 분리가 일어나기도 한다. 증상은 약한 통증에서부터 격렬한 통증과 부종, 운동성 저하까지 다양한 범위로 나타난다. 삐걱거리거나 터지는 소리가 나기도 하고 특정 자세에서 무릎의 잠김 현상도 일어난다.

모든 반월상 연골 파열이 큰 문제를 일으키지는 않는다. 연골의 바깥쪽 두꺼운 부위에 약한 파열이 일어났을 때는 혈액 공급이 잘 되기만 하면 자체 치유될 수도 있다. 어떤 경우에는 증상이 저절로 사라지기도 하지만, 일상생활에 영향을 끼칠 정도의 지속적인 통증이 있거나 심한 통증이 나타나면 수술을 해야 한다.

관절경 수술을 하면 통증이 사라지고 충분히 기능을 회복할 수 있다. 관절경 수술은 가능한 많은 연골을 보존하여 관절염으로 발전할 가능성을 낮추기 위해 실시한다. 연골 바깥쪽 부분이 찢어진 경우에는 안쪽 파열보다 혈액 공급이 쉬워서 회복이 좀 더 쉬운 편이다. 얇은 쪽 연골이 파열되면 보통 완전히 분리되어 연골의 일부가 없어진다.

관절경 수술 후 회복은 빠른 시일 내에 가능한데, 수술을 받은 다음 다리를 들어 올린 상태로 냉찜질하고 3~7일간 휴식하면 된다. 수술 후 일주일 동안 목발을 사용한다. 대부분의 환자는 일주일 이내에 일을 시작할 수 있고, 2~3주 후에는 일상적으로 등반할 수도 있다.

부상의 예방

열성적인 클라이머 세 명 중의 한 명은 부상을 입을 가능성이 있다. 따라서 이 책의 마지막 부분에서는 그런 부상을 줄이는 노력에 대해 얘기해보자. 먼저 절제가 절대적이고도 유일한 예방법이다. 등반은 부하가 큰 스포츠이고 부상은 불가피한 것인지도 모른다. 그러나 다음에 얘기하는 규칙을 잘 지키기만 한다면 적어도 50퍼센트 정도는 부상 위험을 줄일 수 있다.

1. 체력 훈련보다 기술 훈련에 집중하라

개인의 등반 경력에 비추어 많은 부상이 너무 일찍 또는 너무 많이 체력 훈련에 집중하기 때문에 발생한다. 훈련에 전념하기 전에 먼저 기술적 능력을 상당한 수준까지 개발하는 것이 필수적이다. 좋은 기술은 손가락과 어깨에 가해지는 부하를 줄일 수 있을 뿐 아니라 동작 효율성을 극대화해서 바위에서 근력을 증대시킬 수 있다.

초보자들은 일주일에 2~4일 등반할 때 필요한 근력을 빠르게 얻을 수 있다는 사실을 기억한다. 건은 근육보다 느린 속도로 강화되기 때문에 초보 클라이머는 부상의 위험을 피할 수 없다. 새내기 클라이머는 경험이 없기 때문에 좋은 통증과 나쁜 통증을 구별할만한 예민한 감각이 발달되어 있지 않다. 등반을 시작하고 1~2년 내에 부상을 입는 클라이머의 숫자가 생각보다 많다. 따라서 열성적인 클라이머는 훈련을 잘 알고 능숙하게 접근하는 태도가 필수적이다. 마지막으로 등반 시작 후 1년 내에는 핑거 보드나 캠퍼스 보드같이 특수한 훈련 기구를 이용해서 부하를 가중시키는 일은 피해야 한다.

2. 정기적으로 등반 형태를 변경하라

신체에 주는 등반 자극의 형태와 강도를 바꾸어주는 방법은 부상 위험을 낮추는데 매우 효과적이다. 예를 들어 스포츠 등반과 전통 등반을 주말마다 번갈아 해주면 신체에 가해지는 긴장의 형태가 달라진다. 마찬가지로 주중의 등반과 훈련 내용의 집중을 정기적으로 바꾸어주면, 한 가지 시스템에서 받는 과부하를 예방할 수 있다. 이렇게 여러 등반이나 훈련을 계속 혼합하는 것이 크로스 훈련의 핵심이다.

3. 부하가 심한 운동을 하거나 부상을 당한 후에는 예방용 테이핑을 사용하라

손가락의 건 활차에 지지용 테이핑을 해주면 건에 가해지는 힘을 줄일 수 있고 부상을 예방하는 데 도움이 된다. 그러나 예방용 테이핑을 매일 모든 등반에 사용할 필요는 없다. 손가락 건과 고리 활차를 점차적으로 큰 스트레스에 적응시켜야 근력을 강화시키고 장래에 더 큰 부하에서도 작용할 수 있게 된다. 모든 경우에 테이핑을 하면 장기적인 근력 강화에는 좋지 않은 영향을 줄 수 있다.

전보다 더 강한 부하가 가해질 상황이라면 예방용 테이핑 기술을 이용한다. 예를 들어 이미 해본 루트 중에 가장 어려운 루트라든가 부상을 입기 쉬운 홀드들이 있는 루트를 하게 될 경우에는 테이핑을 하는 것이 현명하다. 물론 최근에 손가락 부상을 당해서 회복 중에 있다면 등반을 다시 시작할 때 반드시 손가락에 테이핑을 해야 한다.

4. 위험한 동작을 할 때는 신중하게 전진하라

애초부터 위험한 동작을 할 때는 그것을 인지하고 제어하는 감각을 발달시켜야 한다. 위험한 연속동작을 하는 것을 인지하고 부상을 입을 가능성이 있는 동작을 하게 되면 그런 동작을 하지 않거나 가능한 빨리 동작해서 주의 깊게 컨트롤할 수 있어야 한다. 이러한 감각을 발달시키려면 그런 상황을 경험해 볼 필요가 있지만, 자신의 몸을 잘 알고 다양한 동작을 할 때의 느낌을 알게 되면 그런 감각을 키울 수 있다.

극단적인 동작을 처음 시도하거나 성공할 때는 대부분 다칠 확률이 낮은 반면, 고통스런 동작을 반복해서 시도하거나 연습하는 경우 다치는 경우가 많다. 어떤 동작을 할 때 지나치게 아프거나 부상이 걱정된다면 그냥 내려와서 즐거운 마음으로 할 수 있는 다른 루트를 찾도록 한다.

5. 완전히 지칠 때까지 등반하지 말라

가끔씩 등반이 너무 재미있어서 저녁 늦게까지 즐기는 경우가 있다. 그러나 자주 그렇게 한다면 부상의 지름길이 된다. 신체가 감당할 수 없도록 부하가 누적되면 부상이 오기 쉽다. 손가락에 힘이 빠진 후에 그만하기보다는 좀 더 일찍 등반을 마치는 것이 제일 좋은 전략이다. 체력 훈련에서는 훈련의 질이 훈련의 양보다 훨씬 중요하다.

하루에 몇 시간까지 등반해야 할지 분명하지 않다. 특히 부상을 당하지 않고 최대한 등반을 즐기고 싶을 때는 더욱 그렇다. 이미 지친 상황이라면 어려운 루트에서 더 힘을 빼지 말아야 한다. 많은 부상은 클라이머가 지쳐 있고 힘들게 등반하는 저녁 무렵에 발생한다는 점을 기억하자.

제일 중요한 원칙은 다음날 등반 계획이 있거나 이미 둘째 날 등반을 하고 있다면 일찍 등반을 마쳐야 한다. 이렇게 하면 스트레스가 축적되는 것을 방지할 수 있다. 반대로 하루 등반하는 전후로 휴식일이 있다면 어둡기 전에 가능한 많이 등반해도 될 것이다.

6. 일주일에 4일 이상 등반하거나 훈련하지 말라

대부분의 경우 일주일에 4일 이상 등반하거나 훈련하면 효율성이 떨어진다. 자연 암벽이나 인공 암장에서 일주일에 4일 이상 등반하게 되면 남은 3일 동안 어떤 훈련도 해서는 안 된다. 심지어 일주일에 3일을 쉬더라도 4일 동안 등반하면서 건과 근육에 미세 파열이 일어났을 경우 회복이 쉽지 않다. 따라서 일주일간 완전히 휴식하는 기간을 훈련 주기에 포함시키는 것이 좋다. 순수한 근력 파워 훈련을 할 때는 일주일에 2~3일만 훈련하고, 4~5일은 쉬는 것이 좋다. 너무 많이 훈련하는 것도 부상의 가장 흔한 원인이다.

7. 항상 워밍업과 쿨다운을 하라

다른 스포츠에 경험이 있는 사람이라면 누구나 적당한 워밍업과 쿨

다운의 중요성을 잘 알고 있다. 불행히도 많은 클라이머는 워밍업 동작이나 스트레칭 같은 쉬운 동작을 전혀 하지 않고 곧바로 신발 끈을 묶고 등반을 시작한다.

좋은 워밍업이란 조깅이나 하이킹, 자전거 등을 5~13분 정도 해서 가볍게 땀이 난 다음에 가벼운 스트레칭 동작을 하고 등반을 시작해야 한다. 이것이 약간 불편하고 귀찮겠지만 결국은 부상을 피하고 등반 성과를 극대화하는 데 충분한 가치가 있는 투자이다.

간단한 쿨다운은 긴장되어 있는 근육을 풀어주고 회복 과정을 촉진시키는데 유용하다. 특히 스트레칭과 가벼운 유산소 운동을 해주면 혈류가 증가하여 근육에 쌓여 있는 젖산을 빠르게 제거한다.

8. 길항근 근육을 훈련해서 균형을 유지하라

길항근 훈련은 가장 간과하기 쉬운 훈련 중의 하나이다. 어깨 상체의 근육 불균형은 부상의 중요한 요인이 된다. 정말 잘 등반하고 싶고 부상을 예방하고 싶다면 일주일에 두 번은 길항근 훈련에 투자해야 한다.

필요한 시간과 기구는 극히 적다. 훈련 시간으로 치자면 일주일에 두 번, 20분도 걸리지 않는다. 주중의 등반이나 훈련 마지막 날에 길항근 훈련을 하면 좋다. 기구의 무게는 가볍게 하고 상체와 전완근의 길항근을 위한 모든 운동을 한 가지씩 하고 나서 복근 운동을 약간 해준다.

9. 주기적으로 훈련 스케줄을 변화시켜라

많은 스포츠 과학자들은 효과적이고 적절한 체력 훈련 프로그램을 설계할 때 주기화가 중요하다고 얘기한다. 주기화를 통하여 운동의 강도와 운동량을 계획적으로 변경해주면 훈련 효과가 극대화된다. 또한 주기화에 의해서 훈련의 집중과 강도가 주기적으로 바뀌기 때문에 부상의 위험도 줄여준다.

등반처럼 상당히 부하가 심한 스포츠에서는 주기화의 가장 효과적인 측면은 등반 후에 휴식 기간을 갖는 것이다. 중급 클라이머에게 4-3-2-1주기 사용을 권한 바 있다. 이런 훈련 주기를 이용하면 10주간의 중기 훈련에서 1주일간 휴식을 할 수 있고 부하가 축적되는 것을 방지할 수 있다. 1년간 지속되는 장기 훈련에서는 부상을 피하기 위하여 1개월간 완전히 쉬는 것이 좋다. 이렇게 등반을 쉬고 있으면 건과 인대가 천천히 적응하여 근력 획득을 따라잡을 수 있다. 또한 자신의 정신적 근육을 키우는 데 도움이 될 수 있다.

10. 최우선적으로 적절한 휴식과 영양을 챙겨라

충분히 쉬고 잘 섭취하는 것은 선수들에게는 명백한 원칙인데도 열성적인 클라이머 몇몇은 나쁜 식사와 수면 습관을 갖고 있다. 쉬는 날이나 밤늦게 무엇을 먹고 마시든지 크게 해가 되지는 않는다. 그러나 훈련이나 등반하는 날에 계속 잠을 적게 자고 영향 섭취가 좋지 않으면 어쩔 수 없이 부상에 쉽게 노출될 것이다. 힘든 훈련이나 등반을 한 후에 하루 이틀간 좋은 영양 섭취와 8~9시간 숙면을 취하는 것이 가장 중요하다. 훈련과 회복은 동전의 양면이다. 최상으로 훈련하고 싶다면 최상으로 회복하는 데 최대한 많은 노력을 기울여야 한다.

등반을 위한 팁

Q 고빗사위를 지날 때 발동작이 흐트러진다.

A 중요한 발 홀드에 집중하지 않고 좋은 홀드가 없다는 것에만 신경을 쓰고 있기 때문이다. 상황이 어려워질 때 발에 집중한다.

Q 전완근이 부풀어 오르고 한 손에서 힘이 빠지기 시작한다.

A 홀드를 너무 꽉 잡고 있거나 너무 천천히 등반하고 있기 때문이다. 90도에 가까운 벽에서 홀드를 느슨하게 잡고 발에 최대한 체중을 실어라. 오버행에서 가장 중요한 원칙은 휴식 지점 사이에서 빠르게 등반하는 것이다.

Q 어려운 동작들을 하는 도중 중요한 발 홀드에 올려 딛기 힘들다.

A 유연성이 부족하거나 엉덩이 굴근이 약하기 때문이다. 매일 최소한 10분 이상 스트레칭하고 발을 최대한 높이 올리는 연습을 한다.

Q 고빗사위 구간에 들어설 때 불안해지고 굳어진다.

A 호흡을 제대로 하는 것이 긴장과 불안을 줄이는 것이 핵심 열쇠다. 등반을 시작하기 전에 눈을 감고 느리고 깊은 숨을 다섯 번 쉬어라. 한 번 호흡에 적어도 10초 정도 걸려야 한다. 등반할 때 지속적으로 호흡을 하려고 노력한다. 휴식 지점에 도달했을 때와 고빗사위 구간을 시작하기 전에는 느리고 깊은 호흡을 세 번 더 한다.

Q 전완근보다 이두근에서 먼저 펌핑이 일어난다.

A 팔을 굽힌 상태로 매달려 있을 가능성이 크다. 팔을 편 자세가 좋은 등반 기술의 기본임을 잊지 말자. 가능하면 항상 뼈로 매달리고 굽힌 팔 근육을 사용하지 말라. 팔을 편 자세는 장비를 설치하거나 팔을 털 때 그리고 다음 동작을 생각하기 위해 멈추고 있을 때 특히 중요하다.

Q 작지만 꼭 필요한 홀드에 매달리기 어려운가?

A 몸자세가 나빠서 작은 홀드를 사용하기 어려울 수도 있고 접촉 근력이 약해서 그럴 수도 있다. 각도가 센 벽에서 더 많은 시간 훈련하고 볼더링을 더 자주 한다. 핑거 보드와 과중력 훈련을 제한적으로 하는 방법도 중상급 클라이머에게 추천할 만하다.

Q 동작을 알고 있는 구간에서 실패한다.

A 두눈에 오르기를 하면서 자꾸 새로운 동작을 해보는 실수를 하고 있을 가능성이 크다. 효과가 있는 동작을 발견했다면 그것을 고수하는 것이 제일 좋은 방법이다. 자신이 최상의 동작을 이미 알고 있다는 확고한 믿음을 갖고 등반 중에 새로운 동작을 시도해보려는 생각을 이겨내라.

Q 고빗사위 시작 부분에서 자꾸 멈추게 된다.

A 분석하느라 정체하고 있기 때문이다. 고빗사위 구간을 맞닥뜨리면 두 가지 가능한 연속 동작을 머리에 그려보고 더 가능성이 있는 한 가지를 즉시 시도한다. 일단 동작을 시작하면 멈추어서는 안 된다. 마음속에 오직 한 가지, 즉 가능한 빨리 다음 좋은 홀드까지 가는 것만 생각해야 한다.

Q 한 번에 3~4일을 연이어 등반하는가?

A 자신이 유전적으로 타고난 예외자가 아니라면 3~4일 연속 등반은 오버훈련 부상으로 이어지기 쉽고 등반 성과를 떨어뜨린다. 더 적은 것이 더 많은 법이다. 이틀 등반-하루 휴식 또는 이틀 휴식으로 전환하는 편이 현명하고 열심히 등반하는 것이다.

Q 오토바이를 타는 현상은 경직되고 불안한 클라이머에게 흔히 나타난다.

A 워밍업을 오래 하고 몇 가지 기분전환 운동을 꾸준히 한다.

Q 오버행 등반에서 펌핑이 온다.

A 등반을 시작하는 순간부터 펌핑 시계는 작동한다는 사실을 기억한다. 힘이 약해서 그 루트를 등반하지 못하는 것이 아니라 너무 천천히 등반한 것이다. 잘 알고 있는 루트와 레드 포인트에서 더 빨리 등반하는 연습을 한다. 잠깐이라도 펌핑 시계를 멈출 수 있도록 쉬는 동작을 창조적으로 찾아본다.

Q 등반할 때 호흡을 제대로 하지 않는가?

A 등반할 때 호흡이 빨라진다면 과도한 긴장이나 불규칙한 호흡을 하고 있거나 유산소 훈련이 부족하기 때문이다. 등반하면서 근육을 이완시키고 정상적인 호흡을 유지하는데 집중한다. 일주일에 3~4일 정도 최대 40~60분까지 유산소 훈련(달리기가 가장 좋음)을 하는 것도 좋다.

Q 출발하기도 전에 루트에서 떨어질 것을 생각하고 있다면 그러한 믿음이 현실을 만들어낸다는 사실을 기억해야 한다.

A 마음속에 실패에 대한 생각이 스쳐 지나간다면 정말 실패하게 된다. 등반을 시작하기 전에 항상 자신이 루트를 처음부터 끝까지 성공적으로 등반하고 있는 모습을 시각화한다.

Q 숨은 홀드를 잘 찾지 못하는가?

A 시야가 좁은 것이 실패의 주요 원인이며 특히 온사이트에서 흔한 현상이다. 출발하기 전에 여러 각도에서 루트를 잘 살펴본다. 등반할 때는 숨은 홀드를 찾을 수 있도록 열린 마음을 가져라. 중요한 홀드는 항상 약간 찾기 어려운 곳에 있을지도 모른다. 루트가 등급에 비해 어렵게 느껴진다면 아직 보지 못한 위치에 좋은 홀드가 있을 가능성이 높다.

Q 작은 홀드나 구멍에 매달리기 어렵다.

A 오픈 홀드 근력이 중요하다는 점을 기억한다. 능숙한 클라이머는 오픈 홀드 홀드를 좋아하는 반면, 초보자들은 피하는 경향이 있다. 훈련할 때 적어도 50퍼센트 정도는 오픈 홀드 홀드를 사용하도록 노력한다.

Q 어려운 동작을 시도해보지 않고 퀵드로나 장비를 붙잡는 일이 흔하다.

A 추락해도 안전한 상황이라면 장비를 잡거나 줄에 매달리지 말고 항상 전진하는 마음을 가진다. 장비를 잡는 나쁜 습관은 쉽게 익혀지지만 그것을 깨기에는 매우 어렵다. 또한 이런 방식으로 포기하게 되면 자신의 진정한 한계가 어디인지 절대 알지 못할 것이다. 몇 동작만 더하면 틀림없이 좋은 홀드가 있다는 믿음을 갖고 장비를 붙잡고 싶은 유혹과 싸워라.

Q 벽에 매달려 있을 때 체중의 상당부분이 팔에 실려 있다면 발에 체중을 싣지 못하고 있는 것이다.

A 기술과 몸자세를 더 많이 연습한다. 하체와 엉덩이를 항상 벽에 가깝게 붙이는데 유의하고 한 쪽 엉덩이를 벽으로 돌리는 동작을 해본다. 유연성 훈련도 도움이 될 수 있다.

Q 겨우 하루 등반하고 나서 심하게 아프다.

A 훈련의 운동량과 강도가 자신의 야외 등반 목표에 적합하지 않은 것이다. 실내 훈련을 한 단계 끌어올리고 주중에 이틀은 꼭 훈련하도록 한다.

Q 루트를 성공적으로 등반하는 자신의 모습을 그리기가 어려운가?

A 모든 상급 클라이머는 시각화의 중요성을 잘 알고 있다. 실제로 루트를 등반하기 전에 적어도 두 번 마음의 눈으로 등반하는 습관을 길러라.

Q 어려운 루트에서 중요한 홀드까지 손이 닿지 않는다.

A 바로 이것이 등반에서 가장 오래된 변명이다. 키가 작은데도 실력이 뛰어난 클라이머는 결코 이런 변명을 사용하지 않는다. 그 이유는 항상 기술적인 해결책이 있거나 중간에 잡을 수 있는 홀드가 있기 때문이다. 한 동작을 20가지 다른 방법으로 시도해보면 효과가 있는 한 가지 방법을 항상 찾아낼 수 있다.

Q 오버행 루트나 천장에서 발이 자꾸 빠지거나 스윙을 하게 된다.

A 발동작과 몸자세가 나쁜 것이 원인일 수 있다. 그러나 복근이 약한 것이 보다 흔한 원인이다. 복근 운동을 적어도 매주 2회씩 한다. 또한 각도가 센 벽에서 발동작과 몸자세를 훈련할 수 있는 볼더링을 많이 한다.

Q 등반하는 중에 바닥에서 벌어지는 일에 자꾸 신경이 간다.

A 등반할 때의 집중은 항상 위쪽으로만 향해 있어야 한다는 사실을 기억한다. 자기 집중의 95퍼센트 이상이 정상을 향해 있지 않다면 거기에 도달할 기회도 적어진다. 아래에서 일어나는 일에 대해서는 마음을 비워라. 확보자가 주의를 기울이고 있는지 확인하고 싶다면 단순히 "잘 봐!"라고만 하면 된다.

Q 초보자는 루트의 동작을 읽어내기 어려운 경우가 흔하다. 동작을 읽는 것은 경험이 필요하다.

A 일주일에 4일 정도 등반한다. 출발 지점부터 동작을 그려보려고 애쓰고 완등을 위한 등반이 아니라면 다른 사람의 동작을 보고 하는

것을 거부한다. 다른 사람의 동작을 따라 하는 것은 아주 좋지 않은 방법이다.

Q 그날의 첫 등반에 펌핑이 심하게 일어난 적이 있는가?

A 이런 경우에는 근육을 너무 힘들게 그리고 빨리 사용했기 때문이다. 워밍업 시간을 늘리고 스트레칭과 스포츠 마사지를 더 하도록 한다. 또한 프로젝트 루트에 도전하기 전에 쉬운 루트부터 점차 어려운 루트로 옮겨가며 등반한다.

Q 사람들이 보고 있을 때 등반하는 것이 어렵다.

A 등반 성과를 내야 한다는 압박감은 전적으로 자신이 만들어 낸 것임을 기억하자. 따라서 그런 생각은 자신이 쉽게 제거할 수도 있다. 오로지 도전과 모험을 위해 등반한다. 내가 등반하는 제일 첫 번째 이유는 바로 재미있기 때문이다. 나머지 세상에 대해서는 잊어버리고 등반 과정에 몰입한다. 결과에 대해서는 신경 쓰지 말라.

Q 발이 예상치 않게 홀드에서 터진다.

A 이런 일은 상급 클라이머에게도 아주 흔한 일임을 기억하자. 몇 주일간 발에 더 집중한다. 홀드의 제일 좋은 위치에 발을 올렸는지 아니면 제일 크게 보이는 부분에 대충 올려놓았는지 평가한다. 발을 디딘 후에 일어서거나 홀드 위에서 암벽화를 움직일 때 발 자세를 유지하고 있는가? 이런 것들은 훈련 중에 연습할 필요가 있다.

Q 팔꿈치에 자주 통증을 느끼는가?

A 클라이머에게 흔한 팔꿈치 건염은 두 가지가 있다. 여러 해 동안 등반해 왔다면 그런 건염을 경험할 가능성이 크다. 전완근 스트레칭과 함께 리버스 리스트 컬과 전완근 로테이션 운동을 꾸준히 하면 건염을 예방하는 데 도움이 된다. 리버스 리스트 컬 3세트와 전완근 로테이션 2세트를 연중 내내 일주일에 3일 운동한다. 매일 전완근 양쪽을 스트레칭 해준다.

Q 안전한 루트를 등반하면서 자신을 한계까지 밀어붙이지 못한다.

A 문제는 체력이 아니라 정신에 있다. 정신의 용기는 신체 근력만큼 중요하다는 점을 명심한다. 자신을 정신적, 육체적으로 불편한 영역으로 조금씩 밀어붙이는 연습을 한다. 실내 암장이나 쉬운 자연바위 루트에서 이렇게 할 수 있다. 시간이 지나면 자기의 최고 난이도 루트에서 등반할 때도 본능적으로 자기 한계 이상까지 도전할 수 있게 될 것이다.

Q 루트 중간의 쉬는 지점을 찾지 못한다면 어려운 루트를 완등하기 위한 핵심 요소를 놓치고 있는 것이다.

A 다양한 종류의 바위에서 쉬는 지점을 창의적으로 찾아내고 등반하는 연습을 자꾸 하다보면 나중에는 본능적으로 정말 좋은 휴식 지점을 찾아낼 수 있게 될 것이다.

Q 어려운 루트를 처음 시도할 때가 두세 번째 시도할 때보다 더 잘된다.

A 지구력이 약하다고 할 수 있다. 대부분의 클라이머는 체력이 떨어

지기 전에 세 번 정도는 괜찮게 시도해볼 수 있다. 이것보다 더 빨리 지치게 된다면 지구력 부족이 주범이다. 훈련 루트에서 등반을 자주 하는 것이 지구력을 향상시키는 좋은 방법이다. 또는 인터벌 등반 전략, 즉 5~10분간 힘들게 등반한 후에 5~10분간 쉬고 다시 반복한다.

찾아보기

스포츠클라이밍의 거의 모든 것

초판 1쇄 발행 | 2019년 7월 31일

지은이 | 정갑수
편   집 | 한정윤
디자인 | 박예나
펴낸이 | 정갑수

펴낸곳 | 열린세상
출판등록 | 2004년 5월 10일 제300-2005-83호
주소 | 06691 서울시 서초구 방배천로 6길 27, 104호
전화 | 02-876-5789
팩스 | 02-876-5795
이메일 | openscience@hanmail.net
ISBN | 978-89-92985-69-7 13690

* 이 도서의 국립중앙도서관 출판예정도서목록(CIP)은
  서지정보유통지원시스템 홈페이지(http://seoji.nl.go.kr)와 국가자료종합목록 구축시스템
  (http://kolis-net.nl.go.kr)에서 이용하실 수 있습니다. (CIP제어번호 : CIP2019021683)